Aktuelle Dokumente

Herausgegeben von Professor Dr. Ingo von Münch

Bodenrecht

Beiträge zur Reform des Grundeigentums

Zusammengestellt von

Hanspeter Knirsch

1972

Walter de Gruyter · Berlin · New York

Satz und Druck: Saladruck, 1 Berlin 36

ISBN 3 11 003894 3

VORWORT

Nachdem die Diskussion um das Bodenrecht jahrzehntelang nur am Rande geführt wurde, ist sie in den vergangenen Jahren wieder mehr in den Mittelpunkt des öffentlichen Interesses gerückt.

In stärkerem Maße als bei der Diskussion um die Reform des Ehescheidungsrechts, des Abtreibungsparagraphen oder anderen Liberalisierungsbestrebungen geht es dabei um ein gesellschaftliches Problem grundsätzlicher Bedeutung und um eine Vielzahl von Einzelproblemen, Maßnahmen, Gesetzen und Reformvorschlägen. Das findet u. a. darin seinen Ausdruck, daß es kein einheitliches Gesetz gibt, das das Bodenrecht in seiner ganzen Komplexität regelt.

Diese große Anzahl von Gesetzen und Bestimmungen, angefangen beim Wohnungsbauprogramm von 1950 über das Bundesbaugesetz, das Städtebau- und Gemeindeentwicklungsgesetz bis zum Städtebauförderungsgesetz, die Bestimmungen des Grundgesetzes (Art. 14 u. 15), des BGB und des Steuerrechts machen das Bodenrecht nur schwer überschaubar.

Ist man sich in der Diskussion über die ökonomischen Funktionen des Bodeneigentums relativ einig (agrarische Produktion, gewerbliche Produktion, Bodenschätze, Gewässer, Siedlungspolitik, Städtebau, Verkehr, Standortpolitik usw.), werden doch die Gegensätze und verschiedenen Interessenlagen schnell klar in der Frage nach den Trägern des Bodeneigentums und der Organisation der Trägerschaft.

Einerseits wird in dem Privateigentum an Grund und Boden die Garantie der Freiheit und eine Säule unserer Gesellschaftsordnung gesehen, andererseits wird das Privateigentum an Grund und Boden als das Grundübel unserer Gesellschaft und als Wurzel der sozialen Mißstände bezeichnet. Zwischen diesen beiden Positionen befindet sich eine breite Palette von Reformvorschlägen und politischen Vorstellungen.

Die Schärfe mit der die Diskussion geführt wird, zeigt, wie weit die Standpunkte auseinander liegen, und verdeutlicht die gesellschaftspolitische Bedeutung des Bodeneigentums. Trotzdem entspricht der entscheidenden Bedeutung, die dem Bodeneigentum in der heutigen Gesellschaft zukommt, noch nicht die Rolle, die es in der öffentlichen Erörterung und im Bewußtsein der Bevölkerung spielt. In diesem Sinne fördernd zu wirken und einen möglichst objektiven Überblick über den gegenwärtigen Stand der Diskussion zu geben, ist Zweck dieses Bandes.

Bochum, Dezember 1971

H. K.

Inhaltsübersicht

I. Vorschlag zur Reform des Bodenmarktes

Bericht der Arbeitsgruppe des Bundesministeriums für Städtebau und Wohnungswesen, Juni 1971*

TEIL I — ANALYSE

1. Das Bodenproblem in der öffentlichen Debatte

1.1. In fast allen westlichen Industriestaaten wird seit Jahren das Problem der Steuerung der Bodenverwendung im Bereich der Städte debattiert. Es werden und wurden Reformpläne erarbeitet, teilweise durchgesetzt oder wieder verworfen.

1.2. Die in der Bundesrepublik praktizierten Verfahren der Steuerung der Bodenverwendung führen zu Ergebnissen, die weithin nicht als gerecht oder optimal angesehen werden. Die wesentlichen Ansatzpunkte der Kritik sind folgende:

— die permanenten, extrem hohen Bodenpreissteigerungen, teilweise verursacht durch Investitionen der öffentlichen Hand, führen zu ungerechtfertigten Gewinnen der Eigentümer[1],

— der ständig wachsende Bodenbedarf für Kollektivzwecke (Schulen, Straßen, Krankenhäuser, Parks, Spielplätze) kann oft nicht rechtzeitig und in angemessenem Umfang gedeckt werden oder nur zu extrem hohen Preisen,

— die überhöhten Bodenpreise verteuern und erschweren den Wohnungsbau,

— die städtebaulichen Maßnahmen, wie Sanierung und Städteerweiterung oder allgemein alle baulichen Veränderungen, die eine Verschiebung der Grenzen oder Änderung der Eigentumsverhältnisse er-

* Abdruck nach vervielfältigtem Manuskript des Bundesministeriums für Städtebau und Wohnungswesen. Der Bericht der Arbeitsgruppe stellt noch nicht die abgeschlossene Meinung des Ministeriums dar.

[1] Die Baulandspreise sind von 1950—60 im Durchschnitt fast auf das Fünffache angestiegen. Seit der Aufhebung des Preisstops sind die Preissteigerungstendenzen noch stärker geworden. So stiegen in den meisten Städten nach 1960 die Preise für unbebautes baureifes Land Jahr für Jahr um etwa 10 % (in einzelnen Städten bis zu 15 %) an. Lediglich während der noch andauernden Rezession beruhigte sich diese Entwicklung etwas.

fordern, sind in der Regel nur unter großen Schwierigkeiten und Verzögerungen durchsetzbar. Viele Lösungen scheitern an der Starrheit der bestehenden Rechte,

— an den Stadträndern bilden sich bereits Gürtel ungeordneter und zersplitterter Bauzonen, von Brachland durchsetzt, die aus ästhetischen und kostenmäßigen Erwägungen heraus unerwünscht sind.

1.3. Es besteht keinerlei Hoffnung, daß diese, wie unsere Analyse zeigen wird, weitgehend richtig diagnostizierten Mißstände in einer Art Selbstheilungsprozeß wieder verschwinden werden. Es ist eher eine permanente Verschlechterung zu erwarten; denn der Prozeß der Verstädterung, der all diese Spannungen hervorruft, hält unvermindert an (In den USA rechnet man z. B. bis zum Jahre 2000 mit einer Verdoppelung der Stadtflächen). Daher sollte man sich in der BRD genau wie in anderen Ländern Gedanken darüber machen, welche Reformen in der Lage sind, Abhilfe zu schaffen.

1.4. Sieht man von den Einzelpunkten der oben wiedergegebenen Kritik ab, so sind zwei Probleme zu lösen:

a) Die bestehende Lenkung der Bodenverwendung führt zu Einkommens- und Vermögensverteilungsergebnissen, die nicht befriedigend sind. Hier muß eine Lösung gefunden werden *(Verteilungsproblem)*.

b) Der Mechanismus, in dem darüber entschieden wird, für welche Zwecke und von welchen Personen der Boden verwendet werden soll, ist zu schwerfällig und nicht leistungsfähig genug *(Verwendungsproblem)*.

1.5. Für die Lösung dieser Frage stehen verschiedene Steuerungsinstrumente zur Verfügung:

a) Man kann weitgehend den Markt darüber bestimmen lassen, wie der Boden verwendet wird, wem die Erträge aus Nutzung und Veräußerung zufallen und wie hoch die Preise der Grundstücke sind. Das Ergebnis läßt sich durch steuerliche Maßnahmen beeinflussen.

b) Man kann die gleichen Probleme auch in einem politischen Entscheidungsprozeß lösen und die konkrete Ausführung dieser Entscheidungen durch einen Verwaltungsapparat vollziehen lassen.

c) Schließlich lassen sich beide Elemente in einem Mischsystem kombinieren. Beim Boden entscheiden über die Art der Verwendung — zwar nicht im Detail, wohl aber im großen Rahmen — weitgehend öffentliche Stellen (Flächennutzungspläne). Dem Markt bleibt im

Einzelfall die Festlegung überlassen, wer die Grundstücke im Rahmen der geltenden Bestimmungen für welche Zwecke nutzen kann. Er bestimmt aber auch die Höhe der Preise und damit das Verteilungsergebnis.

1.6. Wir werden bei der folgenden Analyse zunächst darstellen, welche Mängel eine reine Marktsteuerung der Bodenverwendung haben würde, denn auf diese Mängel hat jede von öffentlichen Stellen vorgenommene Einflußnahme zu achten, um ihnen entgegenwirken zu können. Das System der zentralen Steuerung wird nicht weiter behandelt. Anschließend wird das in der BRD herrschende System der Bodensteuerung behandelt, dabei konzentriert sich die Diskussion auf einige Mängel, die mit dem im zweiten Teil beschriebenen Vorschlag wesentlich gemildert werden könnten.

2. Die Besonderheiten des Produktionsfaktors Boden — Die Auswirkungen auf den Bodenmarkt.

Die Möglichkeit, die Verwendung eines Produktionsfaktors durch den Marktmechanismus optimal zu steuern, ist an zahlreiche Voraussetzungen geknüpft. Viele dieser Voraussetzungen sind beim Boden nicht gegeben. Daher ergeben sich auf dem Bodenmarkt schwere Mängel, falls nicht ergänzende Maßnahmen ergriffen werden.

2.1. Die Steuerung der Verwendung von Produktionsfaktoren durch den Markt setzt voraus, daß die Verknappung und eine daraus folgende Steigerung des Preises zu einer Erhöhung des Mengenangebots führt, sofern das rein technisch zu den entsprechenden Preisen möglich ist. Durch diese Angebotsausweitung werden die ursprünglichen Preissteigerungen teilweise oder ganz beseitigt. Auf dem Bodenmarkt stehen wir bei der Ausdehnung einer Stadt tatsächlich einer dauernden Nachfragesteigerung gegenüber. Eine entsprechende Angebotserweiterung erfolgt jedoch aus verschiedenen Gründen nicht.

a) Die Bodeneigentümer halten ihre Grundstücke vom Markt zurück. Sie reduzieren das Angebot.

Die Gründe für diese Verhaltensweise sind verschieden:

Jeder Eigentümer verfügt über einen fixen, einmal gegebenen Bestand an Grundstücken. Er ist nicht wie ein Produzent auf kontinuierlichen Absatz eingerichtet und er trennt sich nur schwer von seinem Besitz. Er kann im Normalfall bei Stadtgrundstücken mit kontinuierlichen oder sprunghaften Wertsteigerungen rechnen, daher wird er häufig den Verkauf hinausschieben, um die Wertsteigerung zu realisieren.

Durch dieses Hinausschieben von Verkäufen, werden hochwertige Grundstücke einer (intensiveren) Nutzung vorenthalten. Es entstehen volkswirtschaftliche Verluste, für die der jeweilige Eigentümer jedoch nicht „bestraft" wird, denn es fallen kaum „Lagerkosten" an. Ersatzinvestitionen, die nur bei rationeller Nutzung zu finanzieren wären, sind bei Grundstücken nicht notwendig. Daher kann diese Verhaltensweise lange durchgehalten werden, was auf anderen Märkten nicht in gleichem Maße möglich wäre, denn dort werden durch eine spekulative Angebotsbeschränkung in stärkerem Umfang Kräfte ausgelöst, die einen Preisfall auslösen können (kontinuierliche Produktion, steigende Lagerkosten, Verderblichkeit oder Alterung der Waren).

b) Grundstücke sind ein gutes Objekt der Vermögensanlage. Die Nachfrage ist oft spekulativ „überhöht".

Grundstücke werden nicht nur gekauft, weil sie produktiv genutzt werden sollen; es gibt viele Nachfrager, die in ihnen in erster Linie ein Objekt der Kapitalsanlage sehen. Die Nachfrage kann damit über den jeweiligen Nutzungsbedarf hinaus steigen und unabhängig davon schwanken.

c) Gerade in den Brennpunkten der städtischen Entwicklung kann das Verhalten der Bodendisponenten zu einem schnellen „Aufschaukeln" der Preise führen.

Sind in bestimmten, abgrenzbaren Gebieten einschneidende Veränderungen notwendig, so können die bisherigen Eigentümer durch Angebotszurückhaltung die gewünschten Veränderungen verhindern. Es entstehen Engpässe. Einzelne Nachfrager sind bereit, hohe Preise zu bieten. Bei den Anbietern werden verstärkte Gewinnerwartungen geweckt. Ihre Preisforderungen steigen mit.

Wo dieses „Aufschaukeln" zum Stillstand kommt, hängt vom Verhandlungsgeschick der Parteien, aber auch von den möglichen Alternativen ab, die sich den Nachfragern an anderer Stelle bieten.

2.2. Die häufig beklagten hohen Preise (bzw. Preissteigerungen) von Grundstücken werden ermöglicht durch die spezifische Unvermehrbarkeit des Bodens, die vielen Grundeigentümern eine monopolartige Stellung verschafft.

Wenn auch Baugrundstücke insgesamt vermehrt werden können, so sind doch einzelne Grundstücke bestimmter Lage und Qualität nicht vermehrbar. Zu einer Straßenerweiterung benötigt man bestimmte — und nur diese — Flächen, eine Betriebserweiterung ist oft nur sinnvoll, wenn die Nachbargrundstücke dazu verwendet werden. Die Grundeigentümer sind dadurch in der Lage, in ihren Preisen erhebliche Monopolspannen zu realisieren.

2.3. Der Markt kann keine geordnete Besiedlung eines größeren Gebietes herbeiführen. Die Marktkräfte fördern die Tendenzen ungeordneter und zersplitterter Bebauung.

2.4. Da häufig nicht sämtliche Kosten und Erträge, die mit einer bestimmten Bodennutzung verbunden sind, vom Markt erfaßt werden, gewährleistet eine Marktlenkung nicht, daß Grundstücke entsprechend ihrer Knappheit und ihrer Eignung für eine bestimmte Nutzungsart verwendet werden.

Durch die Errichtung von Gebäuden kann ein Investor für die umliegenden Grundstücke Werterhöhungen oder Wertminderungen hervorrufen (Fabrik in einer Villengegend). Diese Wertänderungen gehen aber nicht als Kosten oder Erträge in seine Kalkulation ein. Die Preise der erzeugten Güter können also um diese Kosten zu niedrig oder zu hoch sein, ohne daß über den Markt eine Korrektur herbeigeführt wird. Da solche Einflüsse bei der Verwendung von Grundstücken in großem Umfang auftreten, kommt es bei reiner Marktsteuerung zu erheblichen Fehllenkungen von Produktionsfaktoren.

2.5. Durch öffentliche Erschließungs- und Planungsmaßnahmen entstehen ebenfalls Änderungen des Bodenwertes, für deren Kosten die Bodeneigentümer nicht oder nicht voll aufkommen müssen, deren Erträge ihnen jedoch zufallen.

Abgesehen von der unzweckmäßigen Verwendung, die dadurch ermöglicht wird (vgl. 2.1.), werden die Entscheidungen über solche Maßnahmen wegen ihrer Verteilungswirkungen durch vollkommen sachfremde Erwägungen gestört und beeinträchtigt. Der Gefahr einer Lobby kann nur wirksam begegnet werden, wenn die Entscheidungen über Erschließungsmaßnahmen oder Bebauungspläne weitgehend verteilungsneutral bleiben.

3. Darstellung und Mängel des gegenwärtigen Steuerungssystems.

3.1. Da eine reine Marktlenkung nicht praktikabel ist, wird die Verwendung des Bodens heute bestimmt:

a) durch Marktlenkung
b) durch administrative und politische Entscheidungen
c) durch steuerliche Einflußnahme

Es ist zu fragen, ob die Elemente des Steuerungssystems zweckmäßig organisiert sind und ob sie sinnvoll zusammenwirken. Außerdem ist zu untersuchen, ob den Mängeln der Marktsteuerung (überhöhte Preise, Verzögerung notwendiger Anpassungen, zu extensive Nutzung wertvoller Grundstücke) mit dem vorhandenen Instrumentarium wirksam begegnet werden kann.

3.2. An den Stadträndern besteht ein Bebauungsrecht nur auf Gebieten, die in einem Bebauungsplan ausgewiesen sind. Meist werden diese Flächen klein und das Angebot an juristisch baureifem Land dadurch knapp gehalten. Dadurch wird die Position der Grundeigentümer gestärkt.

In der Bundesrepublik besteht de facto keine Baufreiheit. Die Nutzung von Grundstücken unterliegt zahlreichen rechtlichen Bindungen. Ein Grundstückseigentümer in der Nähe einer Stadt hat kein Recht, sein Grundstück nach eigenem Gutdünken zu bebauen. Grundstücke werden erst durch die Aufstellung eines Bebauungsplanes mit einem Bebauungsrecht ausgestattet, das durch die Behörden auch inhaltlich genau konkretisiert wird. Damit ist zwar ein Instrument geschaffen, das eine ordnungsgemäße Besiedlung ermöglicht, doch entstehen auch zusätzliche Probleme. Durch die Begrenzung des Rechts zum Bauen auf die in Bebauungsplänen ausgewiesenen Gebiete konzentriert sich die Nachfrage nach zusätzlichem Bauland auf bestimmte, eng begrenzte Zonen und bringt den Eigentümern in diesem Bereich einen spezifizierten Vermögensvorteil, andere werden davon ausgeschlossen oder können Verluste erleiden. Eine beliebige Ausweitung dieser Flächen ist nicht möglich, denn der Vorteil dieser Konzentration liegt u. a. auch darin, daß notwendige Erschließungen durch diese Form der Erweiterung rationeller genutzt werden.

3.3. Damit aus den in einem Bebauungsplan ausgewiesenen Flächen wirklich baureifes Land wird, müssen die Kommunen Erschließungen vornehmen. Sie erstellen einen Gesamtplan. Sie sind Träger der Folgekosten (Schulen, Verkehrsanlagen, verschiedene öffentliche Ämter ...). Eine schlechte Finanzlage der Kommunen bringt eine besondere Knappheit dieser Leistungen mit sich, die sich in den Bodenpreisen niederschlägt.

Ein Bodeneigentümer, der erschlossenes Bauland verkauft, bietet zusammen mit dem Bauboden Erschließungsleistungen an, die von den Kommunen erbracht wurden und deren Kosten er nicht in vollem Umfang zu tragen hat. Der Boden vermittelt dem neuen Eigentümer die Nutzungsmöglichkeit der öffentlichen Vorleistungen. Die privaten Eigentümer entscheiden mit der Disposition des Bodens auch über die Verwendung öffentlicher Investitionen. Diese Tatsache bringt ihnen eine zusätzliche Machtposition, die dadurch verschärft wird, daß die Knappheit der kommunalen Finanzmittel zu einer Knappheit der Erschließungsleistungen führt.

3.4. Das Streben der Kommunen nach möglichst hohen Gewerbesteuereinnahmen (Förderung von Industrieansiedlung) kann eine relative Verknappung von Wohnungsbaugelände gegenüber Industriegelände mit sich bringen, außerdem wird die Verschwendung wertvoller Grundstücke gefördert.

Die Gemeinden haben im allgemeinen großes Interesse daran, Industriegelände auszuweisen und zu erschließen, denn Industriebetriebe bringen hohe Steuereinnahmen. Häufig werden Betriebe zur Neuansiedlung oder Erweiterung bewegt und Grundstücke aus dem Besitz der Kommune weit unter ihrem Wert verkauft. Diese Subventionierung der Industrieansiedlung durch billige Grundstücke ist bodenpolitisch abzulehnen, denn sie kann die Betriebe dazu verleiten, objektiv knappe Produktionsmittel zu verschwenden. Die Gemeinden sind häufig nicht bereit, Wohnungsbaugelände in gleichem Maße zu erschließen, da zusätzliche Einwohner zusätzliche Kosten hervorrufen, ohne daß die Steuereinnahmen entsprechend steigen. Dieses Verhalten ermöglicht den Eigentümern von Wohnungsbaugelände erhöhte Bodenpreise und fördert die Steigerung der Mieten.[1]

3.5. Diese am Beispiel der Stadterweiterung aufgeführten Mißstände zeigen sich auch bei allen Veränderungen im Inneren einer Stadt:

ob es darum geht Baulücken, die von einzelnen Eigentümern aufgrund ihrer Interessenlage nicht bebaut werden, einer Bebauung zuzuführen, oder ob eine Straße erweitert werden soll; in jedem Fall sind die Rechte und Interessen der alten Eigentümer zu überwinden, denn eine Harmonie zwischen den Interessen der Grundstückseigentümer und den Zielen einer Entwicklung der Stadt besteht nicht. Dies wäre noch erträglich, wenn nicht alle Großstädte heute in einem raschen

[1] Die Vorschrift, daß Wohnungsgrundstücke nach ihrer Bebauung 10 Jahre grundsteuerfrei bleiben, hemmt die Bereitschaft der Kommunen zur Erschließung ebenfalls.

Umwandlungsprozeß begriffen wären. Die Ursachen sind verschieden und sollen nicht erörtert werden. In jedem Fall sind jedoch die Nutzungen der Grundstücke zu verändern, was häufig auf den geschlossenen Widerstand der alten Eigentümer stößt, die ihre starken Rechtspositionen ausnutzen. Das wird besonders deutlich am Beispiel der Stadtsanierung. In vielen Städten gibt es oft nahe der Zentren ganze Stadtteile mit überalterten Häusern, zu engen Straßen und unhygienischen Verhältnissen. Eine Sanierung ist meist nur dann möglich, wenn sich alle Eigentümer beteiligen und wenn sie nach einem zentralen Plan durchgeführt wird. Wird ein solcher Plan aufgestellt, so steigen in Erwartung der zukünftig besseren Nutzbarkeit des Bodens die Bodenpreise. Die Projekte werden erheblich verteuert und damit oft undurchführbar. Die Ankündigung einer Maßnahme allein erschwert oft ihre Durchführung.

3.6. Die großen Starrheiten und die geringe Flexibilität des jetzigen Lenkungssystems werden gefördert durch die besondere Begünstigung der Bodeneigentümer im geltenden Steuerrecht. Diese Begünstigung macht den Boden zu einem bevorzugten Anlageobjekt.[1]

Auch die Neufestsetzung der Einheitswerte führt nicht zu einer realistischen Grundstücksbewertung. Ein Grundstück wird praktisch

[1] Steuerbelastung und Bodenwertsteigerung: Eine Vorstellung vom Ausmaß der Wertsteigerung und der Steuerbelastung kann man sich durch ein — unserer Ansicht nach realistisches — Beispiel verschaffen: Am Rande einer Stadt erzielte landwirtschaftlich genutzter Boden 1960 einen Preis von DM 50,—/qm. Zur gleichen Zeit wurde der gleiche Boden etwa mit DM 0,20/qm in der Einheitsbewertung erfaßt. Ein Grundstück von 1000 qm Größe wurde also mit DM 200,— bewertet, bei einem Marktwert von DM 50 000,—. Unterstellt man einen Hebesatz von 250 bei der Grundsteuer, so waren auf dieses Grundstück ca. DM 5,— Grundsteuer pro Jahr zu entrichten. Nimmt man an, der Wert des betreffenden Grundstücks sei bis 1966 auf DM 100 000,— gestiegen, ein Zuwachs, wie er an den Rändern vieler Großstädte durchaus realisiert wurde, so steht einem Wertzuwachs von 50 000,— DM eine Steuerbelastung von DM 30,— gegenüber (sechsmal jährlich DM 5,—). Im Veräußerungsfalle wäre noch die Grundverkehrssteuer zu entrichten. Während sonst kleine und kleinste Beträge der Einkommenssteuer unterliegen, konnte der Grundeigentümer in unserem Beispiel allein aus einem Grundstück von 1000 qm Größe innerhalb von 6 Jahren einen Gewinn von DM 50 000,— erzielen, der praktisch von keiner Steuerbelastung getroffen wird. Es ist verständlich, daß diese Gewinnmöglichkeiten, die durch unser Steuersystem mitverursacht werden, unabhängig von den Nutzungsmöglichkeiten der Grundstücke zu einem Haupteinflußfaktor für die Dispositionen werden können. Für den Fall, daß das Grundstück schon einige Zeit vor dem Verkauf aus dem landwirtschaftlichen Vermögen ausscheidet, ergibt sich eine etwas höhere Belastung, die aber gemessen an dem Gesamtzuwachs auch kaum ins Gewicht fällt.

erst dann als Baugrundstück bewertet, wenn es in einem Bebauungsplan als solches ausgewiesen ist. Sämtliche Wertsteigerungen, die schon vorher auftreten, werden bei landwirtschaftlich genutzten Grundstücken nicht berücksichtigt. Die Bewertung geht auch in Zukunft von der gegenwärtigen tatsächlichen Nutzung aus und berücksichtigt nicht den Wert der möglichen zukünftigen Nutzung. Das neue Bewertungsgesetz war schon bei Inkrafttreten veraltet. (Daneben gelten diese Werte natürlich auch für die Vermögens- und Erbschaftssteuer.) Noch stärker fällt ins Gewicht, daß praktisch alle Wertsteigerungen nicht in der Einkommenssteuer erfaßt werden. Diese Vergünstigung gilt in jedem Fall für Privatpersonen, die keine Bilanz aufzustellen haben (z. B. Bauern), aber auch Unternehmungen können einer Steuerzahlung beliebig lang entgehen, indem sie nicht realisieren oder realisierte Wertsteigerungsgewinne wieder in Grundstücken anlegen. Die Regelung begünstigt ein Hinausschieben von Grundstücksverkäufen und verstärkt die Nachfrage, da ein Unternehmen, das einen hohen Veräußerungsgewinn erzielt, um einer Besteuerung zu entgehen wieder Grundstücke kaufen muß. Es wird unter Umständen einen höheren Preis zahlen bzw. eine größere Fläche kaufen.

3.7. Bei der Analyse des geltenden Steuerungssystems haben wir uns auf einzelne Mängel, denen sich auch unser Vorschlag widmen wird, konzentriert. Unserer Ansicht nach liegt ein wesentlicher Mangel darin, daß keine Harmonie zwischen den Interessen der Grundstückseigentümer und den Zielen einer Stadtentwicklung besteht.

Die Bodeneigentümer sind aufgrund ihrer Machtposition in der Lage, den Prozeß der Stadterweiterung und Umstrukturierung zu verzögern oder zu verteuern, oder die jeweils optimale Lösung zu verhindern. Wenn es auch in vielen Fällen strittig sein mag, die optimale Lage einer neuen Siedlung oder günstigsten Standort einer Schule oder eines Industriegeländes eindeutig festzulegen, so ist doch die bloße Bereitschaft eines Eigentümers rechtzeitig zu verkaufen, kein brauchbares Entscheidungskriterium. Vielfach gibt jedoch heute die bloße juristische Verfügbarkeit von Baugelände den Ausschlag für den Standort. Sachlich als günstiger anerkannte Lösungen können häufig nicht verwirklicht werden.

Im Ergebnis entstehen unnötige Mehrkosten, die von den Gemeinden und damit von den Bewohnern oder direkt von den Einwohnern zu tragen sind (z. B. höhere Transportkosten oder Erschließungskosten). Die Bodeneigentümer werden also in ihrem Bestreben möglichst hohe Wersteigerungen zu erzielen zu Verhaltensweisen veranlaßt, die den Interessen derer, die auf die Nutzung angewiesen sind, und den Erfordernissen des Städtebaues vollkommen entgegenlaufen.

Um diese Diskrepanz zu beseitigen, muß eine Regelung gefunden werden, die die Sonderstellung des Bodens als Vermögensanlagegut beseitigt, die es unmöglich macht, daß die Wertsteigerungen zum Hauptanreiz der Dispositionen der Bodeneigentümer werden.

4. Es wurden in der BRD schon verschiedene Versuche unternommen, die aufgezählten Mängel zu beseitigen oder zumindest zu mildern. Diese Maßnahmen sind jedoch zu zaghaft und wenig wirksam oder sie wurden rückgängig gemacht, bevor sie richtig zur Geltung kommen konnten.

4.1. Die Grundsteuer C war eingeführt worden, um unbebaute Baugrundstücke schneller einer entsprechenden Nutzung zuzuführen. Sie wurde bald wieder abgeschafft.

4.2. In eine ähnliche Richtung sollte die Vorverlegung der Erschließungsbeiträge auf den Zeitpunkt der Fertigstellung der Erschließungsanlagen wirken. Es ist wahrscheinlich, daß verschiedene Grundstücke durch diese Belastung einer schnelleren Bebauung zugeführt werden. Sicherlich hatten die Maßnahmen aber kaum preisdämpfende Wirkung, da die allgemeine Knappheit an erschlossenen Bauboden bestehen blieb, wodurch die Überwälzungschance für die Grundeigentümer sehr groß war. Diese Gefahr ist bei allen geplanten steuerlichen Maßnahmen zu berücksichtigen.

4.3. Es wird immer wieder darauf hingewiesen, daß in der Bundesrepublik den betroffenen öffentlichen Körperschaften ein ausreichendes Enteignungsrecht zur Verfügung stünde. Für das gesetzte Recht mag das vielleicht noch stimmen, die Rechtspraxis jedoch ist geprägt durch langwierige Enteignungs- und Entschädigungsverfahren. Das Enteignungsrecht wird daher in der Praxis weitgehend unwirksam. Gerade bei den dringendsten Projekten wird ein vernünftiger Kommunalpolitiker sich nicht auf ein Enteignungsverfahren einlassen können, um nicht eine mehrjährige Verzögerung zu riskieren. Er wird zugunsten einer schnellen Realisierung der Projekte selbst eine hohe Preisforderung erfüllen, zumal bei der gegebenen Entschädigungspraxis der Gerichte durch eine Enteignung kaum preisdämpfende Wirkungen zu erwarten sind. Die Gerichte gehen vielmehr bei der Entschädigung vom Verkehrswert aus. Es wird nicht nur ein Wert entschädigt, wie er einer gegebenen Nutzung entspräche. Zum Inhalt des verfassungsmäßig geschützten Eigentumsrechts werden damit auch alle durch öffentliche Leistungen hervorgerufenen Wertsteigerungen. Die Eigentümer erhalten außerdem alle entstehenedn Folgekosten ersetzt, obwohl in den Verkehrswerten schon eine durchschnittliche Prämie dafür enthalten ist. Die Enteignung wird in der Praxis zu einem sehr wenig brauchbaren Instrument und schafft große Unsicherheit für die Gemeinden, die eine vorausschauende Planung erschwert. Gegen diese Kritik kann eingewendet werden, daß die Langwierigkeit der Verfahren unumgänglich ist, da den betroffenen Eigentümern der Rechtsweg mit allen Möglichkeiten offenstehen muß. Der Rechtsweg kann und soll auch nicht blockiert werden. Die Enteignungsverfahren lassen sich im Durchschnitt auch dadurch verkürzen, daß man Regelungen schafft, die das Ermitteln einer von beiden Seiten wenig anfechtbaren Entschädigungssumme erleichtert (s. Teil II, 8.3.).

TEIL II — VORSCHLAG

1. Vorbemerkung

Die Frage gerechter Einkommensverteilung, die angesichts der erstaunlichen Gewinne im Grundstücksverkehr aufgeworfen wird, und das Problem der gesellschaftlich sinnvollen Verwendung des Bodens lassen sich nicht trennen. Neue Regelungen werden die Einkommensverteilung und die Nutzung des Bodens tangieren.

Der folgende Vorschlag, der aus einem Bündel von Regelungen besteht, widmet sich scheinbar hauptsächlich der Verteilungsfrage. Aber das Zusammenwirken seiner einzelnen Teile ist so konzipiert, daß unseres Erachtens die Verwendung der Grundstücke für verschiedene Zwecke und durch verschiedene Personen bzw. die öffentlichen Hände wesentlich beeinflußt wird, und zwar so, daß die Chance für eine gesellschaftlich erwünschte Verwendung wächst.

Der für die Nutzung des Bodens wichtige Akzent wird heute vom Gesetzgeber (Bundesbaugesetz, Städtebauförderungsgesetz etc.) und den regionalen und kommunalen Planungs- und Entscheidungsgremien gesetzt (Flächennutzungspläne, Bauleitpläne, etc.). Gezielte Aktionen zur Verbesserung der Bodenverwendung sollten deshalb beim politischen Entscheidungsprozeß und bei den Verwaltungs- und Planungsbehörden ansetzen.

Die städtebaulichen Kenntnisse der mit der Planung beschäftigten Personen, die einen großen Einfluß auf die Bauleitpläne, Flächennutzungspläne und administrativen Einzelentscheidungen haben, sind nicht immer umfassend und fundiert genug. — Es ist notwendig, die Möglichkeiten einer wirksamen Kontrolle der Planungsinstanzen zu sondieren. — Die Entscheidungen der Gemeinde und Stadträte müßten etwas mehr als heute von privaten Interessen, Kurzsichtigkeiten und der Scheu vor neuen Konzeptionen befreit werden. — Die Verwaltungsgliederung und regionale Zuständigkeit sollten überprüft werden.

Wir stellen einen Vorschlag zur Diskussion, der sich in die bundesrepublikanische Rechts- und Steuerordnung gut einfügt, der ein ungerechtfertigtes „Ungleichgewicht" im System beseitigt und keine Regelungen vorsieht, die in den bisherigen nicht schon grundsätzlich akzeptiert wären. Es schien uns nicht ratsam, einen der in der Arbeitsgruppe ebenfalls diskutierten radikaleren Vorschläge vorzulegen. Solche Vorschläge werden z. B. in England, Holland und Schweden freimütig diskutiert; auch das französische Parlament hat sich gerade (Juni 1967) ausführlich mit weitgehenden Plänen zur Neuregelung der städtischen Bodenverhältnisse beschäftigt. In der Bundesrepublik stößt jede progressive, den veränderten Umständen angepaßte Konzeption an die Grenzen einer starren Vorstellung von den Prinzipien einer Wirtschaftsordnung. Deshalb ist hier z. B. weder von der Überführung städtischen Bodens in den Besitz der Gemeinden (s. Niederlande) noch von der Vergesellschaftung des Bodens plus Verpachtung an Private (in Großbritannien Anfang dieses Jahrzehnts diskutiert) die Rede.

2. Die wichtigsten Elemente[1] unseres Vorschlags sind folgende[2]:
— Besteuerung der durch Wertsteigerungen entstehenden pri-

[1] Wir bitten zu beachten, daß der Vorschlag aus einer Reihe von zusammenwirkenden Regelungen besteht. Die einzelnen Teile lassen sich erst nach Kenntnis des Effekts der anderen Elemente beurteilen. So sollte z. B. die Besteuerung der Wertsteigerungen nicht ohne Beachtung des Prinzips der Selbstveranlagung, etc. und der preisdämpfenden Wirkung des gesamten Vorschlags beurteilt werden.

[2] Vgl. sehr ähnliche Elemente in: Hans *Möller*, Der Boden in der Politischen Ökonomie. Sitzungsberichte der Wissenschaftlichen Gesellschaft an der Johann Wolfgang Goethe-Universität, Frankfurt am Main, Bd. 6, 1967, Nr. 1, Wiesbaden. Ihm verdanken wir wesentliche Anregungen zu Analyse und Vorschlag.

vaten Einkommen entsprechend dem Nettovermögenszuwachsprinzip;

— der Steuerertrag steht den Gemeinden zu;
— jährliche Selbstveranlagung des Grundvermögens;
— Errichtung von Bodenstellen (Bodenbörsen), die auf verschiedenen Wegen die Marktübersicht erhöhen;
— Simulation eines Marktes durch Gebotsrecht Dritter bei Verkäufen;
— Orientierung der Enteignungsentschädigung an den veranlagten Werten.

Im einzelnen ist folgendes vorgesehen:

3. Wertsteigerungen von Grundstücken und Gebäuden sind Gewinne der Bodenbesitzer. Sie zählen damit zum Einkommen[1] der Eigentümer und sollten wie alle anderen Einkommen der Besteuerung unterliegen. — Zwischen „realisierten" und „nichtrealisierten" Gewinnen kann und sollte dabei nicht unterschieden werden.[2]

Gewinn und Einkommen werden durch Vergleiche der Inventarwerte am Ende und zu Beginn eines Jahres ermittelt, bei Verkauf während des Jahres gilt die bis dahin erzielte Wertsteigerung als Einkommen.

Der diesem Verfahren zugrundeliegende Einkommensbegriff (Reinvermögenszuwachs = Einkommen) erscheint zunächst etwas ungewohnt und unpassend. Er ist aber sowohl in der Wissenschaft[1] als auch in der bundesrepublikanischen Praxis als vernünftig und erwünscht akzeptiert. So ist es im Unternehmensbereich ganz selbstverständlich, daß der Gewinn durch Vermögensvergleich ermittelt wird. Es ist nicht einzusehen, daß in einem Bereich, der zumindest in der Vergangenheit durch hohe Gewinne gekennzeichnet war, und wo „Haushalte" de facto häufig die Funktion von „Unternehmern" ausübten, dieses Verfahren der Gewinnermittlung nicht angewandt werden soll.

[1] Der Wissenschaftliche Beirat beim Bundesministerium der Finanzen vertritt in seinem Gutachten zur Reform der direkten Steuern vom Februar 1967 die gleiche Position. Vgl. S. 23 (6 a): „Grundsätzlich erhöht jeder Reinvermögenszuwachs das Einkommen des betreffenden Kalenderjahrs und wäre demgemäß zusammen mit dem „laufenden Einkommen des Veranlagungszeitraums zu besteuern".

[2] Zur Vermeidung von Härten vgl. Ziff. 5 (Freibetrag).

Daß nicht nur die „realisierten" Wertsteigerungen — das sind solche, die durch Verkauf „realisiert", d. h. in einem Barvermögenszuwachs sichtbar werden — besteuert werden, entspricht dem verwendeten Einkommensbegriff. Es ist nicht einzusehen, warum eine Wertsteigerung erst als Einkommen gelten soll, wenn sie von einem Realvermögenszuwachs in einen Geldvermögenszuwachs umgewandelt wird. Würden die „nichtrealisierten" Gewinne nicht zum steuerpflichtigen Einkommen gerechnet, dann träfe außerdem ein bekannter, wenig schöner Effekt ein. Die Bodenbesitzer würden ihre Grundstücke halten, so lange das nur geht, und versuchen, auf allerlei Wegen der Besteuerung zu entgehen. Eine wesentliche Voraussetzung erwünschter Bodenverwendung, die Mobilität der Grundstücke, würde gefährdet.

Mit der Besteuerung der Wertsteigerungsgewinne verlieren die Grundstücke einen Teil ihrer durch staatliche Eingriffe und einen eigenartigen, spekulativen Marktprozeß geförderten Anziehungskraft als Vermögensanlageobjekte (s. Ziff. 2.1. der Analyse, Teil I). Diese Anziehungskraft war u. a. Ursache der permanenten Preissteigerungen auf diesem Markt und der Immobilität vieler Grundstücke.

Die Gebäude bzw. Eigentumswohnungen lassen sich aus steuertechnischen Gründen nicht von der Besteuerung ausnehmen. Es gibt auch keinen Grund dafür. Es wäre sogar zu erwägen, ob die Anerkennung der Wertzuwächse als Einkommen nicht auf andere gewichtige Vermögensobjekte wie z. B. Wertpapiere ausgedehnt werden sollte.

Auch Wertsteigerungen bei landwirtschaftlich genutztem Boden unterliegen der Besteuerung. Wir sehen keinen Grund, den Agrarboden besonders zu behandeln und viele Gründe, das nicht zu tun. Alle Flächen, die nicht Bauland oder Bauerwartungsland sind, werden kaum im Wert steigen, da jede Steigerung des Preises über den kapitalisierten Ertragswert einen Angebotsdruck erzeugt (s. u.). Wichtig ist allerdings, daß realistische Anfangswerte eingesetzt werden. Die möglichen kleinen Wertzuwächse werden durch den Freibetrag (vgl. Ziff. 5) neutralisiert, so daß der normale Landwirt keine Steuer zu zahlen haben wird.

Zählt die landwirtschaftlich genutzte Fläche allerdings zum Bauerwartungsland, dann werden wahrscheinlich die Werte so steigen, daß der Eigentümer besteuert wird. Das wäre aus zwei Gründen erwünscht: Zum einen wird dadurch der Übergang von landwirtschaftlicher in andere Nutzung beschleunigt; zum anderen wird ein Stück Gerechtigkeit geübt: In vielen stadtnahen Bezirken lassen sich heute die Landwirte in zufällig begünstigte und nicht-begünstigte einteilen. Wer Glück hatte, dessen landwirtschaftliche Fläche wird zu

Bauland erklärt, er macht große Gewinne, kann seinen Hof modernisieren und macht letztlich damit seinem glücklosen Kollegen Konkurrenz; oder er kauft sich einen Hof plus Gelände in stadtfernen Bezirken und tritt dadurch mit den dortigen Hofsuchenden, die meist weniger leicht zu Kapital kommen, in Wettbewerb. Beides wird heute schon als unfair und ungerecht empfunden. — Wer darauf hinweist, daß die Bodenwertgewinne die Sanierung der Landwirtschaft ermögliche, sollte beachten, daß man auf so wahllose und zufällige Weise keine Agrarstrukturpolitik betreiben kann. Der Landwirt mit den höchsten Grundstückswertzuwächsen und damit der besten Kapitalausstattung für Modernisierung muß noch lange nicht der beste Landwirt sein.

4. Die Besteuerung der Wertzuwächse bei Grundstücken (und Gebäuden) wird aus technischen und anderen Gründen im Rahmen einer besonderen Steuer („Einkommensteuer B") vorgenommen.

An sich hätte es nahegelegen, die Bodengewinne einfach zur Einkommensteuerbemessungsgrundlage hinzuzurechnen. Die Einbeziehung in die bisherige Einkommensteuer würde jedoch eine Reform dieser komplizierten und gut eingeführten Steuer erfordern. Diese Reform wäre kaum durchsetzbar. Überdies kämen solche Sonderregelungen der bisherigen Einkommensteuer (Sonderausgaben, Verluste bei anderen Einkommenskategorien etc.) ins Spiel, die sich nachteilig auf den Bodenverwendungseffekt der Besteuerung auswirken könnten. Außerdem rechtfertigen manche besonderen Ursachen der Bodenwertsteigerungen (s. o. Planungsgewinne, external economics etc. Ziff. 2.4. und 2.5. Teil I) eine Sonderbehandlung.

5. Vom ermittelten jährlichen Wertzuwachs können natürliche Personen einen Freibetrag in Höhe von DM 2000,— abziehen (Ehepaare DM 3000,—).

Dieser Freibetrag reicht aus, um den normalen Eigenheimbesitzer von der Steuer zu befreien. Beispiel: Wenn sich der Wert eines Grundstücks von 700 m^2 bei einem Ausgangspreis von DM 30,— pro m^2 um 8 % p. a. erhöht, ergibt sich ein Gewinn von 1680,— DM.

Es ist ziemlich sicher, daß die Wertsteigerungen nach Einführung der Steuer und der anderen Elemente dieses Vorschlags unter diesem Satz bleiben werden, so daß die Vermutung, daß der Freibetrag den normalen Eigenheimbesitzer von der Steuer befreit, berechtigt ist. Selbst in München stiegen die Grundstückspreise in den letzten Jahren im Durchschnitt kaum stärker als um 10 % p. a.

6. Verluste, die in den zwei vorangegangenen Veranlagungsjahren entstanden sind, können voll abgezogen werden; Verluste der 3. und 4. Vorperiode können zur Hälfte abgezogen werden.

Die Begrenzung der vollen Abzugsfähigkeit auf zwei Jahre soll spekulative Schwankungen der veranlagten Werte (siehe Ziff. 8.1. ff.) verhindern helfen.

7. Der Steuersatz ist gestaffelt. Er beträgt mindestens 30 % und höchstens 60 % und sollte auf jeden Fall mit der Höhe der Bemessungsgrundlage (= Wertsteigerungssumme) variieren. Zusätzlich könnte sich der Steuersatz mit der Höhe des sonstigen Einkommens des Besteuerten und/oder der prozentualen Wertsteigerung (der „Geschwindigkeit" des Wertzuwachses) verändern.

Die Staffelung des Steuersatzes (die Progression) betont die Verwandtschaft der vorgeschlagenen Einkommensteuer B zur herkömmlichen Einkommensteuer. Kleine Eigentümer und Einkommensbezieher werden geschont.

Die Staffelung wirkt der Konzentration des Grundvermögens entgegen und erhöht das Risiko spekulativer Schwankungen der selbstveranlagten Werte (s. Ziff. 8.1.). Jede Abweichung vom längerfristigen Preistrend führt wegen der Progression zu einer insgesamt höheren Steuersumme.

Die Variation des Steuersatzes mit der Höhe des sonstigen Einkommens könnte Härtefälle verhindern helfen: Ein Rentner oder Arbeiter, der sich mühsam ein Eigenheim erspart hat, müßte auch dann, wenn dieses Grundvermögen aus irgendwelchen Gründen im Wert steigt, nur wenig Steuern zahlen, weil sein geringes Renten- bzw. Arbeitseinkommen den Steuersatz drückt.

Für die Bindung des Steuersatzes an die Geschwindigkeit der Wertsteigerung (mit steigendem prozentualen Zuwachs steigender Steuersatz) spricht folgendes: a) Sie würde ebenfalls spekulativen Schwankungen der Werte entgegenwirken (s. o.). b) Da man davon ausgehen kann, daß hohe prozentuale Preissteigerungen häufig die Folge von Erschließungs- und Planungsmaßnahmen sind, würde die Bindung an die Geschwindigkeit der Wertsteigerung gewährleisten, daß solche Planungsgewinne höher besteuert würden als die „normalen". c) Die Mobilität von Grundstücken mit vergleichsweise hohen Wertsteigerungen würde erhöht, weil jede hohe Besteuerung die Tendenz zum Verkauf verstärkt.

Es bleibt zu prüfen, wie juristische Personen behandelt werden sollen und wie verhindert werden kann, daß wegen der Progression im Extremfall für jedes Grundstück eine neue Gesellschaft gegründet wird (z. B. durch Anwendung des Organschaftsprinzips, gemeinsame Veranlagung aller beteiligten Gesellschaften oder einheitlicher Spitzensteuersatz analog der Körperschaftsteuer).

8. Schwierigkeiten bereitet die Bewertung der Grundvermögen. Die Arbeitsgruppe schlägt eine Gruppe von verschiedenen, zusammenwirkenden Verfahren vor:

8.1. Prinzipiell veranlagt sich jeder Eigentümer zum Jahresende selbst. Der Wert der Grundstücke und Gebäude wird dabei getrennt bestimmt und ausgewiesen.

Mit der Selbstveranlagung bleiben die einzelnen Bürger, wenn sie sich einigermaßen an die Marktwerte halten, von bürokratischen Eingriffen verschont. In Kombination mit den unten (Ziff. 8.2.—8.5.) angeführten Regelungen ermöglicht die Selbstveranlagung im Normalfall die Ermittlung der Wertsteigerungen ohne den Einsatz kostspieliger amtlicher Bewertungsverfahren nach der Art der gerade laufenden Einheitsbewertung.

Nach Überwindung der Anfangsschwierigkeiten können sich die meisten Grundbesitzer nach den Zonenzahlen richten (s. Ziff. 8.2.). Die jährliche Bewertung erfordert nicht mehr als die Korrektur des Vorjahreswertes mittels des in den Zonenzahlen sichtbar werdenden Trendfaktors.

8.2. Um die Selbstveranlagung zu erleichtern und um die Transparenz auf den Grundstücksmärkten zu erhöhen, wird auf regionaler Ebene (Stadt, Landkreis) eine amtliche Bodenstelle (alias Bodenbörse) errichtet. Diese übernimmt von sich aus folgende vorwiegend statistische und vermittelnde Aufgaben zur Erhöhung der Markttransparenz:

a) Sie führt und veröffentlicht eine Liste der Werte aller veranlagten Grundstücke. Sie bereitet diese Daten nach bestimmten Kriterien (z. B. Zonen) auf und ermittelt sogenannte Zonenzahlen (Richtwerte).

b) Sie führt eine Liste aller verkauften Grundstücke und der erzielten Preise; sie bildet auch daraus Zonenzahlen und veröffentlicht diese jeweils vor Jahresende. Alle Verkäufe bzw. Verkäufe unter Vorbehalt (s. u. Ziff. 8.4.) müssen der Bodenbörse gemeldet werden und werden von dieser sofort veröffentlicht.

c) Sie beobachtet Veränderungen der Werte von Jahr zu Jahr und begutachtet Sonderbewegungen für Interessierte (Gemeinden, Finanzämter).

d) Sie nimmt Kauf- und Verkaufsgebote entgegen und vermittelt gegen eine Gebühr zwischen den Nachfragern und Anbietern; d. h. sie übernimmt die Funktion einer Börse.

Diese Tätigkeit der Bodenstelle ist vergleichbar mit den Funktionen der Arbeitsämter, die einen festen Platz in unserer Gesellschaft haben.

e) Sie errichtet Gutachterausschüsse nach einem zu regelnden Verfahren.

Für die Bodenstelle ergeben sich darüber hinaus noch einige Aufgaben aus den folgenden Ziffern. Der Aufwand, der mit der Errichtung der Bodenbörsen verbunden ist, lohnt unseres Erachtens. Das Dunkel, das heute über den Grundstücksmärkten liegt, widerspricht allen erdenklichen marktwirtschaftlichen Prinzipien, verschließt den Grundstücksmarkt für die Mehrzahl der Bürger und ermöglicht Gewinne auf Kosten der Öffentlichkeit, ohne daß diese betroffene Öffentlichkeit davon kritisch Notiz nehmen kann. Es würde uns nicht wundern, wenn gegen den Versuch, Licht in die Bodenverhältnisse zu bringen, mit dem Hinweis auf die Kosten der Bodenbörsen vorgegangen würde. Diese Kosten ließen sich mit Hilfe moderner Datenverarbeitung überraschend niedrig halten.

Daneben ist zu beachten, daß die Tätigkeit der Bodenstelle Voraussetzung für eine korrekte Selbstveranlagung und eine Kontrolle der veranlagten Werte ist.

Zur Erleichterung der Bewertung und als Druckmittel und Hilfen für eine „korrekte“ Bewertung sind folgende weiteren Regelungen vorgesehen (8.3—8.7):

8.3. Als Entschädigung bei Enteignung wird der letzte veranlagte Wert plus den Folgekosten der Enteignung gezahlt. Das ermöglicht u. a. die Beschleunigung der Enteignungsverfahren.

Dieses Verfahren bewirkt, daß zumindest in allen, möglicherweise von Enteignung bedrohten Gebieten dem Anreiz zur zu niedrigen „Fehlveranlagung“ entgegengewirkt wird.

Wenn die Enteignung mit Sicherheit erwartet werden kann, werden die Eigentümer ihre Grundstücke äußerst hoch veranlagen. Für solche Fälle gilt das in Ziff. 8.6. beschriebene Korrekturrecht. Außerdem wirken die Bestimmungen über die Grund- und Vermögenssteuer (Ziff. 8.5.) und der hohe Steuersatz gegen diese Tendenz.

Die Bindung der Enteignungsentschädigung an die veranlagten Werte hat gegenüber den jetzigen Regelungen den großen Vorteil, daß die Enteignungsverfahren wesentlich beschleunigt und die Planungen der Kommunen etc. erleichtert werden können. Die Entschädigung zum selbstveranlagten Wert scheint überdies „gerecht" zu sein.

8.4. Grundstücksverkäufe sind der Bodenstelle zu melden (s. Ziff. 8.2 b) und von dieser sofort zu veröffentlichen. Jeder hat das Recht, innerhalb eines Monats nach Veröffentlichung ein Gebot bei der Bodenstelle abzugeben, wenn er mindestens 10 % mehr bietet. Er ist an sein Angebot gebunden. Der Verkäufer muß nicht an den Höherbietenden verkaufen. Der höchste gebotene Wert ist jedoch maßgebend für die Berechnung des zu versteuernden Wertzuwachses.

Diese Bestimmung soll verhindern, daß gezahlter und deklarierter Preis voneinander abweichen. Sie ermöglicht die Simulation (Nachahmung) eines Marktgeschehens und damit „marktgerechte" Zonenindices, die für die Veranlagung der nicht verkauften Grundstücke relevant sind (über das Korrekturverfahren von Ziff. 8.6. und 8.7.). Diese Regelung kann auch wesentlich zu besserer Verwendung des Bodens beitragen; ganz im Sinne marktwirtschaftlicher Prinzipien: Wer glaubt, mit dem betroffenen Grundstück sehr viel mehr als der vorgesehene Käufer anfangen zu können, kann ein entsprechendes Gebot abgeben.

Voraussetzung für das Funktionieren dieser Bestimmung ist, daß dann, wenn ein höheres Gebot abgegeben wird, dem Verkäufer ein gesetzliches Rücktrittsrecht innerhalb der vorgesehenen Frist zusteht. Was Käufer und Verkäufer privat daneben vereinbaren, ist ihre Sache.

Da auch die Kommunen Gebote abgeben können, wäre das Gebotsrecht möglicherweise die Basis einer erweiterten Vorratspolitik, die städtebauliche Maßnahmen erleichtern könnte.

8.5. Auch für Grundsteuer, Vermögensteuer und Erbschaftssteuer dient der veranlagte Wert als Bemessungsgrundlage.

Damit soll dem Anreiz entgegengewirkt werden, enteignungsbedrohte Grundstücke „ungerechtfertigt" hoch zu veranschlagen.

8.6. Die Bodenstellen, die Gemeinden und die zuständigen Finanzämter haben das Recht, eine Korrektur der selbstveranlagten Werte durch einen Gutachterausschuß zu beantragen. Die Bodenstelle ist dazu verpflichtet, wenn der selbstveranlagte Wert wesentlich (um 20 %) von dem auf Grund der Verkäufe eines Jahres gebildeten Zonenindex abweicht und keine eindeutigen, die Abweichung rechtfertigenden Eigenarten des betroffenen Grundvermögens erkennbar sind.

Die anderen Regelungen zur Vermeidung von „Fehlveranlagung" (Ziff. 8.3., 8.4., 8.5.) sollten verhindern, daß diese Bestimmung allzu häufig angewendet werden muß. Subsidiär sollte die Korrekturmöglichkeit jedoch gegeben sein. — Die Gutachterausschüsse sollten verpflichtet sein, den Marktwert — nicht den kapitalisierten Ertragswert — zu schätzen.

8.7. Bei einer Reihe von Grundvermögen besonderer Art (bei Fabrikgrundstücken und -gebäuden, exponierten Stadtgrundstücken, generell bei solchen, die sich nur mit wenig anderen vergleichen lassen) gewährleistet das Zusammenspiel von Selbstveranlagung und kontrollierenden Regelungen (Ziff. 8.3—8.6) keine „korrekte" Ermittlung des Wertes und damit der periodischen Wertveränderung dieser Immobilien. Die Bewertung muß in diesen Fällen regelmäßig von Gutachterausschüssen vorgenommen werden.

Die selbstveranlagten Werte vieler Gebäude z. B. lassen sich nicht mit Hilfe von „Zonenzahlen" kontrollieren, weil sich Gebäude nicht nach Zonen bewerten lassen. Deshalb bedarf es einer Bewertung durch Gutachterausschüsse. Die Trennung in Grundstücke und Gebäude erlaubt die Vereinfachung des Verfahrens: Bei Gebäuden würde eine gutachterliche Bewertung im 5-Jahresturnus ausreichen; die Grundstücke würden jährlich neu bewertet, wobei in den meisten Fällen die Zonenindices als Richtwerte benutzt werden könnten. Gebäude sollten dabei, entgegen bisheriger Bilanzierung, nicht nach dem Niedrigstwertprinzip bewertet werden.

9. Das Steueraufkommen steht den Gemeinden zu.

Die Analyse hat gezeigt, daß ein großer Teil der Wertsteigerungen von Grundstücken auf Planungs- und Bautätigkeit von Gemeinden zurückgeht. Es ist deshalb sinnvoll, den Gemeinden eine Steuer auf diese „Planungsgewinne" zuzubilligen.

Die Analyse hat ferner gezeigt, daß ein anderer Teil der Wertsteigerungen wahrscheinlich auf das Wachstum der Kommunen und die daraus folgende Verknappung von Grundstücken zurückzuführen ist. Wachsende Gemeinden stehen vor überproportional steigenden Ausgaben, einer Kehrseite der bei den Grundbesitzern anfallenden Wertsteigerungen. Es ist auch aus diesem Grunde sinnvoll, eine Steuer auf Bodenwertzuwächse den Gemeinden zuzugestehen. Gemeinden mit vergleichsweise hohem Wachstum erzielen wahrscheinlich relativ hohe Steuererträge.

Es wäre zu erwägen, ob den Gemeinden die Anwendung eines Hebesatzes zugestanden werden sollte.

Die Einkommensteuer B wird die Bedeutung der Gewerbesteuer und damit die skizzierten städtebaulichen Nachteile dieser Steuer (Ziff. 3.4., Teil I) abschwächen.

Die Einkommensteuer B sollte in einen allgemeinen interkommunalen Finanzausgleich einbezogen werden.

Eine grobe Berechnung des Steuerertrages ergab für die Stadt München folgendes: Von 311 Mill. qm besitzt die Stadt ca. 48 %. 52 % von 311 Mill. qm, also ca. 160 Mill. qm müßten von den Eigentümern (Private, andere öffentliche Stellen) bewertet werden. Geht man von einem Durchschnittswert von DM 150,— aus, dann beträgt der Wert des Münchner Grundbesitzes (ohne Gebäude und ohne Grundstücke der Stadt) ca. 24 Mrd. DM. Bei einer geschätzten durchschnittlichen Wertsteigerung von 4 % jährlich beträgt die gesamte Wertsteigerung 960 Mill. DM. Nimmt man an, daß wegen des Freibetrags durchschnittlich nur ein Steuersatz von 30 % zum Zuge kommt, dann ergibt sich ein Steuerertrag von 288 Mill. DM.

Diese Schätzung müßte nach oben korrigiert werden, weil die Gebäude nicht berücksichtigt sind. Sie müßte eventuell nach unten korrigiert werden, weil in vielen Bezirken der Stadt (z. B. in neuen kompletten Siedlungen wie Hasenbergl oder Fürstenried) die Grundstückspreise nach Einführung der vorgesehenen Regelungen kaum steigen werden und deshalb eine durchschnittliche Wertsteigerung von 4 % p. a. kaum eintreten wird. Bei einer Kalkulation des Vorteils dieses Vorschlags für die Kommunen sollte nicht übersehen werden, daß die Grundstücksbeschaffung erleichtert und verbilligt würde.

10. Die Grundverkehrssteuer sollte abgeschafft werden, weil sie die Mobilität der Grundstücke zwischen verschiedenen Personen hemmt.

Fiskalische Argumente zugunsten der Grundverkehrssteuer sind nach Einführung der Einkommensteuer B gegenstandslos, weil der Ertrag der Einkommensteuer B wahrscheinlich höher sein wird, als jener der jetzigen Grundverkehrssteuer. Die Länder erhalten für den ausfallenden Anteil an der Grundverkehrssteuer zumindest teilweise eine Kompensation durch höhere Vermögensteuereinnahmen, deren die Länder sicher sein können, weil die veranlagten Werte höher sein werden als die heutigen, als Bemessungsgrundlage der Vermögensteuer dienenden Werte (vgl. Ziff. 8.5.).

11. Es müßte geprüft werden, ob ein spezielles Kreditsystem entwickelt und/oder ein Fond errichtet werden müßte. Aufgabe dieser Einrichtungen sollte es sein, „kleinsten" Bodeneigentümern über Liquiditätsschwierigkeiten hinwegzuhelfen, in die sie bei einer plötzlichen Belastung mit der Einkommensteuer B geraten könnten.

Damit könnten mögliche soziale Härten der vorgeschlagenen Regelungen beseitigt bzw. gemildert werden. Die Krediterleichterungen dürfen aber nur in Härtefällen gewährt werden, damit daraus nicht ein verbreitetes Stundungswesen wird.

12. Jede Reform ist mit Übergangsschwierigkeiten belastet. Das gilt sicher auch für den vorliegenden Vorschlag. Wichtig ist, daß die Ausgangswerte realistisch gesetzt werden, d. h. so, daß sofort und global weder Wertsteigerungen noch -minderungen großen Ausmaßes auftreten. Damit könnte ein großer Teil der möglichen Übergangsprobleme vermieden werden. — Schwierigkeiten, die daraus folgen, daß schwer vorherzusagen ist, wie sich die Bodenpreise nach Einführung der vorgeschlagenen Regelungen entwickeln werden, lassen sich kaum beseitigen. Vielleicht sollte man eine nachträgliche Korrektur der Steuersätze nicht ausschließen.

13. Wie die vorgeschlagenen Regelungen zusammenwirken, soll nun noch an einigen erfundenen Fällen verdeutlicht werden:

a) A besitzt ein Grundstück X, das landwirtschaftlich genutzt wird. Es liegt außerhalb der Bebauungszone; doch ist es nicht unwahrscheinlich, daß es nach einigen Jahren zu Bauland erklärt wird. Deshalb wird nach Einführung der vorgeschlagenen Regelungen der Ausgangswert wahrscheinlich über dem kapitalisierten landwirtschaftlichen Ertragswert liegen.

b) In den folgenden Jahren veranlagt A das Grundstück X immer so, daß die Wertsteigerungssumme innerhalb des Preisbetrags liegt. Er hat keine Steuer zu zahlen. Die auf der Basis der in der betreffenden Zone vorkommenden Verkäufe errechneten Zonenindices (Richtwerte) weichen nur geringfügig von den selbstveranlagten Werten des A ab, so daß dessen „Lochkarte" in keinem der betroffenen Jahre „aussortiert" wird. Keinerlei Korrektur.

c) Die Nachfrage nach Grundstücken der A betreffenden Zone Z erhöht sich in den folgenden Jahren etwas. Die zu erwartenden und teilweise eintretenden Preissteigerungen führen bei einigen Grundeigentümern zu Wertsteigerungen, die über dem Freibetrag liegen. Die Steuerbelastung veranlaßt einige Eigentümer zum Verkauf. Das Angebot steigt, die durch die erhöhte Nachfrage ausgelöste Preissteigerungstendenz wird gebremst.

d) In einem der folgenden Jahre wird das Grundstück X und sein Umland zum Bauland erklärt. A veranlagt sich zum Jahresende nur um den Trendfaktor der Vorjahre höher. Andere Grundstücke werden wesentlich höher bewertet. Es finden aber keine Verkäufe statt und deshalb auch keine Korrektur der Veranlagung des A durch die Bodenstelle oder das Finanzamt.

e) Im nächsten Jahr werden die Nachbargrundstücke zu einem Preis gehandelt, der um 20 % über dem letzten Veranlagungswert des A liegt. Vor Jahresende veröffentlicht die Bodenstelle entsprechende Zonenzahlen. A setzt in seiner Steuererklärung einen um 20 % höheren Wert ein. Die Wertsteigerung werde im Durchschnitt mit 25 % besteuert (wegen des Freibetrags unter 30 %). Hätte sich A im Vorjahr schon selbst höher veranlagt, wäre wegen der Progression die Gesamtbelastung sicher geringer gewesen.

f) Die Gemeinde erschließt das Gelände, in dem das Grundstück X liegt. Andere Grundstücke werden mit 30 % über dem letzten veranlagten Preis gehandelt. In den veröffentlichten Zonenzahlen würden diese Preissteigerungen berücksichtigt. Trotzdem setzt A in der Steuererklärung den Vorjahreswert ein. Die Bodenstelle muß in diesem Fall eine Korrektur durch einen Gutachterausschuß beantragen.

g) Ausgangslage wie bei f; A verkauft das Grundstück X an B zu einem Preis, der weit unter dem Preis liegt, zu dem Grundstücke in der Zone Z gehandelt werden. Gegenleistung des B: Verkauf von Baumaterialien an A zu einem „Spottpreis". Dieses Verfahren würde zumindest dem Verkäufer A Einkommensteuer B sparen helfen und die Zonenindices tendenziell drücken, wenn nicht der Interessent C ein Kaufgebot mit einem Preis von 120 % des zwischen A und B vereinbarten Grundstückspreises und D ein Gebot von 130 % abgäbe. A hat ein gesetzliches Rücktrittsrecht. Er verkauft an C, weil D's „Nase ihm nicht paßt". Veranlagt wird das Grundstück aber zum Preis, den D geboten hatte (130 %)

h) Das Grundstück Y eines E wird möglicherweise für eine neue Umgehungsstraße gebraucht, deren Trassenführung allerdings noch nicht festliegt. Diese Information wird E bei seinen Überlegungen zur Veranlagung am Jahresende berücksichtigen. Er weiß, daß der veranlagte Wert als Entschädigungswert bei der Enteignung gilt. Wenn E schon am Ende des ersten Jahres nach Bekanntwerden des Straßenprojekts den veranlagten Wert stark nach oben korrigiert (z. B. um 110 %), muß er wahrscheinlch den höchsten Steuersatz von 60 % (vgl. Ziff. 7: Bindung des Steuersatzes an Höhe und Geschwindigkeit der Wertsteigerung) und Grund- und Vermögensteuer auf den hohen Wert zahlen. Trotzdem lohnt sich das, wenn E wirklich bald enteignet wird. Falls das Grundstück Y für die neue Straße entgegen E's Erwartungen nicht gebraucht wird, wird E den Veranlagungswert nach unten korrigieren. Er erleidet einen Verlust, der wahrscheinlich die in den 2 weiteren Jahren folgenden Gewinne übersteigt und deshalb nicht voll vortragbar ist. Das Risiko einer überhohen Selbstveranlagung ist groß.

14. Es ist sehr strittig, ob der unterbreitete Vorschlag alle Bodenprobleme sofort und vollständig lösen würde; es ist auch strittig, ob er sich durchsetzen läßt. Es scheint uns jedoch sicher zu sein, daß die Einführung der vorgeschlagenen Regelungen vorteilhafte Folgen hätte:

a) Es käme Licht in einen Markt, dessen Dunkel bisher von Privilegierten ausgenutzt wird. Die Position der sozial und finanziell Schwachen, die meist auch schlecht informierte Grundbesitzer oder Besitzlose sind, wird dadurch und durch den Dekonzentrationseffekt der Einkommensteuer B verbessert.

b) Die Gemeinden würden an den Ergebnissen ihrer Planungsarbeit partizipieren und hätten mehr Mittel für die Erschließung zur Verfügung.

c) Die unterschiedliche Behandlung von Privaten, die heute darin besteht, daß Einzelne wahllos durch öffentliche Planungen und Maßnahmen außerordentlich bereichert werden, andere Eigentümer aber, deren Grundstücke außerhalb von Bauzonen bleiben oder nicht erschlossen werden, und die Nichteigentümer indirekt als Steuerzahler für die Begünstigungen aufkommen müssen, würde durch die Einkommensteuer B gemildert und durch die anderen Regelungen entschärft.

d) Die Sonderstellung des Bodens als Vermögensanlage- und Spekulationsobjekt würde reduziert. Boden würde nicht mehr im selben Maß wie heute als Anlageobjekt benutzt. Damit würde auch die Verwendung dieses Produktionsfaktors sachgemäßer, weil weniger orientiert am Vermögensanlagekalkül.

e) Mit großer Wahrscheinlichkeit würden die Grundstückspreise weniger schwanken als heute. Der Preistrend nach oben würde abgeflacht.

Gegen jede Wertsteigerung entwickelt sich ein Gegendruck, weil die Besteuerung der Wertsteigerungen einige Grundstückseigentümer zum Verkauf zwingt und so das Angebot auf dem Grundstücksmarkt erhöht.

f) Der heute mit den hohen Grundstückspreissteigerungen verbundene Kostendruck auf dem Wohnungsmarkt würde vermindert. Die Mieten würden wahrscheinlich weniger stark steigen als heute.

g) Die Mobilität des Bodens zwischen verschiedenen Eigentümern würde erhöht.

h) Die Enteignungsverfahren würden beschleunigt, die Justiz entlastet.

Damit würden öffentliche Planungs- und Erschließungsarbeiten erleichtert.

II. Parteien und politische Jugendorganisationen

1. Sozialdemokratische Partei Deutschlands (SPD)

1.1. Soziale Verantwortung
Entschließung des Bundesparteitages der SPD in Bad Godesberg, 1959*

(Auszug)

Jeder hat ein Recht auf eine menschenwürdige Wohnung. Sie ist die Heimstätte der Familie. Sie muß deshalb auch weiterhin sozialen Schutz genießen und darf nicht nur privatem Gewinnstreben überlassen werden.

Die Wohnungs-, Bau- und Bodenpolitik muß den Mangel an Wohnraum beschleunigt beheben. Der soziale Wohnungsbau ist zu fördern. Der Mietzins ist nach sozialen Gesichtspunkten zu beeinflussen. Die Bodenspekulation ist zu unterbinden, ungerechtfertigte Gewinne aus Bodenverkäufen sind abzuschöpfen.

...

1.2. Entschließung zur Städtebau- und Wohnungspolitik des SPD-Parteitages in Saarbrücken, Mai 1970**

(Auszug)

I. Erneuerung und Entwicklung unserer Gemeinden sind vordringliche Aufgaben von großer gesellschaftspolitischer Bedeutung. Sie sollen unseren Bürgern überall in der Bundesrepublik ein Angebot an Wohn-, Arbeits- und Bildungsmöglichkeiten

* Abdruck nach „Grundsatzprogramm der Sozialdemokratischen Partei Deutschlands", Vorstand der Sozialdemokratischen Partei Deutschlands (Hrsg.).

** Abdruck nach Entschließungen des SPD-Parteitages in Saarbrücken vom 11.—14. Mai 1970, Vorstand der SPD (Hrsg.).

sowie Versorgungseinrichtungen mit Gütern und Dienstleistungen des öffentlichen und privaten Bereichs und an Erholungsgelegenheiten sichern, das den Grundwerten unserer freiheitlichen und sozialen Gesellschaftsordnung entspricht.

Zur Erfüllung dieser Aufgaben muß die im Grundgesetz festgelegte Sozialbindung des Eigentums an Boden wirksam werden. Die Erfahrungen der Vergangenheit haben gezeigt, daß durch Bodenspekulation vor allem in Gebieten mit hoher Verdichtung die Sanierung überalterter und funktionsuntüchtiger Gebiete sowie die Entwicklung neuer Ortschaften erschwert oder unmöglich gemacht worden sind.

1. Der Parteitag fordert deshalb die Bundestagsfraktion auf, den vorliegenden Entwurf der Bundesregierung für ein Städtebauförderungsgesetz als einen ersten Schritt zur Neuordnung des Bodenrechts beschleunigt zu beraten und das Gesetz noch in diesem Jahre zu verabschieden, um Städten und Gemeinden ein wirksames Instrumentarium zur Verhinderung der Bodenspekulation, zur Demokratisierung der Planung und zur zügigen Durchsetzung dieser Planung in die Hand zu geben.

2. Dabei geht der Parteitag davon aus, daß die Bundestagsfraktion die folgenden Änderungen im Gesetzentwurf durchsetzt:

Der Zeitpunkt für die Ermittlung der Ausgleichs- und Entschädigungsleistungen ist zu konkretisieren.

Die Gemeinden werden aufgefordert, vor der Sanierung ergänzend zu den räumlichen und baulichen Plänen einen Sozialplan auszuarbeiten, bei dem die sanierungsbetroffenen Bewohner mitwirken.

3. Die Bundesregierung und die sozialdemokratischen Länderregierungen werden aufgefordert, die notwendigen öffentlichen Mittel zur Erfüllung dieser Aufgaben bereitzustellen.

4. Der Bundesminister für Städtebau und Wohnungswesen wird aufgefordert, in einem 2. Städtebaubericht die Aufgaben und Maßnahmen zur Weiterentwicklung unserer Städte und Gemeinden zu konkretisieren, nachdem der Städtebaubericht '69 die allgemeine städtebauliche Situation und die sich daraus ergebenden Aufgaben grundlegend dargestellt hat. Das Städte-

bauförderungsgesetz stellt keine verbindlichen Leitbilder für den Städtebau auf; dies bleibt nach wie vor Aufgabe der Städte und Gemeinden. Die Städtebauberichte sollen ihnen hierzu Anhaltspunkte und Hilfen sein.

5. Der Parteitag ersucht den Parteivorstand, durch seine Bodenrechtskommission eine Fortentwicklung des allgemeinen Bodenrechts unter folgenden Gesichtspunkten vorzubereiten:

a) Verhinderung ungerechtfertigter Bodengewinne,

b) Inanspruchnahme der Bodenwerterhöhungen zur Mitfinanzierung von Infrastrukturmaßnahmen durch die öffentliche Hand analog dem Städtebauförderungsgesetz,

c) Schaffung rechtlicher Handhaben für die zügige Durchführung raumordnerischer und strukturpolitisch bedeutsamer Maßnahmen, insbesondere durch eine wirksame Ausgestaltung des gemeindlichen Vorkaufs- und Grunderwerbsrechts, des Baugebots und durch Vereinfachung des Enteignungsverfahrens,

d) Fortentwicklung des Erbbaurechts zu einem Instrument sozialer Bodenpolitik.

6. Im Rahmen der Steuerreform sind ungerechtfertigte Gewinne aus dem Grund und Boden steuerlich zu erfassen.

II. In der Bundesrepublik ist die Wohnungsnot noch nicht beseitigt. Viele Familien und Haushalte haben noch immer keine ausreichende Wohnung. Nach den Ergebnissen der Wohnungszählung 1968 fehlen z. Z. für die Familien und Haushalte, die noch in Untermiete, in Baracken, Nissenhütten und sonstigen unzureichenden Wohngelegenheiten leben, 800 000 Wohnungen. Eine Million Wohnungen sind abbruchreif und wohnunwürdig. Außerdem entsteht ständig ein jährlicher Neubedarf von rund 300 000 Wohnungen durch Gründung junger Familien usw. 600 000 kinderreiche Familien leben in überalterten Wohnungen, die zum größten Teil mangelhaft ausgestattet sind. Von den Menschen über 65 Jahre wohnen 1,7 Millionen in unzureichenden Wohnungen ohne Bad. 6 Millionen Wohnungen haben kein Bad. Von diesen Wohnungen wiederum haben 4 Millionen keine Toilette innerhalb der Wohnung. Dies ist das erschütternde Ergebnis einer verfehlten Wohnungspolitik früherer Jahre, einer Wohnungspolitik, die in Verkennung der Notwendigkeiten die Bundesmittel für den sozialen Wohnungsbau zu schnell abbaute und den Wohnungsmarkt zu früh in die Marktwirtschaft überführte.

Bundestag, Bundesregierung, Landtage und Landesregierungen werden daher aufgefordert, im Rahmen ihrer mittelfristigen Finanzplanung ausreichende Mittel zur Verstärkung des sozialen Wohnungsbaues bereitzustellen, um diese Mangellage möglichst bald zu beseitigen. Mit diesen Mitteln müssen im Rahmen eines langfristigen Wohnungsprogramms jährlich mindestent 250 000 Wohnungen so finanziert werden, daß bei gleichzeitiger Anpassung der Einkommensgrenze an die allgemeine Einkommensentwicklung sich Mietpreise ergeben, die für Normalverdienende erschwinglich sind.

Dieses langfristige Wohnungsbauprogramm muß die angemessene Wohnraumversorgung einkommensschwacher Personenkreise sicherstellen. Hierzu rechnen insbesondere auch alte Menschen, kinderreiche Familien, Schwerbeschädigte, Alleinstehende und junge Familien. Das Programm ist regional so zu gliedern, daß der Wohnungsbau in Schwerpunkten überdurchschnittlichen Bedarfs, im Zonenrandgebiet und in den Schwerpunktorten der regionalen Aktionsprogramme besonders gefördert wird. In diesem langfristigen Wohnungsprogramm müssen darüber hinaus ausreichende Mittel für die Modernisierung des Altwohnungsbestandes zur Verfügung gestellt werden.

Dabei ist gesetzlich zu sichern, daß die öffentliche Hand Einfluß auf die Mietpreisgestaltung behält.

Das Bundesbaugesetz ist dahingehend zu ändern, daß die sozialen Wohnungsfolgeeinrichtungen wie Kindergärten, Kindertageheime, Kinderspiel- und Bolzplätze, Schulen, öffentliche Dienstleistungseinrichtungen, Einkaufsmöglichkeiten, Alten- und Jugendbegegnungsstätten und Kommunikationszentren gleichzeitig mit dem Bau von Wohnungen begonnen werden müssen und dafür im Flächennutzungs- und Bebauungsplan rechtzeitig die erforderlichen Flächen und Standorte auszuweisen sind.

...

1.3. Gerede um Grund und Boden

Dr. *Hans Apel*, 1971*

Die Stadtväter wie die Mieter in den deutschen Großstädten haben große Sorgen. Der knappe Boden treibt die Preise hoch. Der Zugriff der Gemeinden auf dringend benötigte Grundstücke wird vielerorts unnötig verzögert. Öffentliche Investitionen in der Infrastruktur am Stadtrand und in den Sanierungsgebieten erhöhen den Wert der betroffenen Grundstücke erheblich. Einzelne Vermieter erhöhen die Mieten unter Ausnutzung akuter Not- und Mangellagen über Gebühr. Es ist selbstverständlich, daß diese Mißstände nicht hingenommen werden können.

Und so hören wir immer häufiger die Forderung nach Kommunalisierung des Bodens in den Großstädten. Dieser Begriff wird in der öffentlichen Debatte recht unscharf verwendet. Einzelne Kommunalpolitiker verstehen darunter vor allem die Übernahme des Bodens in den Zentren der Großstädte auf die jeweilige Gemeinde. Ihre Argumentation ist konsequent. Sie weisen darauf hin, daß in den Stadtzentren der Grund und Boden in mehreren Ebenen benutzt wird. Hochstraßen und Fußgängerpassagen, der normale Oberflächenverkehr, U-Bahntunnel und Tiefgaragen nutzen die Grundstücke mehrfach. In diesen Fällen ist Privateigentum an diesen wenigen Grundstücken in der Tat unpraktisch.

Doch in der aktuellen Debatte geht die Forderung nach Kommunalisierung wesentlich weiter. Es wird der Eindruck erweckt, als solle der Grund und Boden in unseren Großstädten ohne Einschränkungen kommunalisiert, das heißt sozialisiert werden. Da es freie Flächen in unseren Ballungsgebieten kaum noch gibt, würde das natürlich auch bedeuten, daß die Häuser und Gebäude gleichfalls kommunalisiert werden müssen. Es kann nicht übersehen werden, daß diese weitgehenden Forderungen vor allem ideologisch geprägt sind. Es muß deshalb untersucht werden, ob die bestehenden Mißstände auf diese Weise überhaupt überwunden werden können, bzw. welche un-

* Abdruck nach „Vorwärts", 28. 1. 1971.

überwindlichen Widerstände der Forderung nach weitgehender Kommunalisierung des Bodens entgegenstehen. Es kann aber auch nicht übersehen werden, daß es auch massive Einwände parteipolitischer Art gegen diese Forderung gibt. Soweit sich Sozialdemokraten dieser Formel bedienen, müssen sie wissen, daß sie damit nur anderen Parteien in unserem Lande ein beachtliches Wählerpotential zutreiben, denn — wie man recht leicht in jeder Stadt feststellen kann — fühlen sich auch viele Tausende sozialdemokratischer Eigenheimbesitzer mit oder ohne Einliegerwohnung von dieser Schlagwortpolitik negativ angesprochen.

Abgesehen von dieser taktischen Überlegung sollten sich die Verfechter der Kommunalisierung des Bodens aber auch über die Konsequenzen, die sich aus Artikel 14 des Grundgesetzes ergeben, im klaren sein. Sie müssen deshalb eine Antwort auf die Frage geben, wie sie sich die verfassungsrechtlich vorgeschriebene Entschädigung der Grund- und Hauseigentümer vorstellen.

Weiterhin müssen sie darüber Auskunft geben, wie sie die bei einer Verwirklichung ihrer Vorstellungen mit Sicherheit entstehende Lücke zwischen dem mit öffentlichen Mitteln geförderten und dem frei finanzierten Wohnungsbau schließen wollen. Denn wer wird dann noch bereit und in der Lage sein, im Wohnungsbau Privatkapital zu investieren? Zur Zeit werden rund 60 Prozent der jährlich neu erstellten Wohnungen frei finanziert. Ohne diese privaten Investitionen wäre unser Wohnungsdefizit wesentlich höher.

Eine Ablehnung der Zauberformel „Kommunalisierung des Grund und Bodens“ bedeutet nun natürlich nicht, daß wir uns mit der gegenwärtigen Situation abfinden müssen und sollen. Erst kürzlich hat Prof. Leibholz, Richter im Bundesverfassungsgericht, auf diese Problematik hingewiesen. Seiner Ansicht nach muß — da sich das Grundgesetz sowohl zum Rechtsstaat als auch zum Sozialstaat bekennt — der Gesetzgeber darauf einwirken, daß eine mißbräuchliche Ausübung des Eigentumsrechtes verhindert wird. Denn „die mißbräuchliche Ausübung des Eigentumsrechts ist nicht verfassungsrechtlich geschützt, im Gegenteil, es ist verfassungswidrig, es widerstreitet dem grundgesetzlichen Bekenntnis zum Sozialstaat, dem der Eigentümer, auch der Hauseigentümer, Rechnung zu tragen hat".

Die Bundesregierung ist gegenwärtig bemüht, auf drei Wegen die in Artikel 14, Absatz 2 des Grundgesetzes festgelegte Sozialbindung des Eigentums zu verwirklichen:

1. Mit dem Entwurf eines Gesetzes über städtebauliche Sanierungs- und Entwicklungsmaßnahmen in den Gemeinden (Städtebauförderungsgesetz),

2. dem Gesetzentwurf über Maßnahmen zur Verbesserung des Mietrechts und der Begrenzung des Mietanstiegs und

3. dem Zweiten Steueränderungsgesetz.

Alle drei Gesetzentwürfe befinden sich bereits in der parlamentarischen Beratung. Anliegen des Städtebauförderungsgesetzes ist es, die Mängel des geltenden Bodenrechtes für die besonderen städtebaulichen Maßnahmen zu beseitigen. Dieser Entwurf geht davon aus, daß Sanierungs- und Entwicklungsmaßnahmen von der öffentlichen Hand veranlaßt, von ihr durchgeführt und durch den Einsatz erheblicher öffentlicher Mittel erst ermöglicht werden. Es muß deshalb durch eine Reihe von Vorschriften sichergestellt werden, daß niemand durch die Initiative der öffentlichen Hand ungerechtfertigte Vor- und Nachteile erhält, insbesondere Spekulationsgewinne einstreicht.

Da dieser Gesetzentwurf jedoch nur die besonderen Probleme der Sanierungs- und Entwicklungsmaßnahmen regelt, ist es notwendig, durch eine Novellierung des Bundesbaugesetzes das Baubodenproblem einer generellen Lösung zuzuführen.

Der Gesetzentwurf über Maßnahmen zur Verbesserung des Mietrechts und zur Begrenzung des Mietanstiegs sieht einen verstärkten Schutz der Mieter vor Auswüchsen und Härten auf dem Wohnungsmarkt vor. Zu diesem Zweck ist eine Verstärkung der Sozialklausel und des Kündigungsschutzes vorgesehen. Der Mietwucher soll durch Mietobergrenzen in Gebieten mit Wohnungsdefizit und durch eine Verschärfung der strafrechtlichen Bestimmungen begrenzt werden. Weiterhin sieht der Entwurf Maßnahmen zum Schutz der Wohnungsuchenden vor unlauteren Geschäftsmethoden der Wohnungsmakler vor.

Durch das zweite Steueränderungsgesetz wird die steuerliche Behandlung der Bodengewinne bei Land- und Forstwirten sowie den Selbständigen neu geregelt. Es sieht vor, die bei Verkäufen von Grundstücken bislang steuerfreien Gewinne einer Steuerpflicht zu unterwerfen. Diese gesellschaftspolitisch bedeutsame Entscheidung stellt einen wichtigen Beitrag zur Begrenzung der Bodenspekulation dar.

1.4. Kommunale Bodenpolitik Entschließung der Jungsozialisten zur Kommunalpolitik in Mannheim, 1971*

Entscheidende Voraussetzungen für den Erfolg einer sozialistischen und demokratischen Bodenpolitik ist das stufenweise Vorgehen. Eine Sozialisierungsmaßnahme muß jeweils sehr rasch in Herrschaft der Bürokratien ausarten, wenn die notwendige demokratische Kontrolle fehlt. Diese ist jedoch nur bei Mobilisierung des entsprechenden Bewußtseins möglich.

In den Verdichtungsgebieten und vor allem in den Sanierungs- und Entwicklungsgebieten ist der Boden in den Besitz der Gemeinde zu bringen (Kommunalisierung). Auszunehmen ist Grund, der landwirtschaftlich und für Eigenheime genutzt wird und nach der Planung so genutzt werden soll. Die erforderlichen Mittel müssen den Gemeinden zur Verfügung gestellt werden.

Dauer und Ausgestaltung der Nutzungsrechte haben sich nach gesellschaftlichen, planerischen Notwendigkeiten zu richten.

Gemeindeeigener Grund darf nicht veräußert werden.

Bis zur Erreichung der Kommunalisierung sind folgende Änderungen des Bodenrechts durchzuführen:

1. Karteierfassung von Boden der öffentlichen Hand und der von diesen kontrollierten Gesellschaften.

2. Schaffung eines allgemeinen Grunderwerbsrechts der Gemeinden mit Angebotspflicht;

* Abdruck nach „Forderungskatalog der Jungsozialisten zur Kommunalpolitik" beschlossen auf der Arbeitskonferenz am 24./25. April 1971 in Mannheim, Vorstand der Jungsozialisten (Hrsg.).

3. Schaffung eines Enteignungsrechts mit beschleunigtem Verfahren; Verbesserung des Systems der vorzeitigen Besitzeinweisung auch durch Trennung von Enteignungs- und Entschädigungsverfahren; Wegfall der Verpflichtung, Ersatzgrund zu beschaffen;

4. Versteuerung realisierter und nicht realisierter Bodenwertzuwächse im Rahmen der Einkommensteuer und Zweckbindung dieses Steuerertrages für die Gemeinden. Ausgenommen werden Grundstücke, deren Nutzung sozial wertvoll, aber marktwirtschaftlich unrentabel ist; besonderer Schutz sozial-schwacher Eigenheimer und landwirtschaftlicher Nutzer durch ausreichende Freibeträge.

5. Bei einer Novellierung des Bundesbaugesetzes ist den Kommunen das Recht zu gewähren, in Neuerschließungsgebieten oder bei grundlegenden Umplanungen Wertsteigerungen, die durch öffentliche Planungen oder Investitionen entstanden sind, zur Finanzierung dieser Leistungen heranzuziehen.

Solange das heutige Bodenrecht gilt, sind die Gemeinden auf folgende Grundsätze zu verpflichten:

1. Gemeindeeigener Grund und Boden wird ab sofort für private Zwecke nur in langfristigen Nutzungsrechten überlassen.

2. Die Gemeinde erwirbt freihändig oder unter Ausnutzung ihres Vorkaufsrechts Gelände, das im Hinblick auf eine planvolle Entwicklung Schlüsselfunktion hat.

3. In Zukunft ist die Baulandumlegung nach § 57 BBauG extensiv anzuwenden. Baulandumlegungen sollen, wenn es sinnvoll ist, nach Werten und nicht nach Flächen durchgeführt werden.

1.5. Jungsozialisten und Bodenpolitik

Dr. *Lauritz Lauritzen*, 1971*

Die kommunalpolitische Jungsozialisten-Tagung in Mannheim ist keine „Konferenz der Sensationen" geworden, sondern

* Abdruck nach SPD-Pressedienst vom 19. 5. 1971.

eine Konferenz der soliden Arbeit und der sachlichen Kontroversen um konkrete kommunalpolitische Probleme. Die Debatte konzentrierte sich nicht nur auf gesellschaftspolitische Grundsatzfragen die — im Jargon einer abstrakten Theorie vorgetragen — nur bei wenigen Resonanz wecken. In Mannheim sind für alle sichtbare und spürbare Mißstände in unserer Gesellschaft angeprangert worden, und es wurden Lösungen gesucht. In diesem Stil liegt gleichzeitig auch die Erklärung für die neue Sachlichkeit, die allenthalben registriert worden ist.

Um die Mißstände in der gegenwärtigen Bodenordnung zu beseitigen, wollen die Jungsozialisten in einer mittelfristigen Strategie im wesentlichen folgende Maßnahmen durchsetzen:

Schaffung eines allgemeinen Grunderwerbsrechts der Gemeinden mit Angebotspflicht, Verbesserung des Enteignungsrechts durch Trennung von Enteignungs- und Entschädigungsverfahren, Versteuerung realisierter und nicht realisierter Bodenwertsteigerungen im Rahmen der Einkommensteuer und Zweckbindung dieses Steuerertrages für die Gemeinden. Dabei sollen soziale Härten durch ausreichende Freibeträge für sozial schwache Eigenheimer und landwirtschaftliche Nutzungen ausgeschlossen werden. Dieses Konzept wird ergänzt durch die Forderung, Wertsteigerungen, die in Neuerschließungsgebieten oder bei grundlegenden Umplanungen durch öffentliche Planungen oder Investitionen entstanden sind, zur Finanzierung dieser öffentlichen Leistungen heranzuziehen.

Kaum einer, der in der Bodendiskussion zu Hause ist, kann leugnen, daß diese Forderungen den Problemen gerecht werden. Boden ist heute noch immer ein steuerlich privilegiertes Anlagegut. Auf dem Bodenmarkt entstehen Jahr für Jahr leistungslose Zufallsgewinne in Milliardenhöhe, die den Prinzipien unserer Gesellschaftsordnung widersprechen. Die Maßnahmen, die von den Jungsozialisten gefordert werden, sind geeignet, diese Mißstände zu beseitigen oder wenigstens zu verringern.

Über dieses mittelfristige Konzept hinaus, halten die Jungsozialisten jedoch an ihrer langfristigen Forderung nach einer *Kommunalisierung des Bodens* fest. Boden, der nach der Planung für Eigenheime bzw. landwirtschaftlich genutzt wird, soll jedoch auch nach den Vorstellungen der Jungsozialisten in

Privateigentum verbleiben. Es bleibt allerdings nach wie vor unklar, wie eine Bodenordnung, in der die Kommune den Bauboden in Obereigentum besitzt, tatsächlich funktionieren soll. Mancher mag geneigt sein, das als ein technisches Randproblem hinzustellen. Ich jedoch möchte daran erinnern, daß die Labourpartei, die 1964 in ihrem Wahlprogramm eine Kommunalisierung des Bodens angekündigt hatte, 1967 erklären mußte, daß die technischen Schwierigkeiten unüberwindbar seien. Im übrigen kann man vernünftigerweise nur dann einer Kommunalisierung das Wort reden, wenn man die geplante Funktionsweise dieses Systems genau beschreibt und im einzelnen aufzeigt, wo ihre Vorteile liegen. Die abstrakte Forderung nach gesellschaftlicher Verfügungsmacht ist keine hinreichende Begründung.

Man darf nicht übersehen, daß eine Gemeinde den jeweiligen Investoren für die Lebensdauer ihrer Gebäude ein stabiles Rechts- und Datensystem garantieren müßte, damit solche langfristigen Investionen überhaupt noch sinnvoll getätigt werden könnten. Das bedeutet aber, daß den Investoren für die gewöhnliche Nutzungsdauer von Gebäuden klar formulierte Nutzungsrechte gewährt werden müßten. Die Obereigentümerin Gemeinde würde für die Dauer dieser Nutzungsrechte die Verfügungsmacht über die Grundstücke automatisch abtreten. Würden die Flächen vorzeitig — etwa für einen Straßenausbau — gebraucht, müßten die Gebäudewerte und die Restnutzungsrechte genauso entschädigt werden, wie heute Entschädigungen an die Eigentümer zu entrichten sind. Gerade weil die Obereigentümerin Gemeinde ökonomisch rational handeln wird, kann die gesellschaftliche Verfügungsmacht nur wirksam werden in Fällen einer Neuplanung oder dann, wenn Gebäude abgeschrieben und abgenutzt sind. Der gleiche Effekt kann weithin genausogut erreicht werden durch wirksamere Planungsrechte, eine Änderung des Enteignungsrechts, Verbesserungen im Steuerrecht usw.

Über das Thema „Kommunalisierung" muß deshalb weiter diskutiert werden. Es muß klar sein, nach welchen Regeln, zu welchen Preisen und zu welchen Fristen Nutzungsrechte an private Investoren vergeben werden sollen. Erst wer dazu klare Vorstellungen äußert, kann begründen, wo die Vorteile einer solchen Regelung liegen und für welche städtischen Bereiche sie sinnvoll wäre. Bis heute bleibt nach wie vor im Nebel, was die Jungsozialisten damit bezwecken. Es ist unklar, ob und wie dieses System funktionieren kann und wo es zweckmäßigerweise angewendet werden könnte. Ein Obereigentum der Kommune mag z. B. dort von Bedeutung sein, wo in kurzen Fristen ein periodischer Nutzungswandel zu erwarten ist oder wo in verschiedenen Ebenen unterschiedliche Nutzungen auf der gleichen Fläche vorgenommen werden. Hier müssen wir zu neuen Rechtsformen kommen, die den Verhältnissen angemessen sind.

Die Vorstellungen der Jungsozialisten zu den aktuellen Problemen des Städtebaus dürften auf weitgehende Zustimmung stoßen. Sie fordern einen Ausbau der Stadtentwicklungsplanung, in der die sozialen, räumlichen und finanziellen Planungen zusammengefaßt werden. Sie fordern u. a. leistungsfähige Organisationen der Dokumentation sowie eine Intensivierung und Koordinierung der städtebaulichen Forschung und Verstärkung der dazu gehörenden Mittel. Damit werden sicherlich wesentliche Engpässe erkannt, die heute noch bestehen. Der Städtebaubericht der Bundesregierung geht hier von der gleichen Analyse aus und kommt zu ähnlichen Forderungen.

Das gilt auch für die Frage der Demokratisierung des Planungsprozesses. Der Städtebaubericht widmet gerade diesem Thema breiten Raum und unterstreicht die Bedeutung dieses Themas. Dabei dürften sich jedoch alle darüber klar sein, daß gerade in der Frage der Demokratisierung von der Forderung bis hin zur Verwirklichung ein weiter Weg ist. Demokratisierung kann nicht verordnet werden, Demokratisierung steht und fällt mit dem Engagement einzelner Bürger, die bereit sind, sich für die Frage der Stadtplanung einzusetzen, und die es übernehmen, die Interessen von Gruppen zu artikulieren, damit die Stadtplanung mit ihren Absichten überhaupt auf eine Resonanz stößt. Hier können die Jungsozialisten Katalysatoren werden, hier können sie zeigen, daß sie nicht nur Programmatiker, sondern auch Pragmatiker sind.

Von einem Trauma überschattet scheinen mir jedoch die Vorstellungen der Jungsozialisten zu Fragen der Stadtsanierung. Es ist sicherlich richtig, daß jede Sanierung tief in die Lebensgewohnheiten der Bewohner eines Stadtteils eingreift und daß sie deshalb zu psychischen und materiellen Belastungen führen kann. Deshalb können wir jedoch nicht aus einem radikalen Affekt heraus nun jede Stadtsanierung verteufeln und verketzern. Wir müssen uns der schlichten Tatsache stellen, daß Gebäude nicht ewig haltbar sind und daß sie eines Tages abgerissen werden müssen. Die beste Modernisierung kann diesen Abrißzeitpunkt nur hinausschieben. Wir werden also immer vor der Frage stehen, wohin sollen die Bewohner eines alten Gebäudes, das durch ein neues ersetzt wird, ziehen. In vielen Fällen wird sich auch aus städtebaulichen Gründen ein Umzug in einen anderen Stadtteil nicht vermeiden lassen, z. B. dann, wenn bei einer Sanierung die Bebauungsdichte herabgesetzt werden muß, weil bisher ausreichende Parkplätze, Spielplätze oder Grünanlagen fehlten oder weil einzelne verbaute Hinterhäuser endgültig abgerissen werden. Alle Erfahrungen mit Stadtsanierungen machen deutlich, daß viele Bewohner froh sind, wenn sie aus den alten, unhygienischen und heruntergekommenen Häusern möglichst schnell herauskommen, vorausgesetzt freilich, daß die neuen Wohnungen nicht unverhältnismäßig teuer sind.

Mir scheint, daß man sich gerade bei der Frage der Stadtsanierung vor allen Generalisierungen hüten sollte. Die pauschale Forderung, daß die ursprüngliche Bevölkerung immer erhalten bleiben sollte, wie sie von einzelnen Teilnehmern des Kongresses aufgestellt wurde, geht an den Realitäten vorbei. Sie würde in der Praxis eine Konservierung unserer Stadtstrukturen ergeben, und damit die Entwicklung unserer Städte hemmen und verteuern. Vielfach führen unterlassene Anpassungen an einer Stelle zu noch größeren Schwierigkeiten in anderen Bereichen. Umstrukturierungen sind die Begleiterscheinungen wachsenden Einkommens und steigender Produktivität. Sie sind kein Sonderproblem unserer Städte. Wir wissen, daß seit Jahren die Zahl der Landwirte und Bergarbeiter zurückgeht mit der Folge, daß auch hier von jedem Einzelnen eine Anpassungsleistung erbracht werden muß. Es wäre ungerechtfertigt und unvernünftig, für den Fall der Stadtsanierung ein Sonderrecht zu schaffen und den betroffenen Gruppen ein absolutes Vetorecht gegenüber jedem Strukturwandel einzuräumen. Die Schäden eines solchen partiellen Entwicklungsstops hätten wir alle gemeinsam zu tragen.

Die Lösung kann deshalb nur darin bestehen, daß man einen Interessenausgleich zwischen den Bewohnern eines Sanierungsgebietes und den Zielen der Stadtentwicklung findet. In der Praxis wird dieser Interessenausgleich nur zustande kommen, wenn die Bewohner eines Sanierungsgebietes an der Entwicklung der jeweiligen Sanierungskonzeption möglichst weitgehend beteiligt werden. Der Entwurf des Städtebauförderungsgesetzes sieht deshalb bei jeder Sanierung die Aufstellung eines Sozialplanes vor. Die Gemeinden werden also verpflichtet, gerade die sozialen Folgen für die Mieter bei ihren Planungen von Anfang an zu berücksichtigen. Diese Auflage an die Gemeinden scheint mir eine ausreichende Sicherung gegen eine unsoziale „Kahlschlagsanierung“, wie sie von den Jungsozialisten befürchtet wird.

Aber auch hier wird wieder deutlich, daß eine soziale Stadtplanung, die den Bedürfnissen der Bewohner gerecht wird, nur möglich ist, wenn es gelingt, den Planungsprozeß möglichst weitgehend zu demokratisieren, wenn es gelingt, die Betroffenen mit in diesen Entscheidungsprozeß einzubeziehen. Eine wirksame Interessenvertretung der Betroffenen scheint mir deshalb wichtiger und nützlicher als die Formulierung starrer Vetorechte, die dann auch immer von denen ausgenutzt werden können, die gar nicht geschützt werden sollen oder geschützt werden brauchen.

2. Christlich Demokratische Union Deutschlands (CDU)

2.1. Stellungnahme zum Entwurf eines Bundesbaugesetzes CDU (Rheinland) — Wirtschaftsausschuß, 1959*

(Auszug)

Erster Teil

A

I.

Mit dem Bundesbaugesetz wird angestrebt, den Bauwilligen, insbesondere den Familienheimbewerbern, den Zugang zum Grund und Boden zu erleichtern und die Bodenspekulation einzudämmen, den Städtebauern eine Arbeitsbasis zu geben, dabei aber die berechtigten Belange der Grundeigentümer zu wahren, die Sozialbindung des Eigentums gegenüber der entschädigungspflichtigen Enteignung abzugrenzen und schließlich die Rechtsmaterie zu vereinheitlichen.

Für den Wiederaufbau der zerstörten Städte und für die Überwindung der Wohnungsnot kommt das Gesetz zu spät. Seine Zielsetzung ist jedoch auch für die Zukunft gültig, weil die Bevölkerung laufend zunimmt, breite Schichten des Volkes mit dem Grund und Boden verbunden werden sollen und weil die Gestalt unserer Städte vielfach noch den Erfordernissen der Neuzeit angepaßt werden muß ...

VI.

Es wäre sicherlich erwünscht, wenn im Bundesbaugesetz die *Sozialpflichtigkeit des Eigentums* am Grund und Boden fest umrissen werden könnte, wenn also eindeutig festgelegt würde, welche Eingriffe in sein Verfügungsrecht der Eigentümer als Ausfluß der Sozialbindung entschädigungslos hinzunehmen hat und für welche ihm eine Entschädigung zusteht. Der Zeitpunkt für eine solche Regelung ist jedoch noch nicht gekommen, denn die höchstrichterliche Rechtsprechung hat in dieser Frage bisher keine klaren Grundsätze aufgestellt, die Entwicklung ist vielmehr in vollem Fluß. Wenn der Gesetzgeber glaubt, der Rechtsprechung vorgreifend, Normen setzen zu können, so muß er

* Abdruck nach Materialien zum Bundesbaugesetz, Band B 1 Nr. 23.

gewärtigen, daß das Bundesverfassungsgericht sie als mit dem Grundgesetz nicht vereinbar und damit als nichtig bezeichnet.

VII.

a) Die Befugnisse zu Eingriffen in das Verfügungsrecht der Eigentümer, die in der ersten Nachkriegszeit durch die Aufbaugesetze der Länder sehr ausgedehnt war, muß wieder auf ein normales Maß zurückgeführt werden, nachdem der städtebauliche Notstand überwunden ist.

b) Die Enteignung von Grund und Boden darf nur als äußerste Maßnahme zugelassen werden für den Fall, daß übergeordnete Gesichtspunkte des Gemeinwohls sie erfordern und daß alle anderen Verfahren nicht zum Ziele führen.

c) Bei Eingriffen in sein Eigentum ist dem Bürger ein angemessener Rechtsschutz zu gewähren ...

Fünfter Teil
Enteignung

I.

Im Enteignungsrecht gelten etliche Grundsätze allgemeiner Art, die unabhängig von dem Zweck der Enteignung in jedem Fall anzuwenden sind. Es empfiehlt sich, diese Grundsätze in einem *Bundesenteignungsgesetz* zusammenzufassen. Es handelt sich dabei um die Frage, welche Voraussetzungen ganz allgemein erfüllt sein müssen, damit eine Enteignung zulässig ist. Ferner geht es um die allgemeinen Regeln über Höhe, Art und Ausmaß der Entschädigung, schließlich um die Verfahrensvorschriften ...

2.2. These 76 aus dem Berliner Programm der CDU beschlossen auf dem 16. Bundesparteitag der CDU in Berlin, November 1968*

Ein neues Bodenrecht ist unerläßlich, es muß berücksichtigen, daß das Eigentum am Boden besonderer Sozialbindung unter-

* Abdruck nach Berliner Programm, Christlich Demokratische Union Deutschlands, Bundesgeschäftsstelle (Hrsg.).

liegt. Planungen und Neuordnungen in Stadt und Land müssen von Verzögerungen und ungerechtfertigten Verteuerungen befreit werden. Spekulationsgewinne aus Bodengeschäften sind steuerlich stärker zu erfassen; die Entschädigung bei Enteignung soll auf Wunsch des Enteigneten statt in Geld durch Beteiligungen erfolgen können.

2.3. Bodenrecht These 8 der „33 Oldenburger Thesen" zur sozialen Strukturpolitik der Sozialausschüsse der CDU, 1969*

Ein soziales Bodenrecht ist Voraussetzung für eine weitschauende, gemeinschaftsorientierte Raumordnungspolitik. Im Zuge der erforderlichen raumpolitischen Globalplanungen der nahen Zukunft werden vom Gemeinwohl bedingte Umwidmungen des bestehenden Bodeneigentums in größerem Ausmaß notwendig. Auch nach Erlaß des Bundesbaugesetzes bewirken öffentliche Planungen oft unangemessene Wertsteigerungen der Grundstücke zu Lasten aller Steuerzahler. Deswegen müssen folgende gesetzliche Maßnahmen getroffen werden:

— Verbesserung des gemeindlichen Vorkaufsrechtes,

— Trennung von Enteignungs- und Entschädigungsverfahren,

— Überprüfung der Entschädigungen auf unberechtigte, unangemessene Wertsteigerungen hin; Wertsteigerungen, die nicht auf der Leistung des Eigentümers beruhen, müssen der Allgemeinheit zugute kommen.

Großräumige Planungen können eine zeitweilige, gesetzliche Flächenenteignung notwendig machen. Dabei sollte eine nachfolgende, sachgerechte Reprivatisierung des Grund und Bodens geprüft werden.

Zur Verringerung der Zugangsbeschränkungen zum Erwerb von Haus- und Wohnungseigentum muß der Gesetzgeber tätig werden zur

* Abdruck nach „Soziale Ordnung — Christlich-Demokratische Blätter der Arbeit", Sondernummer „33 Oldenburger Thesen", Jakob-Kaiser-Stiftung e. V. (Hrsg.).

— besseren Ausnutzung des Baulandes durch Festlegung planerischer Mindestmaßnahmen der Kommunen und Regionen,

— Verschärfung der Baupflicht auch außerhalb des Umlegungsverfahrens,

— stärkeren steuerlichen Belastung der unbebauten baureifen Grundstücke bei Baulandbedarf,

— einheitlichen und verschärften steuerlichen Belastung der Gewinne aus Grundstücksverkäufen bei der Einkommens- und Körperschaftssteuer.

2.4. Bodenordnung

Gerhard Orgaß, 1970*

„Wasch mir den Pelz — aber mach mich nicht naß!" Dieser Ausspruch ist typisch für die Diskussion um ein neues Bodenrecht. Die Forderung zu stellen ist fast schon banal, denn niemand wird die Notwendigkeit eines neuen Bodenrechtes leugnen wollen. Im Berliner Programm der Christlich-Demokratischen Union heißt es unter Ziffer 76: „Ein neues Bodenrecht ist unerläßlich, es muß berücksichtigen, daß das Eigentum am Boden besonderer Sozialbindung unterliegt. Planungen und Neuordnungen in Stadt und Land müssen von Verzögerungen und ungerechtfertigten Verteuerungen befreit werden. Spekulationsgewinne aus Bodengeschäften sind steuerlich stärker zu erfassen; die Entschädigung bei Enteignung soll auf Wunsch des Enteigneten statt in Geld durch Beteiligungen erfolgen können."

Der Sozialisierung vorbeugen durch neue Eigentumsformen

Diese Aussage ist vom neuen Programmentwurf unverändert übernommen. Es hat sich aber inzwischen gezeigt, daß diese Aussage zwar absolut richtig ist, jedoch unbedingt der Konkretisierung und des Ausbaues bedarf, um eine weitschauende gemeinschaftsorientierte Raumordnungs- und Städtebaukonzeption zu erreichen, die sich nicht nach der Interessenlage einzelner weniger ausrichtet.

* Abdruck nach „Soziale Ordnung — Christlich-Demokratische Blätter der Arbeit" 7/8 1. August 1970, Jakob-Kaiser-Stiftung e. V. (Hrsg.).

Jede Gesellschaft ist abhängig von dem Raum, auf dem sie sich entwickeln kann. — Das klingt so plausibel. Wie aber sieht es aus, wenn man bedenkt, daß mit dieser Feststellung allein nichts, aber auch gar nichts, verändert werden kann? — 10 Millionen Menschen mehr als heute werden in den nächsten Jahrzehnten die Bundesrepublik bevölkern. 10 Millionen Menschen, das bedeutet 100 Großstädte in der Größenordnung von z. B. Saarbrücken, Koblenz, Leverkusen oder Kaiserslautern.

Die CDU will privates Grundeigentum nicht sozialisieren. Es soll Grundlage der Bodenordnung bleiben; wohl aber müssen andere Formen des privaten Grundeigentums gefunden werden! Wer will sich der Tatsache verschließen, daß es nicht allein vom gesellschaftspolitischen Bewußtsein der Eigentümer von Grund und Boden abhängen darf, ob in Zukunft Schulen, Krankenhäuser, Schwimmbäder, Parkplätze, Sportstätten, Altenheime, Kindergärten usw. da gebaut werden, wo sie dringend erforderlich sind und nicht da, wo Bauplätze für die öffentliche Hand noch erschwinglich sind?

Ist es nicht eine alarmierende Nachricht, wenn von Fachleuten die Gewinne, die von einer kleinen Gruppe von Baulandverkäufern innerhalb weniger Jahre erzielt wurden, auf 100 Milliarden DM geschätzt werden?

Es ist einfach paradox, daß die öffentliche Hand Bauland durch Investitionen — wie Erschließung oder notwendige Infrastrukturmaßnahmen — häufig überhaupt erst im Wert gesteigert hat und dann bei notwendigen Ankäufen solcher Grundstücke eben diese von ihr selbst geschaffene Werksteigerung noch einmal an den Grundeigentümer bezahlen muß. Und die öffentliche Hand, das sind wir — und wir bezahlen diese ungerechtfertigten Gewinne mit unseren Steuergroschen, die wir dringend benötigen für Forschung und Entwicklung, soziale Sicherung, Gesundheitswesen und nicht zuletzt für die Sanierung und Entwicklung unserer Städte und Dörfer. Unsere Gesellschaft kann sich auf die Dauer nicht erlauben, einerseits Wertsteigerungen dem jeweiligen Grundstücksbesitzer zufließen zu lassen — zu individualisieren —, während Wertminderungen, die aufgrund von Planungen entstehen, geradezu selbstverständlich der Allgemeinheit aufgebürdet — sozialisiert — werden.

Noch einmal: Die CDU will privates Grundeigentum nicht sozialisieren. Wenn trotzdem von Enteignung gesprochen wird, dann bedeutet das nicht, daß irgend jemendem sein Grundbesitz genommen werden soll, sondern es muß nur die Möglichkeit geschaffen werden, daß der Staat sich nicht in jahrelange Dschungelkämpfe mit einzelnen uneinsichtigen Grundbesitzern verwickeln lassen muß, obwohl unser Grundgesetz, Artikel 14,2 sagt: „Eigentum verpflichtet. Sein Gebrauch soll zugleich dem Wohle der Allgemeinheit dienen."

Deshalb brauchen wir eine Möglichkeit, kleinparzelliertes Einzeleigentum an Grund und Boden bei Bedarf umzuwandeln in größere Flächeneinheiten, die optimal genutzt werden können und die in anteiligen Besitz übergehen, also reprivatisiert werden.

Weder von den bisherigen Grundeigentümern noch von der öffentlichen Hand werden die für die Sanierung notwendigen Mittel allein aufzubringen sein. Breiten Schichten der Bevölkerung wird in Form von Anteilscheinen, ähnlich der Aktie, damit die Möglichkeit einer beständigen Form der Vermögensbildung und gleichzeitig Beteiligung am Wertzuwachs des Bodens geboten.

Im November dieses Jahres wird in Hamburg der Parteitag der Christlich-Demokratischen Union stattfinden. Die Delegierten dieses Parteitages werden es in der Hand haben, die Aussagen des Berliner Programms zum Bodenrecht zu konkretisieren.

Dazu folgender Formulierungsvorschlag

Ein soziales Bodenrecht ist Voraussetzung für eine weitschauende gemeinschaftsorientierte Raumordnungs- und Städtebaupolitik, die sich nicht nach der Interessenlage einzelner, sondern nach dem Wohl der Allgemeinheit richtet. Das Privateigentum soll die Grundlage der Bodenordnung bleiben. Um aber das Privateigentum am Boden für die Zukunft zu erhalten, müssen neben der Form des parzellierten Einzeleigentums auch Formen des Anteileigentums begründet werden. Gesetzgebung und Steuerrecht müssen berücksichtigen, daß das Eigentum am Boden als einem nicht vermehrbaren und beliebig austauschbaren Gut besonderer Sozialbindung unterliegt.

Im Zuge der erforderlichen städtebaulichen Entwicklungen werden vom Gemeinwohl bedingte Umwidmungen des bestehenden Bodeneigentums in größerem Ausmaße notwendig. Deshalb muß eine Verbesserung des gemeindlichen Vorkaufsrechtes angestrebt werden.

Wertsteigerungen an Grundstücken, die durch die öffentliche Planung und die Investitionen der öffentlichen Hand verursacht werden und nicht auf der Leistung des Eigentümers beruhen, sollen der Allgemeinheit zugute kommen.

Großräumige Planungen können eine zeitweilige gesetzliche Flächenenteignung notwendig machen. Dabei sollte eine nachfolgende Reprivatisierung sowohl Möglichkeiten einer größeren Mobilität erstreben als auch breiteren Bevölkerungsschichten Zugang zum Wertzuwachs des Bodens und damit zu einer beständigen Form der Vermögensbildung ermöglichen.

2.5. Mehr Demokratie beim Städtebau

Ferdinand Erpenbeck für die CDU, 1971*

(Auszug)

Zu den wichtigsten Grundsätzen der CDU/CSU-Fraktion des Deutschen Bundestages auf dem Gebiet des Städtebau- und Bodenrechts gehören:

1. Bei der Vorbereitung und Planung städtebaulicher Maßnahmen muß der Bürger frühestmöglich mitwirken können; denn Städtebau und Dorferneuerung sind *zu allererst Sache der beteiligten und betroffenen Bürger.*

2. Voraussetzung für eine weitschauende Städtebaupolitik ist eine Fortentwicklung des Bodenrechts, *die die besondere Sozialbindung des Eigentums am Boden berücksichtigt.* So fordert es

* Abdruck nach „Deutschland-Union-Dienst" Nr. 98, 25. 5. 1971 Bundesvorstand der Christlich-Demokratischen Union Deutschlands (Hrsg.).

Artikel 14 des Grundgesetzes. Die CDU/CSU-Bundestagsfraktion lehnt daher Spekulationsgewinne aus Bodengeschäften ab.

3. Im Zuge städtebaulicher Maßnahmen müssen Wohnung, Haus und Boden in verstärktem Maße zur Bildung von Eigentum für breite Schichten der Bevölkerung verwandt werden. *Privates Eigentum ist und bleibt die Grundlage auch der Städtebaupolitik der CDU/CSU.* Mit einem Satz: Die CDU/CSU sagt ja zur Sozialpflichtigkeit des Eigentums am Boden. Sie sagt jedoch kompromißlos nein zu jeglicher Kommunalisierung und Sozialisierung des Grundeigentums.

Sie will auch beim Städtebau von morgen nicht nur bestehendes Eigentum erhalten, sondern neues Eigentum schaffen wo immer möglich; Eigentum in der Hand des Bürgers, Eigentum für den Menschen und seine Familie ...

2.6. Erklärung des Fraktionsvorsitzenden der CDU/CSU Dr. *Rainer Barzel* vor dem Bundestag, 16. Juni 1971*
(Auszug)

Die Opposition tritt dafür ein,

a) unsere gegenwärtige Eigentumsordnung nach der gegebenen Verfassungslage zu festigen,

b) die Sozialpflichtigkeit des Grundeigentums stärker zu betonen,

c) einen Beitrag im Kampf gegen den Bodenwucher zu leisten,

d) das Planungs- und Bauverfahren von unnötigen Verfahrenshemmnissen zu befreien,

e) das gesamte Gemeindegebiet unter die Planungs- und Gestaltungskompetenz der Allgemeinheit unter Wahrung des gemeindlichen Selbstverwaltungsrechts zu stellen und

f) den Erwerb von Grundeigentum für weite Kreise der Bevölkerung zu ermöglichen.

* Abdruck nach vervielfältigtem Manuskript der Bundesgeschäftsstelle der CDU.

Sie bringt in diesem Zusammenhang ihre Entschlossenheit zum Ausdruck, jeder Entwicklung härtesten Widerstand entgegenzusetzen, die darauf gerichtet ist, unsere bestehende Eigentumsordnung ganz oder in ihrem Wesensgehalt zu verändern. Dies sei insbesondere im Hinblick auf die angekündigte Novellierung des bodenrechtlichen Teils des Bundesbaugesetzes festgestellt ...

3. Freie Demokratische Partei (F.D.P.)

3.1. Das Grundstück ist kein Spekulationsobjekt Informationsmaterial der F.D.P., 1971*

(Auszug)

Im Beschluß des Bundesverfassungsgerichts vom 12. Januar 1967 heißt es: „Das Grundgesetz gebietet nicht, daß der ‚ländliche' Grundstücksverkehr so frei sein müsse wie der Verkehr mit jedem anderen Kapital ... eine gerechte Rechts- und Gesellschaftsordnung zwingt vielmehr dazu, die Interessen der Allgemeinheit beim Boden in weit stärkerem Maße zur Geltung zu bringen als bei anderen Vermögensgütern."

Es soll verhindert werden, daß Spekulationsgewinne, die ausschließlich in Aussicht auf eine geplante Sanierung entstehen, dem Grundstücksbesitzer zufließen. Aber Enteignung im Interesse der Allgemeinheit darf nie ohne angemessene Entschädigung erfolgen. Insoweit widerspricht nicht *jeder* Eingriff in das Grundeigentum dem Gedanken der sozialen Marktwirtschaft, weil es eben Gebiete gibt, die sich der Regelung des völlig freien Marktes entziehen, da sie nicht ausschließlich von privater, sondern auch von sozialer Natur sind. Dazu gehört das Eigentum von Grund und Boden. So hat auch das Bundesverfassungsgericht in dem oben zitierten Beschluß die Besonderheit des Grundeigentums gegenüber allem anderen Eigentum hervorgehoben: „Die Tatsache, daß der Grund und Boden unvermehrbar und unentbehrlich ist, verbietet es, seine Nutzung dem unübersehbaren Spiel der freien Kräfte und dem Belieben des einzelnen vollständig zu überlassen."

* Abdruck nach „Das liberale Konzept", 1971, F.D.P. Friedrich-Naumann-Stiftung (Hrsg.).

Beides läßt sich durchaus vereinbaren, wenn man hinsichtlich der Enteignung die Interessen der Allgemeinheit, hinsichtlich der Entschädigung aber die Einzelinteressen als vorherrschend ansieht. So soll zwar das Städtebauförderungsgesetz, zusammen mit der Reform des Bodenrechts und den finanziellen Unterstützungen, den Kommunen eine sachgerechte Durchführung ihrer Planung ermöglichen, trotzdem aber den Belangen der Eigentümer Rechnung tragen. Die Sanierungsträger sind zur Reprivatisierung verpflichtet; der von der Enteignung Betroffene sollte mit Grund und Boden in gleicher oder gleichwertiger Lage entschädigt werden; die besonderen Belange der Land- und Forstwirtschaft müssen angemessen berücksichtigt werden. Die F.D.P. wird sich immer für das Recht des Bürgers einsetzen, Privateigentum zu besitzen, zu nutzen und mit ihm zu wirtschaften, sie wird das Eigentum achten, schützen und fördern. Sie wird lediglich den sozial schädlichen Mißbrauch zu verhindern suchen . . .

3.2. Eigentum und soziale Verpflichtung
Beschluß des F.D.P.-Landesparteitages von NRW, April 1971*
(Auszug)

3. Eine Beschränkung der Verfügungsmacht über Privateigentum muß unter bestimmten Voraussetzungen in Kauf genommen werden, insbesondere für das Eigentum an Grund und Boden, die Produktionsmittel und Konsumgut besonderer Art sind. Die Unvermehrbarkeit und Unersetzbarkeit des Bodens sowie die wachsenden Bedürfnisse aller nach Städte-, Wohnungs- und Straßenbau, nach Verbesserung der Infrastruktur, nach Erholungsräumen und Umweltschutz bedingen Eingriffe in das Recht des Eigentums im Sinne von Art. 14 Abs. 2 GG.

4. Die F.D.P. ist der Auffassung, daß die in Art. 14 Abs. 3 GG enthaltenen Vorschriften über die Voraussetzungen der

* Abdruck nach Programmthesen verabschiedet vom Landesparteitag am 24. April 1971, Freie Demokratische Partei, Landesverband Nordrhein-Westfalen (Hrsg.).

Rechtmäßigkeit von Enteignungen einen ausreichenden Rahmen für Maßnahmen im Sinne des Wohles der Allgemeinheit bilden.

Für eine wirksame Anwendung dieser Grundsätze fordert die F.D.P. ein Bodenrecht, das dem Wohl der Allgemeinheit Vorrang vor den Rechten einzelner verschafft. Die Entschädigung muß gerecht und angemessen sein und schnell erfolgen.

Ist privates Grundeigentum enteignet oder eingeschränkt worden, so ist dafür zu sorgen, daß nach Erreichung des angestrebten Zweckes wieder Möglichkeiten zur Reprivatisierung und zu privater Nutzung geschaffen werden.

5. Die Entstehung von unangemessenen Gewinnen, die auf öffentliche Planungen und Maßnahmen zurückzuführen sind, ist zu verhindern. Hierzu sind insbesondere Möglichkeiten der Abschöpfung von Bodenwertzuwachs und Verkaufsgewinn in Fällen von Bodenspekulation vorzusehen.

6. Die F.D.P. fordert Gesetze, die allen Bürgern Zugang zu Wäldern und Gewässern verschaffen und in diesem Sinne die Verfügungsmacht öffentlicher und privater Eigentümer einschränken. Folgekosten bei Schadensverursachung sind von der öffentlichen Hand zu tragen, sofern der Verursacher nicht haftbar gemacht werden kann.

7. Die F.D.P. vertritt ein Mietrecht, das den Mieter vor willkürlichen Kündigungen und ungerechtfertigten Mietpreiserhöhungen schützt und dem Vermieter eine angemessene Verzinsung des eingesetzten Kapitals ermöglicht.

Der Soziale Wohnungsbau soll weiter gefördert werden. Die Fortgewährung der Mietvergünstigungen ist vom Fortbestehen der Bedingungen für die Nutzung einer Sozialwohnung abhängig zu machen. Bei deren Fortfall ist die Miete bis zur Höhe der Kostenmiete anzuheben. Der dadurch entstehende Überschuß ist vom Vermieter an den Darlehnsgeber zurückzuzahlen. Mit öffentlicher Förderung errichtete Wohnungen im anonymen Eigentum von Wohnungsbaugesellschaften sollen, soweit die betroffenen Mieter es beantragen, in individuelles Eigentum überführt werden. Es ist dazu ein Miet-Kauf-System zu entwickeln.

Entsprechend der Regelung beim Wohnungseigentum sind Mitwirkungsrechte der Mieter bei der Einrichtung und Nutzung von Gemeinschaftseinrichtungen zu schaffen.

3.3. Die Eigentumsidee wird gestärkt

Wolfgang Mischnick zum Koalitionsentwurf eines Städtebauförderungsgesetzes, Juni 1971*

Der Vorsitzende der F.D.P.-Bundestagsfraktion, *Wolfgang Mischnick,* verteidigte den Koalitionsentwurf eines Städtebauförderungsgesetzes in der dritten Lesung des Bundestages. Quintessenz: Dieses Gesetz ist besser als alle früheren Entwürfe, stellt eine wohlbedachte Abwägung öffentlicher und privater Interessen dar und entspricht in seinem Bemühen, die Freiheitsräume des Bürgers zu erweitern, liberalen Prinzipien. *Mischnick* führte aus:

Dieses seit langem angestrebte Städtebauförderungsgesetz, ermöglicht den Gemeinden, unsere Städte in sinnvoller Weise zu planen und den Bedürfnissen der Menschen sowie der technischen und gesellschaftlichen Entwicklung anzupassen. Meine Fraktion bedauert es, daß den Gemeinden für die dringend erforderlichen Entwicklungs- und Sanierungsmaßnahmen wichtige Jahre verloren gegangen sind.

Liberale Substanz

Die Gefahr, daß nicht mehr zu korrigierende bauliche Fehlentwicklungen der Städte und Gemeinden die Lebensphäre der Menschen vergiften und die Funktionsfähigkeit unserer Gesellschaft bedrohen oder gefährden, fordert den Reformwillen der Politiker und die Reformbereitschaft der Gesellschaft und ihrer Menschen und Institutionen heraus. Wir als Liberale sind der Auffassung, daß die durch die technische Entwicklung immer wieder entstehenden *Strukturverschiebungen* ständig im Sinne der Erhaltung des gesellschaftlichen Gleichgewichts korrigiert werden müssen, um diese freiheitliche Gesellschaft zu erhalten und die Freiheitsräume der Bürger unseres Landes zu erweitern.

* Abdruck nach „Bonner Depesche", Sondernummer Juni 1971, Vorstand der F.D.P.-Bundestagsfraktion (Hrsg.).

Eine Gesellschaft ohne Konflikte können wir uns nicht vorstellen. Aber es ist unser Ziel, diese Gesellschaft vor selbstzerstörerischen Konflikten möglichst zu bewahren. Das Städtebauförderungsgesetz ist ein Gesetzeswerk, das diesen Reformwillen zum Ausdruck bringt. Es reiht sich ein als wichtiger Reformschwerpunkt in das gesamte Reformwerk dieser Regierungskoalition. Es ist ein Beispiel dafür, wie unter größtmöglicher Wahrung des durch das Grundgesetz garantierten Rechts auf Eigentum einem gesellschaftspolitisch notwendigen Erfordernis entsprochen wird. Ein Vergleich mit früheren Konzeptionen und Entwürfen zeigt, daß es sich bei dem vorliegenden Gesetz um die praktikabelste Lösung des Problems der Stadt- und Gemeindeentwicklungen und städtebaulichen Sanierungsmaßnahmen handelt. Dieses Gesetz wird in seiner Substanz von echtem liberalen Geist getragen, der vom Reformwillen zum Zwecke der Erhaltung unserer freiheitlichen und auf dem Privateigentum aufbauenden Gesellschaft geprägt wird.

Im Verlauf der Bundestags-Debatte haben Sprecher der Opposition ständig von *Sozialisierungsgefahren* durch das Städtebauförderungsgesetz gesprochen. Auch wenn diese Unterstellung wiederholt wird, wird sie dadurch nicht wahrer!

Dieses Städtebauförderungsgesetz ist weder eigentumsfeindlich noch gestattet es, die Wohnungsbau- und Sanierungspolitik ohne Rücksicht auf die Bürger durchführen zu können.

Neue Verfahrensweise

Der vorliegende Entwurf — und dessen sollte sich die Öffentlichkeit bewußt sein — bringt entscheidende Verbesserungen zugunsten der Eigentümer gegenüber dem Entwurf der Großen Koalition.

Mit dem vorliegenden Gesetz schafft diese Regierung die Voraussetzungen für neue Verfahrensweisen und Finanzierungsmöglichkeiten für die für alle Bürger dieses Landes so notwendige Sanierung und Erneuerung unserer Städte und zur Schaffung besserer Lebensbedingungen.

Entsprechende Vorlagen früherer Bundesregierungen hatten wegen zahlreicher Mängel keine parlamentarische Mehrheit finden können.

Gegen den Entwurf der Großen Koalition hatte die F.D.P.-Bundestagsfraktion folgende Bedenken:

Es fehlten genaue Angaben über die voraussichtliche finanzielle Inanspruchnahme des Bundes für die im Gesetz bezeichneten Zwecke.

Der Entwurf der Regierung Brandt/Scheel erhält dagegen einen Finanzierungs-Abschnitt mit konkreten Finanzsätzen.

In dem Entwurf der großen Koalition war das bodenrechtliche Instrumentarium nicht geeignet, Unklarheiten auszuschließen. Der Entwurf dieser Regierung erhält dagegen eine eindeutigere Fassung des Begriffes der Entwicklungsmaßnahmen.

Kontrollierte Eingriffe

Vor allem wurde auf eine dem Zwecke des Gesetzes entsprechende angemessene Lösung des Spannungsverhältnisses zwischen der Eigentumsgarantie des Artikels 14 des Grundgesetzes und seiner Sozialbindung abgestellt.

Den Belangen der Eigentümer von Grund und Boden wird mit diesem Entwurf Rechnung getragen, denn die Voraussetzungen für bodenrechtliche Eingriffe wurden gegenüber dem Entwurf der Großen Koalition eingeengt.

Die Sanierungsträger sind zur Reprivatisierung verpflichtet. Die Vorschriften über die Bemessung von Ausgleichs- und Entschädigungsleistungen tragen ebenfalls in besonderem Maße dem Artikel 14 unseres Grundgesetzes Rechnung:

— Der vorliegende Entwurf sieht die Entschädigung mit Grund und Boden soweit als irgendmöglich vor;

— Bei finanzieller Entschädigung ist der Verkehrswert und nicht der Nutzungswert zu Grunde zu legen;

— Ein Härteausgleich soll Unbilligkeiten vermeiden;

— Bei der Durchführung von Sanierungsmaßnahmen wird der Initiative der Eigentümer Vorrang gegeben.

Slums verhindern

Zwischen den Regierungsparteien und der Opposition — so hoffe ich — besteht immer noch Einigkeit darüber, daß Spekulationsgewinne, die ausschließlich als Folge des Bekanntwerdens von Sanierungsplanungen realisiert werden, künftig nicht mehr dem Grundstückseigner auf Kosten der Steuerzahler zufallen dürfen.

Zusammenfassend kann festgestellt werden, daß dieses Gesetz durch eine gesunde Kombination zwischen praktikablen Eigentumsformen und der Möglichkeit, künftige Sanierungs- und Entwicklungsmaßnahmen nach den neuesten Erkenntnissen des Städte- und Wohnungsbaues zu gestalten jetzt die Chance gegeben wird, zu verhindern, daß in unseren Städten Slums entstehen.

Eine Schlußbemerkung noch:

Die F.D.P. hält unbeirrt am Privateigentum als einer der wesentlichen Grundlagen unserer freiheitlichen Wirtschafts- und Gesellschaftsordnung fest.

Denn nur dadurch wird die Unabhängigkeit, die Sicherheit und die freie Entfaltung des einzelnen gefördert.

Die F.D.P. betont jedoch nachdrücklich die soziale Verpflichtung aller Eigentumsrechte gemäß Artikel 14 unseres Grundgesetzes.

Abgelehnt wird von der F.D.P. eine generelle Überführung von Grund und Boden in öffentliches Eigentum.

Die Kommunalisierung von Grund und Boden würde zu einer unerträglichen Machtzusammenballung bei der öffentlichen Hand führen, die Gefahren der Manipulation verstärken und die private Initiative verhindern.

Das Städtebauförderungsgesetz entspricht demgegenüber liberalen Prinzipien!

3.4. Die Reform des Bodenrechts Beschluß des F.D.P.-Bundesparteitages in Freiburg, Oktober 1971*

Die Entwicklung auf dem Bodenmarkt behindert zunehmend die freie Entfaltung privaten und gesellschaftlichen Lebens. Die

* Abdruck nach „Liberale Argumente", Ausgabe 2/Nov. 1971, Friedrich-Naumann-Stiftung (Hrsg.).

Zusammenballung der Menschen in Stadtregionen einerseits, die Zersiedlung der Landschaft andererseits, technische Entwicklungen, Lebensbedürfnisse der Menschen, Ansprüche des einzelnen und Erfordernisse der Gesellschaft verlangen eine Reform der Bodenrechtsordnung.

Eigentum an Grund und Boden kann eine Grundlage freier Selbstverwirklichung sein. Es schafft einen geschützten privaten Lebensraum. Grund und Boden muß deshalb von möglichst vielen Bürgern erworben werden können. Dies muß auch durch neue Eigentumsformen gefördert werden.

Dringende öffentliche Vorhaben, der Bau von Kindergärten, Kinderspielplätzen, Schulen, Krankenhäusern, Straßen, die Ausweitung von Erholungsflächen und die Nachfrage Privater nach Wohnraum werden in stets wachsendem Maße durch den Mangel an nutzbarem Boden behindert, verzögert und verteuert.

Bei der Stadtplanung muß weit in die Umgebung von Ballungsräumen ausgewichen werden; dies schafft schwierige kostenintensive Verkehrsverhältnisse und fördert die Zersiedlung. Dagegen erzielen wenige einzelne ohne eigene Leistung Millionen-Gewinne auf Kosten der Allgemeinheit. Dieser Zustand verlangt Abhilfe.

Die Sozialisierung oder Kommunalisierung des Bodens ist keine Lösung des Problems, denn die öffentliche Verwaltung bietet keine ausreichende Gewähr für eine knappheitsgerechte Nutzung des Bodens. Als liberale Alternative muß die Verbesserung der Funktionsfähigkeit des Bodenmarktes mit allen geeigneten Mitteln angestrebt werden, denn Bodenmarkt und Bodenpreise sind als Indikatoren der Knappheit und Regulatoren der Zuteilung unentbehrlich.

Eine solche Politik setzt voraus, daß die Gemeinden im Rahmen ihrer Zuständigkeiten entscheidend mitwirken. Sie müssen sachlich und materiell entsprechend ausgestattet werden und entschlossen die ihnen zur Verfügung stehenden Möglichkeiten ausschöpfen.

1. Die Versorgung aller Bevölkerungsgruppen mit ausreichendem Wohnraum und ein humaner Städtebau müssen Hauptziele der Bodenpolitik sein. Die Gemeinden sollen diese Politik durch Ausweisung und Erschließung neuen Baugeländes sowie Verdichtung erschlossener Gebiete in Übereinstimmung mit regionalen Strukturplänen betreiben. Das rechtliche und organisatorische Instrumentarium der Gemeinden hierzu muß verbessert werden.

Bund und Länder sind zu verpflichten, die Gemeinden zu einer solchen Erhöhung des Baulandangebotes mit Nachdruck anzuhalten.

2. Den Gemeinden muß eine angemessene Bodenvorratspolitik ermöglicht werden. Der Anwendungsbereich des besonderen Vorkaufsrechts soll auch auf Flächen außerhalb von Bebauungsplänen erweitert werden. Das gemeindliche Grunderwerbsrecht ist auszuweiten.

Die Gemeinden sind gehalten, Grundstücke nur unter dem Gesichtspunkt breiter Vermögensbildung zu privatisieren, oder privater Nutzung zuzuführen, soweit sie für öffentliche Zwecke oder für eine der Zielplanung angemessene Vorratspolitik nicht benötigt werden.

Es sind Kautelen einzubauen, daß die Gemeinden über die Bodenvorratsbeschaffung ihre Haushalte nicht spekulativ aufbessern.

3. Das Verfahren der Enteignung muß verbessert werden. Die Entschädigung ist in Höhe des Verkehrswertes, spätestens zum Zeitpunkt einer vorläufigen Besitzeinweisung zu leisten. Die vorläufige Besitzeinweisung ist zu erleichtern. Die Vorschriften des Bundesbaugesetzes sind analog an das Städtebauförderungsgesetz anzupassen.

4. Die der Besteuerung des Grund und Bodens zugrundeliegenden Einheitswerte sind künftig in kürzeren Zeitabständen an die Entwicklung anzupassen. Die Grunderwerbssteuer entfällt ersatzlos.

5. Veräußerungsgewinne beim Verkauf von bebauten und unbebauten Grundstücken unterliegen der Einkommensteuer zum halben Steuersatz. Die Ausgangswerte zur Errechnung der Veräußerungsgewinne sind erstmalig festzulegen. Eigene Aufwendungen zur Wertsteigerung erhöhen den Ausgangswert. Eigengenutzte Eigenheime und Eigentumswohnungen unterlie-

gen nicht der Gewinnbesteuerung, sofern eine Ersatzbeschaffung binnen fünf Jahren erfolgt ist.

6. Zur Verbesserung der Funktionsfähigkeit des Bodenmarktes wird bei baureifen Grundstücken (Bauland) der Zuwachs des Wertes jährlich als Einkommen zum halben Steuersatz versteuert. Eine Fläche gilt auch als Bauland, soweit sie im Verhältnis zu den aufstehenden Gebäuden als nicht angemessen anzusehen ist. Dabei sind die Fläche und die Höhe der Gebäude, Bebauungs- und Nutzungsart sowie öffentliche Planungsvorschriften zu berücksichtigen. Aufwendungen, die der Eigentümer zur Wertsteigerung des Grundstückes macht, gelten als Werbungskosten. Die Steuerpflicht entfällt zum Zeitpunkt der Rohbauabnahme.

Erklärt der Eigentümer eines Grundstückes bei Eintritt der Baureife, daß er das Grundstück innerhalb von 5 Jahren selbst bebauen wird, so entfällt diese Besteuerung. Erfolgt die Rohbauabnahme innerhalb dieser Frist nicht, ist der Zuwachs des Wertes seit Eintritt der Baureife insgesamt zu versteuern. Es sind Freigrenzen vorzusehen.

7. Die Ermittlung des Wertzuwachses von Bauland erfolgt in der Regel durch jährliche Selbstveranlagung des Steuerpflichtigen. Er kann eine Veranlagung durch die Steuerbehörde wählen. Der Ausgangswert wird zum Zeitpunkt des Inkrafttretens des Gesetzes von Amts wegen festgestellt.

8. Wohnungseigentum schafft Freiheitsraum. Er gewährleistet persönliche Unabhängigkeit und wirtschaftliche Sicherheit. Zur Erleichterung des Erwerbs von Wohnungseigentum und eigentumsähnlichen Wohnrechten sind die Verbesserung des derzeitigen Förderungssystems (sozialer und steuerbegünstigter Wohnungsbau) und die Einführung von Mietkaufsystemen erforderlich.

Wohnungsbaugesellschaften dürfen die Gemeinnützigkeit und öffentliche Mittel nur in Anspruch nehmen, wenn sie mindestens die Hälfte ihres Wohnungsbauvolumen als Mietkaufwohnungen anbieten.

Entsprechend der Regelung beim Wohnungseigentum sind Mitwirkungsrechte der Mieter bei der Einrichtung und Nutzung von Gemeinschaftseinrichtungen zu schaffen.

9. Es sind vermehrt Erholungsregionen auszuweisen, in denen öffentliches und privates Eigentum den Zielen der Umweltverbesserung und der Erholung dienstbar gemacht werden.

Der Zugang zu Wäldern und Gewässern ist allen Bürgern durch Entsprechende Einschränkungen der Verfügungsmacht privater und öffentlicher Grundeigentümer zu schaffen, auf den Naturschutz ist Rücksicht zu nehmen.

Wenn es in diesen Gebieten erforderlich ist, unrentables Land weiter zu bewirtschaften, sind Flächenzuschüsse zu leisten.

3.5. Grund- und Boden-Beschluß der Bundesdelegiertenkonferenz der Deutschen Jungdemokraten in Herrenalb, Mai 1970*

Die Bundesdelegiertenkonferenz beschloß:

1. Eigentum darf keine Herrschaft über Menschen begründen. Wo durch Eigentum direkt oder indirekt Herrschaft über Menschen ausgeübt wird, ist es unter demokratische Kontrolle zu stellen und ggfls. zu vergesellschaften (sh. GG Art. 14,2).

2. Der private Haus- und Grundbesitz bedeutet Herrschaft über Menschen, auch über die Besitzenden. Bei der Stadt- und Landesplanung und im Wohnungsbau kann er gesellschaftlich vernünftige und humane zukünftige Lösungen verhindern.

3. Deshalb ist als erstes die öffentliche Subventionierung des privaten Wohnungsbaus einzustellen. Weiter zu entwickeln ist der gesellschaftlich gemeinnützige Wohnungsbau, der öffentlicher Kontrolle unterliegen muß. Zu fördern sind Gesellschaften und Genossenschaften, in denen die Mieter mit vertreten sind und mitbestimmen.

4. Mittelfristig muß ein Verbot des privaten Erwerbs von Grund und Boden erwirkt und ein Baustopp des privaten Mietwohnungsbaus eingeführt werden.

5. Voraussetzungen für eine zukünftige gesellschaftlich sinnvolle Lösung der Stadt- und Landesplanung ist eine neue

* Abdruck nach „Zur Strategiediskussion", Bundesvorstand der Deutschen Jungdemokraten (Hrsg.).

Bodenordnung, die als Fernziel eine grundsätzliche Aufhebung des privaten Eigentums an Grund und Boden beinhaltet.

4. Deutsche Kommunistische Partei (DKP)

4.1. Städtebau und Strukturpolitik im kommunalen Bereich

Grethe Thiele, Mitglied des DKP-Parteivorstands, 1970*

(Auszug)

Zu Beginn der 70er Jahre stehen die Bürger in den Städten und Gemeinden der Bundesrepublik vor vielen ungelösten Problemen. Überfüllte Städte mit quantitativ und qualitativ unzureichenden Sozial-, Bildungs-, Kultur- und Dienstleistungseinrichtungen; — Verkehrschaos in den Zentren und auf den Zufahrtsstraßen bei explosiv anwachsender Verkehrsdichte und bei jetzt schon 16 800 Verkehrstoten (1969). Hinzu kommt das Problem der Armut, der mangelnden Hygiene und Gesundheitsfürsorge in den Städten: 500 000 Obdachlose und Hunderttausende sozial nicht mehr vertretbare Wohnungen; — fehlender Anschluß ganzer Stadtbezirke und ländlicher Gemeinden an Kanalisations- und Kläranlagen (allein in Niedersachsen leben 25 Prozent der Bevölkerung in Wohnungen, die weder an Kanalisation noch an Kläranlagen angeschlossen sind); — veraltete und nicht ausreichende Müllreinigung. Über all dem lastet eine skandalöse Bodenspekulation und ein bisher in der Geschichte unseres Volkes beispielloser Mietwucher. Das ist die Hinterlassenschaft einer 20jährigen CDU/CSU-Politik.

Die Herrschaft und Profitsucht des Großkapitals hat auch die Bemühungen von Kommunalpolitikern, Stadtplanern und Stadtarchitekten um eine planmäßige organische Stadt- und Landschaftsentwicklung mit menschenwürdigen Lebensbedingungen bisher schwer gehemmt und oft sogar scheitern lassen. Die Hauptursache für das Scheitern der Stadtsanierung, für ein soziales und kulturvolles Leben der Bürger ist das spätkapitalistische Herrschaftssystem mit seinem Besitzmonopol an Grund und Boden.

* Abdruck nach „Marxistische Blätter für Probleme der Gesellschaft, Wirtschaft und Politik", Frankfurt/Main, März/April 1970 Nr. 2.

Das hat zur Folge:

1. Eine Minderheit von Bodeneigentümern kann heute der gesamten Gesellschaft die Nutzungsbedingungen von Grund und Boden, der wichtigsten Lebensgrundlage der Menschen, diktieren. Die Besonderheit des Bodens, allgemeinste Lebensgrundlage aller Menschen zu sein, läßt *„das Privateigentum einzelner Individuen am Erdball ganz so abgeschmackt erscheinen wie das Privateigentum am anderen Menschen. Selbst eine ganze Gesellschaft, eine Nation, ja alle gleichzeitigen Gesellschaften zusammengenommen sind nicht Eigentümer der Erde. Sie sind nur ihre Besitzer, ihre Nutznießer."*[1] Schulen, Krankenhäuser, Universitäten, Forschungsinstitute konnten jahrelang nicht gebaut, Spielplätze, Parks, Straßen nicht angelegt, eine planmäßige Stadtsanierung nicht durchgeführt werden, weil *„in der Bundesrepublik das Allgemeingut Boden der Allgemeinheit vorenthalten werden kann"*.[2]

2. Die Bodenpreise werden nicht vom öffentlichen Wohl, sondern von den Profitinteressen des Konzern- und Spekulationskapitals bestimmt. Sie nutzen eine bestimmte Knappheit des Bodens und die Ausweisung bestimmter Flächen zu Bau- oder Sanierungsgebieten aus. Die Großgrundbesitzer und Bodenspekulanten konnten sich auf diese Weise riesige Vermögen aneignen. Allein in München sind als Folge der Bodenpreissteigerungen von 1957 bis 1966 rd. 495 Millionen Mark *„in die Taschen privater Grundstückseigentümer geflossen und den öffentlichen Investitionen entzogen worden"*, berichtete der Oberbürgermeister von München.[3]

„Dieses gewaltige Vermögen", schrieb „Der Spiegel" am 25. August 1969, *„ist nicht erarbeitet worden — es ist rechtmäßiger Profit aus Bodenspekulationen, die meist nicht besteuert werden, aus Wucher, der nicht verfolgt werden kann, aus Erpressung, die keinen Staatsanwalt interessieren darf."*[4]

Überall dort, wo Stadtsanierung und -planung in Aussicht stehen, treiben Spekulanten die Preise in die Höhe, besonders

[1] Karl Marx, Das Kapital, III. Band, Dietz Verlag, Berlin 1956, S. 826.
[2] Der Spiegel, Nr. 35, 25. 8. 1969, S. 30.
[3] Die Welt, 13. 11. 1969.
[4] Der Spiegel, a. a. O., S. 31.

explosiv in den Zentren, wo die Paläste der Banken, Versicherungsgesellschaften und Bürohäuser der großen Konzerne das Bild der Stadt prägen. So werden auf der Stuttgarter Königstraße je qm Boden 5000 Mark, am Hamburger Neuen Wall 7000 Mark, in der Kölner Hohen Straße 8000 Mark und schließlich im Einkaufszentrum von München 12 000 Mark je qm gefordert. Dazu erklärte Münchens Oberbürgermeister: *„Die Grundstückspreise haben im Münchener Stadtgebiet bis zu 2000 Prozent angezogen. Die Riesensummen, die wir für Ankäufe zum Fenster hinauswerfen müssen, fehlen dann für Siedlungen, Krankenhäuser und Schulen."*[5] Die Ursachen dieser Mißstände sieht Oberbürgermeister *Vogel* mit Recht darin, daß *„Grund und Boden ... wie eine beliebige Ware nach dem Gesetz von Angebot und Nachfrage dem sogenannten freien Markt unterworfen ..."* sind.[6] Der Wirtschaftsminister von Hessen, *Arndt*, beklagte ebenfalls, *„daß die häufig überspitzten und nicht gerechtfertigten Preisforderungen von Grundstücksbesitzern den Straßenbau, insbesondere in den Städten und Gemeinden oftmals auf Jahre hinaus verzögern."*[7]

Besonders kraß und asozial wirken sich die Bodenpreise auf die Mieten aus. „Metall", das Organ der Gewerkschaft IG Metall, berichtete: *„Durch die wilde Bodenspekulation und den unsozialen ‚Lücke-Plan' stiegen die Mieten seit 1960 jährlich um 6 Prozent. Von 1960 bis 1967 hat sich die Zahl der Wohnungen in der Bundesrepublik um 20 Prozent erhöht, das gesamte Mietaufkommen dagegen um 160 Prozent. In den Ballungsgebieten war der Mietwucher noch erheblich größer."*[8] Fachleute schätzen die Gesamtsumme der dabei realisierten Extraprofite auf mehr als 100 Milliarden Mark. Hierbei muß jedoch klar ausgesprochen werden: nicht die kleinen Hausbesitzer sind die eigentlichen Nutznießer der Bodenspekulation, sondern eine kleine Gruppe von Multimillionären. Sie konzentrieren über ihre Unternehmen, über die von ihnen kontrollierten Versicherungsgesellschaften und Banken über 83 Prozent des Miethaus-

[5] Metall, 19/1969, S. 11.
[6] Ebenda.
[7] Frankfurter Rundschau, 25. 8. 1969.
[8] Metall, a. a. O.

besitzes, den großen Grundbesitz und die Masse der Hypotheken in ihren Händen. Eine weitere jährliche Mietpreissteigerung von 10 Prozent bis 1975 sagt das Institut für Siedlungs- und Wohnungswesen der Universität Münster i. W. voraus. Das bedeutet, daß die Mieter mit einer Verdoppelung ihrer jetzigen Miete innerhalb der nächsten fünf Jahre zu rechnen haben, wenn keine entscheidende Änderung erfolgt. Wenn der sozialdemokratische Wohnungsbauminister *Lauritzen* dem Mietwucher den Kampf ansagt, zugleich aber bedauert, daß die Wucherbestimmungen des Strafgesetzbuches nicht mehr wirksam seien[9], dann beweist dies nur, wie notwendig eine grundlegende Reform des Bodenrechts, die Beseitigung des Bodenmonopols und Maßnahmen gegen Bodenspekulationen und Mietwucher sind. Nur dann ist gewährleistet, daß das Besitz- und Bodenmonopol als Diktat gegenüber den Städten und Gemeinden eingeschränkt wird und sich das demokratische Recht der Selbstverwaltung besser entfalten kann.

Die Rolle und Bedeutung der Städte in der Gesellschaft

Im Gegensatz zu bürgerlichen Theorien und Versuchen, eine allgemeingültige Definition der Stadt — etwa wie bei *Max Weber* — nach funktionalen Merkmalen zu begründen, ist die Stadt nach der marxistischen Auffassung eine politisch-soziale Gemeinschaft. Diese ist in ihrem Wesen und in ihrer Entwicklung auch durch das jeweilige Gesellschaftssystem, seine materiellen Wechselbeziehungen von Produktivkräften und Produktions- und Klassenverhältnissen bestimmt. „Die Stadt" entwickelt sich immer als Gemeinschaft in einer ganz bestimmten sozialökonomischen Gesellschaftsformation.

So vollzieht sich die Stadtentwicklung im Kapitalismus — wie auch alle Erfahrungen in der Bundesrepublik beweisen — ebenso spontan und anarchisch, wie die gesellschaftliche Entwicklung als Ganzes. Die entscheidenden stadtbildenden und gestaltenden Faktoren (industrielle Betriebe, Banken, Handels- und Verkehrseinrichtungen, Boden- und Wohnungsfonds) sind im überwiegenden Teil in den Händen privater Eigentümer. Sie

[9] Interview von Wohnungsbauminister *Lauritzen* im Süddeutschen Rundfunk am 8. 1. 1970.

sind somit auch die die Stadtentwicklung bestimmenden Kräfte. Wo was gebaut oder nicht gebaut wird, welche Gebiete in ihrer Entwicklung gefördert werden, das wird in erster Linie von den für das Kapital günstigsten Profitchancen und oft sogar von militärisch-strategischen Aspekten bestimmt.

Fachleute aus kapitalistischen Ländern verfolgen mit großem Interesse und Anerkennung die großzügigen Pläne und Lösungen der sozialistischen Länder im Städtebau und in der Infrastruktur. Dabei ist für die Bundesrepublik von besonderem Interesse die Entwicklung in der DDR. Nach welchen Gesichtspunkten wird dort geplant, wie ist es möglich, daß jetzt in einem solchen Tempo die Zentren der Städte neu gestaltet und nach Generalbebauungsplänen bereits für die 70er und 80er Jahre die Grundkonzeptionen der Stadtentwicklung im gesamten Bereich der DDR ausgearbeitet sind?

Die entscheidende Voraussetzung dafür war, daß im Rahmen der antifaschistisch-demokratischen Umwandlung nach 1945 mit der Bodenreform das kapitalistisch-junkerliche Bodenmonopol beseitigt wurde. Mit dem Gesetz über den Aufbau der Städte in der DDR und der Hauptstadt Berlin (1950) waren die konkreten Bedingungen und die Orientierung fixiert, daß die Durchsetzung der neuen sozialistischen Produktions- und Gesellschaftsverhältnisse notwendigerweise auch mit einer Erneuerung des kommunalen Lebensbereichs verbunden sein mußte, und zwar im Sinne einer zunächst konsequent demokratischen und dann einer völligen sozialistischen Erneuerung aller städtischen Lebensformen. Auf der 12. Tagung des Zentralkomitees der SED im Dezember 1969[10] wurden die Fragen des Städtebaus und der Architektur, die Verbesserung der Arbeits- und Lebensbedingungen der Menschen als eine einheitliche Aufgabe zur Gestaltung sozialistischer Arbeits- und Lebensbedingungen behandelt.

Heute schon zeigen die neuen Ensembles und Beispiele städtebaulicher Planung in den großen Städten der DDR, ob Berlin, Dresden, Magdeburg, Karl-Marx-Stadt, Rostock, Halle oder Suhl, wie Arbeitsstätten und Wohngebiete auf rationelle Weise

[10] Neues Deutschland, Berlin, 14. 12. 1969.

mit den Kultur- und Bildungseinrichtungen sowie mit den Anlagen für Erholung und Rehabilitation verbunden werden.

Auch in der Bundesrepublik gibt es gute Pläne und Vorstellungen und auch wertvolle Ansätze für demokratische Lösungen zur Entwicklung unserer Städte. Eine umfassende Realisierung aber scheitert an den bestehenden Macht- und Herrschaftsverhältnissen. Nach 1945 war mit der Verhinderung der Bodenreform die Chance verpaßt, für den Wiederaufbau und die Erneuerung der Städte die notwendigen Voraussetzungen zu schaffen. Statt dessen haben im Prozeß der Restauration und Konzentration des Kapitals Banken und Versicherungen, Zechengesellschaften und Industrieunternehmen den entscheidenden Einfluß auf die Stadtgestaltung ausgeübt, machen Bodenmonopol und Grundstücksspekulation eine planmäßige, den gesellschaftlichen Erfordernissen entsprechende Lösung der städtebaulichen und innerstädtischen Probleme unmöglich.

Andererseits hat die kritische Lage in den Städten jetzt einen solchen Zustand erreicht, daß sie zu einem Hemmnis für die Gesamtentwicklung und damit zu einer erstrangigen gesellschaftspolitischen Aufgabe geworden ist. Hinzu kommt, daß nach Prognosen von Sachverständigen bis 1975 ein Bevölkerungszuwachs (ohne ausländische Zuwanderer) von etwa vier Millionen Menschen zu erwarten ist und 1985 etwa 75 Prozent der Gesamtbevölkerung in den Städten leben werden.[11]

Fachleute, die sich seit Jahren mit den Problemen der Raumordnung und Stadtentwicklung unter dem Gesichtspunkt einer beträchtlichen Verbesserung der Lebensbedingungen beschäftigen, vertreten die Auffassung, daß dies nur möglich ist, wenn ein Bodenrecht geschaffen wird, das den Aufgaben der Stadtplanung entgegenkommt, sowie ein Sanierungsrecht, das grundlegende Umgestaltungen ermöglicht, wie dies u. a. auch auf einer wissenschaftlichen Arbeitstagung zum Thema *„Futurologie Prognostik Planung“* am 28./29. Oktober 1968 nachdrücklich bestätigt wurde.[12] Forderungen gleicher Art vertreten auch viele

[11] Loccumer Protokolle: Raumordnung als Politikum, 7/1966.

[12] Aus Material für die wissenschaftliche Arbeitstagung zum Thema Futurologie Prognostik Planung, 28./29. 10. 1968, herausgegeben von der Politischen Akademie Eichholz und dem Wissenschaftlichen Institut der Konrad-Adenauer-Stiftung für politische Bildung und Studienförderung e. V.

Kommunalpolitiker, Mieterorganisationen und die Gewerkschaften. Diese Forderungen kommen aus sozialdemokratischen Organisationen und aus christlichen Kreisen, wie dies u. a. in einer Resolution des Evangelischen Kirchentages 1969 mit der *„Aufhebung des privaten Eigentums an Grund und Boden"* zum Ausdruck kommt.

In diesem Zusammenhang treffen die Bemerkungen von *Professor Gerd Albers,* TH München, die er in seinem Referat *„Zukünftiger Städtebau"* anläßlich des Internationalen Symposiums über Zukunftsfragen *„Systems 69"* in München am 12. November 1969 machte, den Kern der Fragestellung. *"...Die mangelnde Bereitschaft der Gesellschaft, sich der Forderung des Tages zu stellen, wird hier beklemmend sichtbar... Bei Politikern besteht die Neigung, auf technische Entwicklungen zu hoffen, die unangenehme politische Entscheidungen ersparen können. Dagegen kann man nicht deutlich genug auftreten. Die Beschäftigung mit der technischen Utopie schafft Alibis für das Versäumen der heute und hier nötigen Entscheidungen..."*.

In all diesen Überlegungen und Forderungen kommt zum Ausdruck, daß das Sozialstaatsprinzip im Grundgesetz und in den Länderverfassungen (Wohl der Allgemeinheit) Vorrang vor den Profitinteressen haben muß. So besagt Art. 14 (2) GG: *„Eigentum verpflichtet. Sein Gebrauch soll zugleich dem Wohle der Allgemeinheit dienen." (3): „Eine Enteignung ist zum Wohle der Allgemeinheit zulässig..."* und Art. 15: *„Grund und Boden, Naturschätze und Produktionsmittel können zum Zwecke der Vergesellschaftung durch ein Gesetz, das Art und Ausmaß der Entschädigung regelt, in Gemeineigentum oder in andere Formen der Gemeinwirtschaft übergeführt werden..."*

Mißbrauch und Willkür mit dem Besitzmonopol des Bodens hat bis jetzt der Allgemeinheit einen ungeheuren Schaden zugefügt und verhindert die demokratische Lösung zukunftsbestimmender Aufgaben künftiger Generationen. Für die demokratischen Kräfte unseres Landes aber bleibt es eine vorrangige Aufgabe, für die Verwirklichung der Verfassungsgrundsätze zu kämpfen, daß das Wohl der Allgemeinheit Vorrang hat. Dieses Verfassungsgebot sollte aber auch eine von der SPD geführte

Regierung verpflichten, zumal sich die SPD vor der Wahl mit der Losung *„Wir schaffen das moderne Deutschland"* vorgestellt hat ...

Neue Grundsätze für eine demokratische Bodenpolitik sind ein Gebot der Stunde! Unter Berücksichtigung vieler Gedanken, Überlegungen und Forderungen aus der Öffentlichkeit kämen dafür folgende *Vorschläge für eine demokratische Bodenpolitik* in Frage:

1. Die Nutznug von Grund und Boden darf nicht der Willkür der Privateigentümer oder privater Interessengruppen allein überlassen bleiben. *Der Boden muß vorrangig dem Wohl der Allgemeinheit dienen.*

2. *Bodenmonopol und Bodenspekulation* mit den verhängnisvollen Folgen des Bodenpreiswuchers sind auszuschalten. Wertsteigerungen von Grundstücken auf Grund öffentlicher Planungs-, Sanierungs- oder Baubeschlüsse dürfen nicht zu ungerechtfertigter Bereicherung einzelner Grundstückseigentümer führen.

3. Den Gemeinden und anderen Gebietskörperschaften muß für die Bewältigung ihrer wirtschaftlichen, sozialen und kulturellen Zukunftsaufgaben im Interesse der Allgemeinheit ausreichender Boden zu tragbaren Preisen zur Verfügung stehen. Die Bereitstellung von Grund und Boden zum Bau von Sozialwohnungen zu niedrigen Mieten, von Schulen, Krankenhäusern, Straßen und anderen Gemeinschaftseinrichtungen muß generell Vorrang vor einem profitorientierten Bodenmißbrauch haben. Kein Boden der öffentlichen Hand darf privatisiert werden.

4. Das private Eigentum der Arbeiter, Angestellten, Bauern und Handwerker, des Mittelstandes sowie kleiner und mittlerer Unternehmer an Grund und Boden, das nicht zur Bodenspekulation und zur Erzielung ungerechtfertigter Gewinne auf Kosten der Allgemeinheit mißbraucht wird, ist zu garantieren.

5. Eine demokratische Bodenpolitik ist nur zu realisieren, wenn die Öffentlichkeit, die Vertreter der Gewerkschaften, der Mieterverbände und Baugenossenschaften, der Bürger und der mittelständischen Schichten den Bodenmarkt und die Boden-

politik der öffentlichen Hand selber kontrollieren und bei der Nutzung des Bodens mitbestimmen können . . .

4.2. Vorschlag der DKP
Gesetzentwurf zur Neuordnung des Bodenrechts, 1971*

Zur Förderung des sozialen Wohnungsbaus, zur Versorgung der Bevölkerung mit ausreichend Wohnungen zu tragbaren Mieten und zur Ausschaltung des Mietwuchers;

zur Beseitigung des Bodenmonopols und zur Eindämmung der Bodenspekulation;

zur Erleichterung des Städtebaus, der Dorf- und Stadtsanierung, für eine kontinuierliche Wirtschaftsentwicklung sowie planmäßige Raumordnung und Strukturverbesserung;

zur Erlangung größerer sozialer Sicherheit sowie einer gerechteren Einkommens- und Vermögensverteilung für die arbeitende Bevölkerung;

wird in Übereinstimmung mit Artikel 1, 2, 6, 14, 15, 20 und 28 des Grundgesetzes beschlossen:

§ 1
(Grundsatz)

(1) Der Boden ist die allgemeine, umfassendste Lebensgrundlage der Gesellschaft, ein Fundament menschlichen Lebens überhaupt. Seine Nutzung darf deshalb nicht ausschließlich von Einzelinteressen bestimmt werden, sondern muß vorrangig dem Wohle der Allgemeinheit dienen.

(2) Die öffentliche Bodenpolitik hat der sozialen Verpflichtung des Eigentums nach Artikel 14 des Grundgesetzes zu entsprechen und sozialstaatswidrigen Bodenmißbrauch unter Anwendung des Artikels 15 des Grundgesetzes (Vergesellschaftung) zu verhindern.

* Abdruck nach Miet- und Bodenrecht, Referat Bundes-, Landes- und Kommunalpolitik beim Parteivorstand der Deutschen Kommunistischen Partei (Hrsg.).

(3) Die Nutzung des Bodens durch private Eigentümer wird gewährleistet, wenn sie nicht dem Wohle der Allgemeinheit (Artikel 14 Abs. 2 GG) zuwiderläuft.

§ 2
(Beseitigung des Bodenmonopols)

(1) Das Bodeneigentum der Banken, der Versicherungsgesellschaften, der Industrie- und Handelskonzerne sowie des Großgrundbesitzes wird in Anwendung des Artikels 15 des Grundgesetzes in öffentliches Eigentum überführt.

(2) Als Bodeneigentum im Sinne dieses Gesetzes gelten alle Grundstücke, die im Grundbuch auf die in Abs. 1 genannten Eigentümer eingetragen sind.

(3) Den bisherigen Eigentümern ist jede Art der Verfügung über Grundstücke, die der Überführung in öffentliches Eigentum unterliegen, mit Inkrafttreten des Gesetzes untersagt.

§ 3
(Entschädigung)

(1) Entsprechend Artikel 14 Abs. 3 GG erfolgt die Entschädigung unter gerechter Abwägung der Interessen der Allgemeinheit und der Beteiligten zum Bilanzwert.

(2) Im Streitfall über die Höhe der Entschädigung steht der Rechtsweg vor den ordentlichen Gerichten offen.

§ 4
(Deckung des Bodenbedarfs)

(1) Der Bodenbedarf für Maßnahmen des Städtebaus, der Raumplanung und der Strukturverbesserung, für den sozialen Wohnungsbau, für die Stadt- und Dorfsanierung, für Verkehrsbauten und andere Gemeinschaftsaufgaben, ist vorrangig mit Grundstücken zu decken, die in öffentliches Eigentum überführt wurden oder sonst im Besitz der öffentlichen Hand sind.

(2) Reicht der öffentliche Bodenbesitz zur Erfüllung der Gemeinschaftsaufgaben nicht aus, so kann der Bodenbedarf gedeckt werden durch

a) das Bodenankaufsrecht,

b) die Erklärung eines Grundstücks zum Allgemeinbedarf,

c) die Festlegung von Aufbau- oder Sanierungsgebieten.

(3) Die Ausübung des Bodenankaufsrechts verpflichtet den Eigentümer, sein Grundstück an die öffentliche Hand zu verkaufen.

(4) Kann das Bodenankaufsrecht aus Gründen, die vom Eigentümer zu vertreten sind, nicht ausgeübt werden, so kann durch Beschluß der örtlich zuständigen parlamentarischen Körperschaft ein Grundstück zum Allgemeinbedarf erklärt werden. Dies berechtigt die zuständige Behörde, das Grundstück sofort in Anspruch zu nehmen.

(5) Die gleiche Wirkung (Abs. 4) tritt ein, wenn durch Beschluß des zuständigen Parlaments ein Aufbau- oder Sanierungsgebiet festgelegt wird.

§ 5
(Kaufpreis)

(1) Grundlage des Kaufpreises bei Ausübung des Bodenankaufsrechts ist der amtliche Schätzwert.

(2) Bei Inanspruchnahme eines Grundstücks nach § 4 Abs. 4 (Allgemeinbedarf) und Abs. 5 (Aufbau- oder Sanierungsgebiet) erfolgt die Entschädigung ebenfalls zum amtlichen Schätzwert in Geld.

(3) Preissteigerungen infolge behördlicher Planungen, Aufbau- oder Sanierungsvorhaben bleiben bei der Preisfestsetzung unberücksichtigt.

(4) Auf Wunsch kann den bisherigen Eigentümern statt des Kaufpreises ein wertgleiches Ersatzgrundstück zum Eigentum oder zur dauernden Nutzung übertragen werden.

§ 6
(Allgemeiner Preisstopp)

(1) Zur Beseitigung der Bodenspekulation tritt mit dem Inkrafttreten dieses Gesetzes ein allgemeiner Preisstopp für Grundstücke ein.

(2) Der rechtsgeschäftliche Verkehr mit Grundstücken unterliegt der Preisüberwachung. Das Nähere wird durch Rechtsverordnung geregelt.

§ 7
(Bodenvorratswirtschaft)

(1) Für einen planmäßigen Städte- und sozialen Wohnungsbau, für die Dorferneuerung sowie für andere Gemeinschaftsaufgaben ist von den Gemeinden (Gemeindeverbänden) eine vorausschauende Bodenvorratswirtschaft zu betreiben. Grundlage ist der bisher im Eigentum der öffentlichen Hand befindliche Boden sowie die nach §§ 2 und 4 anfallenden Grundstücke.

(2) Für die Bodenwirtschaft der Länder und des Bundes wird ein öffentlicher Bodenfonds geschaffen, der unter Leitung eines Verwaltungsrates steht, dem je zur Hälfte Vertreter der Länder und des Bundes angehören.

§ 8
(Nutzung des Bodens)

(1) Der Boden im Eigentum der öffentlichen Hand dient vorrangig der Nutzung zum Wohle der Allgemeinheit. Er darf grundsätzlich an Private nicht veräußert werden.

(2) Zur Errichtung von Eigenheimen, Wohnhäusern, Fabrik- und Geschäftsbauten im Rahmen der gemeindlichen Bauleitplanung, der Raumordnungs- und Strukturmaßnahmen können Grundstücke der öffentlichen Hand zur persönlichen Nutzung (Erbbaurecht) nach sozialen Gesichtspunkten übertragen werden.

(3) Grundstücke im Eigentum der öffentlichen Hand, die an Seen oder Gewässer grenzen und der Erholung der Bevölkerung dienen, dürfen grundsätzlich nicht an Private verkauft, verpachtet oder vermietet werden, sondern sind für die Erholung und Freizeitgestaltung der Allgemeinheit nutzbar zu machen. Reichen der Grundstücke der öffentlichen Hand nicht aus, um ausreichende Erholungsmöglichkeiten für die Bevölkerung zu schaffen, so sind unter Anwendung der Rechte aus § 4 weitere Grundstücke nutzbar zu machen.

§ 9
(Demokratische Mitbestimmung und Kontrolle)

(1) Zur Gewährleistung der demokratischen Mitbestimmung und öffentlichen Kontrolle in allen Fragen dieses Gesetzes werden in den Gemeinden (Gemeindeverbänden) und bei dem öffentlichen Bodenfonds Bodenausschüsse gebildet. Sie nehmen gegenüber den Liegenschafts- bzw. Grundstücksausschüssen der Gemeinde-, Stadt- und Kreisvertretungen sowie dem Verwaltungsrat des Bodenfonds die Interessen der Allgemeinheit wahr.

(2) Den Bodenausschüssen gehören an: Delegierte Vertreter der Gewerkschaften und anderer demokratischer Organisationen der Arbeiter und Angestellten, Vertreter gemeinnütziger Wohnungsbaugenossenschaften, Vertreter der Mieterschutzverbände und der Interessengemeinschaften des Mittelstandes, der Siedler, der Kleingärtner, der Bauern. Die Bodenausschüsse können weitere Bürger als Fachleute zur Mitarbeit heranziehen.

(3) Die Bodenausschüsse haben insbesondere sicherzustellen,
— daß die Bestimmungen dieses Gesetzes unbürokratisch angewandt werden;

— daß der Grundstücksmarkt ständig beobachtet wird und — wenn notwendig — weitere entscheidende Maßnahmen gegen Bodenspekulation und Mietpreiswucher ergriffen werden;

— daß alle Stadtplanungen und Dorferneuerungen, die Raumordnung und Strukturpolitik sowie notwendige Sanierungsmaßnahmen sich nach den Bedürfnissen der Bevölkerung richten;

— daß die Öffentlichkeit fortlaufend über alle wichtigen Planungsarbeiten und Investitionen, über Sanierungsvorhaben, über die Lage auf dem Bodenmarkt, über den Wohnungsbau unterrichtet wird und durch demokratische Mitbestimmung Einfluß auf sie nehmen kann.

§ 10
(Schlußbestimmungen)

(1) Das Gesetz tritt am Tage seiner Verkündung in Kraft.

(2) Entgegenstehende Rechtsvorschriften sind aufgehoben.

(3) Die erforderlichen Durchführungs- und Rechtsverordnungen erläßt der Bundesminister für Städtebau und Wohnungswesen in Übereinstimmung mit den zuständigen Ausschüssen des Bundestages.

5. Nationaldemokratische Partei Deutschlands (NPD)

5.1. Entschließung des Parteivorstands der NPD, November 1971*

Der Parteitag der NPD stellt fest:

Das Bundesraumordnungsgesetz enthält zwar eine Programmatik der Ordnung der räumlichen Strukturen und der Umweltpflege und der Sicherung der bäuerlichen Grundbesiedelung, die umfassend genug ist, um allen Problemen gerecht zu werden.

Die planmäßige Durchsetzung dieser Vorstellungen wird jedoch dadurch verhindert, daß ein Bundesministerium für diesen Fragenkomplex ebenso fehlt, wie die ausschließliche Gesetzgebungs- und Verwaltungskompetenz des Bundes für alle Maßnahmen der Veränderung des Raumes und der Umwelt.

Die NPD fordert deshalb die Bundeshoheit für Raumordnung und Umweltfragen.

Die Verwaltungen der Länder und Gemeinden sollen als Auftragsverwaltungen des Bundes unter der Fachaufsicht regionaler Bundesbehörden mitwirken. Örtliche Planungen sind nur unter dieser Voraussetzung einer vernünftigen Gesamtplanung unterzuordnen.

Das Bodenrecht hat von altersher in Deutschland gemeinnützige Tendenzen gehabt, die mit dem privaten Bodeneigentumsrecht ausgewogen waren. Notwendige Umgestaltungen am Bodeneigentum wurden durch Zweckverbände und durch Genossenschaften der Eigentümer von jeher vorgenommen. Auf dieser Überlieferung aufbauend fordert die NPD die Bildung

* Abdruck nach vervielfältigtem Manuskript der Bundesgeschäftsstelle der NPD.

von öffentlich-rechtlichen Sanierungs-, Entwicklungs- und Landlieferungsverbänden, denen durch Vorkaufsrecht und vereinfachtes Enteignungsrecht gegenüber ihren Mitgliedern sowohl die Preiskontrolle, wie die rechtzeitige Bereitstellung für die Zwecke einer vernünftigen Raum- und Besiedlungsordnung im Zusammenwirken mit der zuständigen Planungsbehörde zu übertragen ist.

Da die Gemeinden und Gemeindeverbände auftragsweise diese Behörden führen, ist ihnen ein angemessener Einfluß auf die Leitplanung gesichert; einer planungswidrigen und spekulativen Betätigung wird so ein Riegel vorgeschoben.

Die Umweltsanierung hängt unteilbar mit dieser Arbeit zusammen. Nur Bundesfinanzierung und Bundeshoheit machen sie durchgreifend möglich.

Die Schlichtung von Interessengegensätzen von Mietern und Vermietern ist nicht durch den Erlaß eigentumseinschränkender Gesetze zu erreichen, sondern sie ist eine Aufgabe der Staatsverwaltung im Zusammenwirken mit den Vertretern der Verbände der Mietparteien.

Die NPD fordert die Wiedereinführung von Mieteinigungsstellen, besetzt mit diesen Vertretern unter Leitung eines Staatsbeamten. Mietwucher oder Vorenthaltung von Mietraum gemeinschädlicher Art sollen von den Mieteinigungsstellen festgestellt und dann strafrechtlich geahndet werden.

III. Weitere Stellungnahmen und Reformvorschläge

1. Bodeneigentum und Städtebau

Ansprache des Bundespräsidenten auf dem Deutschen Städtetag in München, 1971*

Bundespräsident *Gustav W. Heinemann* hielt auf der 16. Ordentlichen Hauptversammlung des Deutschen Städtetages in München am 26. Mai 1971 folgende Ansprache:

Meine Damen und Herren!

Der Parole „Rettet unsere Städte jetzt" liegt die Frage zugrunde, ob wir endlich wahrnehmen wollen, wo wir heute stehen und vor welchen Sachverhalten wir morgen in unseren Städten stehen werden — ob wir endlich wahr sein lassen wollen, was wir angerichtet haben, als wir vielen Entwicklungen in unseren Städten freien Lauf ließen, und was wir in Kürze vollends anrichten werden, wenn wir so weitermachen wie bisher. Brechen diese Fragen jetzt so durch, daß wir zum Handeln kommen? Das ist das Thema dieser Tagung.

Ich brauche — zumal Ihnen — nicht zu schildern, worin die Not besteht, die zu dem Ruf — oder soll ich sagen: zu dem Aufschrei führt „Rettet unsere Städte jetzt". Diese Not läßt sich von Tag zu Tag drastischer und bedrängender darstellen, wobei allenfalls die Betonungen einmal stärker auf das Zusammenbrechen des Verkehrs in städtischen Kerngebieten, das andere Mal auf die Bodenspekulation, einmal auf Dreck und Abgase in der Luft, das andere Mal auf die Lawinen von Müll oder noch andere Notstände fallen — wobei in jedem Fall aber

* Abdruck nach „Bulletin" Nr. 81, 27. Mai 1971 Presse- und Informationsamt der Bundesregierung (Hrsg.).

die Geldnot der Städte dabei ist, die sie gegenüber der Vielfalt ihrer Aufgaben und den steigenden Aufwendungen für Personal oder Baukosten immer hilfsloser macht.

Sind unsere städtischen Lebensverhältnisse noch menschenwürdig? Was nutzt z. B. die Verkürzung der Arbeitszeit, wenn die Wege zur Arbeit und nach Hause immer mehr Zeit wegnehmen? Wo behält bürgerliche Mitverantwortung noch Raum für Mitbestimmung, wenn die Zusammenhänge immer undurchsichtiger werden? Eine ganze Kette weiterer Fragen ließe sich anschließen.

Klar ist, daß die Übersiedlung vom Land in die Städte anhält. Bald werden vier Fünftel der Menschen der Bundesrepublik Deutschland in Städten wohnen. Die Ballungsgebiete wachsen. Vor Jahren schon habe ich von der Großstadt Europa-Nordwest gesprochen, in der sich das Ruhrgebiet mit Teilen von Holland und Belgien zusammensiedelt, oder — um in der Nähe zu bleiben — der Raum München—Augsburg—Ingolstadt.

Kurzum, wie wird das alles weitergehen? Darauf zu antworten, ist Aufgabe dieser Tagung. Ich kann hier nicht vorgreifen. Ich beschränke mich auf eine grundsätzliche Bemerkung zur Frage des Bodeneigentums — wohl ahnend, daß Herr Oberbürgermeister Dr. Vogel auch darauf leidgeprüft zu sprechen kommen wird.

Meine Damen und Herren, wir sind glücklich darüber, daß wir in einem Rechtsstaat leben. Seine Kernstücke sind seit langem eingewurzelt. Dazu gehören die Trennung der Gewalten, die Gesetzmäßigkeit der Verwaltung, die Unabhängigkeit der Justiz und Offenheit des Rechtsweges. Nach der nationalsozialistischen Verwüstung ist der Rechtsstaat durch Gewährleistung von Grundrechten und durch das Hinzutreten des Bundesverfassungsgerichts verbessert wiederhergestellt worden. Er ist bei uns jetzt so vervollkommnet, daß man bereits von einem Rechtswegstaat spricht, der einige Abläufe zu sehr behindere.

Auf der anderen Seite aber ist das zweite Grundprinzip unserer Verfassung, nämlich die Sozialstaatlichkeit, offensichtlich arg im Rückstand.

Freilich, den Rechtsstaat konnte die Verfassung selber setzen. Seine Ausgestaltung im einzelnen ist längst geläufige wissenschaftliche und gesetzgeberische Bemühung.

Das Sozialstaatsprinzip dagegen ist ein allgemein gehaltener, also von der Verfassung noch nicht selbst wahrgenommener, sondern an den Gesetzgeber weitergegebener Auftrag. Dieser Auftrag muß als eine ständig aus der Verfassung nach Verwirklichung rufende Verpflichtung empfunden werden. Das aber hat sich bislang in unserem Bewußtsein weitgehend noch nicht durchgesetzt.

Eine der Quellen städtischer Nöte ist — ich sagte es schon — die Bodenspekulation. Wenn wir ihrer nicht Herr werden, fahren wir uns hoffnungslos fest.

Wann endlich lesen wir laut und deutlich, daß Artikel 14 des Grundgesetzes das Eigentum nicht lediglich gewährleistet, sondern auch von der Möglichkeit spricht, seinen Inhalt und seine Schranken durch die Gesetze zu bestimmen?

Wann endlich lesen wir laut und deutlich aus Artikel 14 des Grundgesetzes, daß jedes Eigentum verpflichtet und sein Gebrauch zugleich dem Wohle der Allgemeinheit Rechnung tragen soll?

Wann endlich erfüllt der Gesetzgeber bei dem Bodenrecht — um für den Augenblick nur davon zu sprechen — seine verfassungsmäßige Pflicht?

Auch die Dritte Gewalt, die Justiz, ist hier gerufen. Freilich kann und soll sie nicht an die Stelle des Gesetzgebers treten und etwa allgemeine Rechtssätze aus dem Sozialstaatsprinzip herleiten. Wohl aber kann und soll die Justiz im Einzelfall auch prüfen, ob ein Eigentümer sich dem vollen Inhalt von Artikel 14 des Grundgesetzes entsprechend verhält. Aus dem Bundesverfassungsgericht ist die Stimme eines seiner Mitglieder, des Richters Professor Dr. *Leibholz,* laut geworden, daß auch das Bundesverfassungsgericht das Verhalten eines Eigentümers auf seine Übereinstimmung mit dem Sozialstaatsprinzip überprüfen könne. Möchte es nur recht bald einmal dazu kommen, wenn der Gesetzgeber weiter so im Rückstand bleibt wie bisher.

Meine Damen und Herren, es gibt mancherlei Minderheiten unter uns. Einige von ihnen können in unserer auf Leistung,

d. h. auf einen persönlichen Beitrag zum allgemeinen Wohlstand ausgerichteten Gesellschaft nicht Schritt halten, weil sie körperlich oder geistig behindert sind. Ihnen schuldet die Gesellschaft eine Hilfe zum Ausgleich ihrer Behinderung. Es gibt eine andere Minderheit unter uns, der ohne Leistung große und größte Vermögen zufallen, weil sie Bodeneigentum besitzt, das die städtische Gesellschaft in steigender Dringlichkeit benötigt, ohne es vermehren zu können. Diese schulden ihrerseits der Gesellschaft den Beitrag aus ihrem Eigentum, den Artikel 14 des Grundgesetzes beschreibt.

Dieses deutlich auszusprechen, sei mein Beitrag zu dieser Tagung.

Ich schließe mit zwei Sätzen aus einer Entscheidung des Bundesverfassungsgerichtes aus dem Jahre 1967:

„Die Tatsache, daß der Grund und Boden unvermehrbar und unentbehrlich ist, verbietet es, seine Nutzung dem unübersehbaren Spiel der freien Kräfte und dem Belieben des einzelnen vollständig zu überlassen; eine gerechte Rechts- und Gesellschaftsordnung zwingt vielmehr dazu, die Interessen der Allgemeinheit beim Boden in weit stärkerem Maße zur Geltung zu bringen als bei anderen Vermögensgütern" [vgl. B Verf. G E 21, 72 ff. (82)].

Ich wünsche dieser Tagung einen erfolgreichen Verlauf.

2. Das Bundesverfassungsgericht zur Problematik von Eigentum an Grund und Boden in einer Entscheidung vom 12. Januar 1967*

(Auszug)

Die Tatsache, daß der Grund und Boden unvermehrbar und unentbehrlich ist, verbietet es, seine Nutzung dem unübersehbaren Spiel der freien Kräfte und dem Belieben des Einzelnen vollständig zu überlassen; eine gerechte Rechts- und Gesellschaftsordnung zwingt vielmehr dazu, die Interessen der Allge-

*Abdruck nach Entscheidungen des Bundesverfassungsgerichts, Band 21, Seite 73 ff.

meinheit beim Boden in weit stärkerem Maße zur Geltung zu bringen als bei anderen Vermögensgütern. Der Grund und Boden ist weder volkswirtschaftlich noch in seiner sozialen Bedeutung mit anderen Vermögenswerten ohne weiteres gleichzustellen; er kann im Rechtsverkehr nicht wie eine mobile Ware behandelt werden. Aus Art. 14 Abs. 1 Satz 2 GG in Verbindung mit Art. 3 GG kann daher nicht eine Verpflichtung des Gesetzgebers hergeleitet werden, alle geldwerten Vermögensgüter den gleichen rechtlichen Grundsätzen zu unterwerfen. Es trifft auch nicht zu, daß das Geldkapital gegenüber dem im land- und forstwirtschaftlichen Grundbesitz investierten Kapital diskriminiert werde.

Das Grundgesetz selbst hat dem Gesetzgeber für die Bestimmung des Eigentumsinhalts in Art. 14 Abs. 2 GG einen verhältnismäßig weiten Gestaltungsbereich eingeräumt. Hiernach verpflichtet das Eigentum nicht nur, sondern „sein Gebrauch soll zugleich dem Wohl der Allgemeinheit dienen". Daß der Verfassunggeber hierbei vor allem die Bodenordnung im Auge gehabt hat, ergeben eindeutig die Materialien (ParlRat, 8. Sitzung des Grundsatzausschusses, Sten.Prot. S. 62 ff.). Das Gebot sozialgerechter Nutzung ist aber nicht nur eine Anweisung für das konkrete Verhalten des Eigentümers, sondern in erster Linie eine Richtschnur für den Gesetzgeber, bei der Regelung des Eigentumsinhalts das Wohl der Allgemeinheit zu beachten. Es liegt hierin die Absage an eine Eigentumsordnung, in der das Individualinteresse den unbedingten Vorrang vor den Interessen der Gemeinschaft hat . . .

3. Mehr Freiheit durch den Sozialstaat „Eigentum verpflichtet" — Interpretationen zu einem Grundgesetzartikel

Prof. *Gerhard Leibholz*, Bundesverfassungsrichter, Mai 1971*

Das Grundgesetz bekennt sich zum sozialen Bundesstaat (Artikel 20 Absatz 1 Grundgesetz). Dieses Bekenntnis wird

* Abdruck nach „Die Zeit", 21. Mai 1971.

durch den Artikel 28 Absatz 1, Satz 1 Grundgesetz ergänzt, nach dem die verfassungsmäßige Ordnung in den Ländern auch dem Grundsatz des sozialen Rechtsstaates im Sinne des Grundgesetzes entsprechen muß.

Das Bekenntnis zum Sozialstaat hat dieselbe Bedeutung wie das Bekenntnis zum Rechtsstaat. Denn so geläufig uns weithin ist, was unter einem Rechtsstaat zu verstehen ist, so kann das gleiche von dem Bekenntnis zum Sozialstaat nicht behauptet werden.

Zu den wesentlichen Elementen eines Rechtsstaats gehören vor allem das Prinzip der Gewaltenteilung, der Grundsatz der Gesetzmäßigkeit der Verwaltung, die Gewährleistung der Grundrechte, die Unabhängigkeit der Justiz. Auch gehören dazu nach dem Grundgesetz das Recht, den Rechtsweg zu beschreiten, wenn jemand durch die öffentliche Gewalt in seinen Rechten verletzt wird. Schließlich ist in diesem Zusammenhang zu erwähnen: die Verfassungsgerichtsbarkeit mit Einschluß der Verfassungsbeschwerde, die jedermann in die Lage versetzt, das Verfassungsgericht anzurufen, wenn er nur zu behaupten vermag, daß er durch die öffentliche Gewalt in einem seiner Grundrechte — selbst, unmittelbar und gegenwärtig — verletzt worden ist.

Der Rechtsstaat ist bei uns so perfektioniert worden, daß Kritiker gemeint haben, in dieser Richtung sei zuviel des Guten geschehen: Der Rechtsstaat sei zu einem Rechtswegstaat transformiert worden.

Das Rechtsstaatsprinzip gebietet, daß um der Erhaltung der Personenhaftigkeit und Würde des Menschen, um der Wahrung der traditionellen Freiheitsrechte willen der Eingriffsgewalt des Staates rechtlich fixierte Grenzen gesetzt sind. Zu diesen Freiheitsrechten gehört auch das Eigentum.

Das Eigentum ist grundsätzlich geschützt. Es ist Ausdruck der grundgesetzlich geschützten Freiheit des Menschen und steht auf einer Stufe mit allen anderen grundgesetzlich geschützten Freiheitsrechten, wie zum Beispiel der Freiheit der Meinungsäußerung. Es gehört also zu den fundamentalen Grundrechten des einzelnen. Tatsächlich hat der Schutz von *life, liberty* and *property* seit jeher zusammengehört; sie sind wechselseitig aufeinander bezogen. Eine Wirtschaftsordnung, die etwa das Eigentum aufheben oder auch nur in seiner Substanz so beschneiden würde, daß von demselben nichts anderes als der Name übrigbliebe, würde mit der vom Grundgesetz verbürgten freiheitlich-demokratischen Grundordnung unvereinbar sein.

Neben dem Rechtsstaatsprinzip steht das Sozialstaatsprinzip als die zweite Komponente, die unserer Verfassung ihren materialen Gehalt vermittelt. Schon die Weimarer Verfassung hatte in ihre Grundrechte viele soziale Verbürgungen aufgenommen, wie das Recht auf Arbeit, auf Fürsorge, auf Erziehung, Ausbildung und Unterricht, auf Schutz der Familie, der Mutterschaft und der Jugend. Weil man aber mit diesen sozialen Verbürgungen zu jener Zeit nichts Rechtes anzufangen vermocht hatte, sie nur als unverbindliche Programmsätze betrachtete, beschränkten sich die Väter des Grundgesetzes auf das Bekenntnis zum Sozialstaatsprinzip.

Bei seiner Interpretation ist man soweit gegangen, dieses Prinzip für einen „substanziösen Blankettbegriff" zu erklären. Dem ist jedoch nicht so. Richtig ist nur, daß Rechts- und Sozialstaatsprinzip nicht auf derselben Ebene liegen und in einem Verhältnis der Spannung zueinander stehen. Diese Spannung erklärt sich, wenn man sich vergegenwärtigt, daß das Sozialstaatsprinzip keine besondere Affinität zur Freiheit besitzt, sondern — wie man mit Recht bemerkt hat — in erster Linie auf Teilhabe gerichtet ist, das heißt, die Gleichheit soll im staatlichen, politischen und gesellschaftlichen Bereich verwirklicht werden.

Sorge für die Schwachen

Sozialstaatliche Teilhabe — das heißt Verwirklichung der Gleichheit — setzt Staat und Gesellschaft als Mächte voraus, die durch Gewährungen, Leistungen, Verteilungen zur fortschreitenden Verwirklichung der Gleichheit beitragen. Rechts- und Sozialstaatsprinzip stehen idealtypisch gesehen so wenig in einem harmonischen Verhältnis zueinander wie Freiheit und Gleichheit. Je mehr das Sozialstaatsprinzip in Staat und Gesellschaft verwirklicht wird, um so fragwürdiger werden im

Grunde genommen die Freiheit und das zu ihrem Schutze bestehende Rechtsstaatsprinzip. Dieser Sachverhalt erklärt zugleich, warum etwa vorhandene, das Sozialstaatsprinzip konkretisierende soziale Grundrechte nicht beanspruchen können, als echte Freiheitsrechte angesprochen zu werden. Diese vermögen nur Teilhabe, Statusrechte zu begründen, die im Rahmen der jeweils näher zu bestimmenden sozialen Gerechtigkeit vom Staate nach Maßgabe der Gesetze „gewährt", nicht aber wie die echten Freiheitsrechte vom Staate als diesem vorgegebene Rechte „gewährleistet" werden.

Das Sozialstaatsprinzip hat daher ein von dem Rechtsstaatsprinzip verschiedenes eigenständiges Gefälle und Strukturgefüge. Vor allem ergibt sich aus seiner Eigenart, daß es grundsätzlich jeweils noch konkretisiert werden muß. Sind zum Beispiel heute Mißstände im Boden- und Wohnungsrecht nachweislich vorhanden, ist es Sache des Gesetzgebers, zu intervenieren und dafür zu sorgen, daß eine wirklich sozialstaatliche Ordnung auch auf diesen Gebieten gesichert wird. Es kann dabei nicht das Recht einzelner oder individueller Gruppen sein, das Recht in die eigene Hand zu nehmen und den Anspruch zu erheben, selbst zu bestimmen, was der sozialstaatlichen Ordnung entspricht und was nicht — will man nicht mit der Inanspruchnahme eines solchen Rechtes in unserer Gesellschaft anarchische Zustände heraufbeschwören.

Das Sozialstaatsprinzip als ein verfassungsgestaltendes Prinzip gebietet hiernach in erster Linie dem Gesetzgeber, im Sinne eines sozialen Ausgleiches nach den jeweils herrschenden Gerechtigkeitsvorstellungen die widerstreitenden ökonomischen Interessen miteinander zu versöhnen oder — soweit das nicht möglich sein sollte — mit Härte einen sozialbefriedenden Ausgleich herbeizuführen. Dabei gebietet das Sozialstaatsprinzip in besonderem Maße, sich der sozial Schwachen anzunehmen und die Fürsorge für die zu übernehmen, die aus eigener Kraft für ihren Unterhalt nicht sorgen können. Den bloß programmatisch gehaltenen sozialen Verbürgungen sollte unmittelbare Rechtsverbindlichkeit zuerkannt werden. Denn erst die Aktualisierung des Sozialstaatsprinzips berechtigt uns, von einer sozialstaatlichen Verfassung zu sprechen.

Keine Ordnung ist absolut

Damit ist zugleich Mehrfaches gesagt: Einmal ist nicht der Versuch erlaubt, das Bekenntnis zum Sozialstaatsprinzip dadurch zu relativieren, daß man es nur auf die im Rechte bereits verwirklichten sozialen Institute und sozialrechtlichen Normen, etwa im Sozialversicherungsrecht, im Arbeitsrecht, im Baurecht und in anderen Rechtsbereichen bezieht.

Weiter würde es die Bedeutung des Sozialstaatsprinzips unzulässig verengen, wollte man es auf ein bestimmtes Wirtschaftssystem oder eine bestimmte Sozialordnung — etwa auf die sogenannte soziale Marktwirtschaft — festlegen. In Wirklichkeit ist die heutige Wirtschafts- und Sozialordnung zwar eine nach dem Grundgesetz mögliche Ordnung, keineswegs aber — wie behauptet worden ist — die allein mögliche. Die heutige soziale Marktwirtschaft beruht, wie auch das Bundesverfassungsgericht bemerkt hat, auf einer vom Willen des Gesetzgebers getragenen wirtschafts- und sozialpolitischen Entscheidung, die durch eine andere Entscheidung ersetzt oder durchbrochen werden kann.

Es ist daher von Verfassung wegen belanglos, ob ein Gesetz im Einklang mit der bisherigen Wirtschafts- und Sozialordnung steht. Auch Wirtschaftslenkungsmaßnahmen, also Eingriffe in das freie Spiel der Kräfte und die sich hieraus ergebenden Verschiebungen in der Wettbewerbslage, sind verfassungsrechtlich grundsätzlich nicht zu beanstanden. Dabei ist es ohne Belang, ob das zur Wirtschaftslenkung verwandte Mittel marktkonform ist, also im Einklang mit der sozialen Marktwirtschaft steht. Werden Maßnahmen vom Gesetzgeber erlassen, die mit der bisherigen Markt- und Wirtschaftsordnung unvereinbar sind, so muß die verfassungsrechtliche Nachprüfung sich darauf beschränken, die jeweiligen Gesetze auf ihre Übereinstimmung mit den allgemeinen Verfassungsprinzipien und den Grundrechten zu prüfen.

Die Feststellung, daß durch das Grundgesetz keine Wirtschaftsverfassung verfassungsrechtlich abgesichert ist, hat auch für die Ordnung des Eigentums insbesondere an Grund und Boden ihre Konsequenzen:

Die Feststellung, daß Artikel 14 des Grundgesetzes das Eigentum unter den besonderen Schutz der Verfassung stellt, schließt die Sozialpflichtigkeit des Eigentums nicht aus. Die Eigentumsgarantie lebt vielmehr von dem Sozialstaatsprinzip, das durch sie aktualisiert und präzisiert wird. Ausdrücklich heißt es in diesem Sinne im Grundgesetz, daß sich Inhalt und Schranken des Eigentums aus den Gesetzen ergeben.

Schon zur Zeit der Einführung des Bürgerlichen Gesetzbuches war der Inhalt des Eigentums mit dem Vorbehalt umschrieben worden, daß der Eigentümer einer Sache mit ihr nur insoweit nach Belieben verfahren kann, als nicht die Gesetze oder Rechte Dritter entgegenstehen. Nach der heutigen verfassungsrechtlichen Garantie des Eigentums kann das grundgesetzlich geschützte Eigentum durch eine nähere gesetzliche Eigentumsinhaltsbestimmung in eine stärkere Beziehung zum Sozialstaatsprinzip gesetzt werden, als dies bisher der Fall war.

Die grundlegende Wertentscheidung der Verfassung im Sinne eines sozial gebundenen Privateigentums gebietet heute bei der Regelung des Eigentumsinhaltes, die Belange der Gemeinschaft und die Individualinteressen in ein ausgewogeneres Verhältnis zu setzen. Was dies bedeutet, wird einem gegenwärtig, wenn man etwa an den heute so viel erörterten Umweltschutz denkt, der — um Luft und Wasser reinzuhalten — dazu zwingt, dem einzelnen — etwa dem Unternehmer, dem Uferanlieger, dem Kraftfahrer — weitergehendere Bindungen aufzuerlegen, als sie etwa bisher im Baurecht oder dem Naturschutzrecht geläufig waren.

Voraussetzung der näheren Inhaltsbestimmung des Eigentums bleibt allerdings, daß die Eigentumsbeschränkungen vom öffentlichen Interesse her motiviert und hierdurch legitimiert sein müssen. Eigentumsinhaltsbestimmung muß nach der Rechtsprechung des Bundesverfassungsgerichtes vom geregelten Sachbereich her geboten und in ihrer Ausgestaltung selbst sachgerecht sein. Das Wohl der Allgemeinheit, das zugleich den Orientierungspunkt für die Eigentumsinhaltsbestimmung liefert, enthält hiermit zugleich auch die Grenze für die Beschränkung des Eigentums. Eine Eigentumsinhaltsbestimmung, die sich an diese Grenzen nicht halten würde, wäre in Wirklichkeit eine

Enteignung, die eine Entschädigungspflicht zur Folge haben würde.

Soziale Steuerung

Das Sozialstaatsprinzip wird in Artikel 14 auch noch dadurch inhaltlich präzisiert, daß im Absatz 2 die Worte stehen: „Eigentum verpflichtet. Sein Gebrauch soll zugleich dem Wohl der Allgemeinheit dienen." Auch diese Sätze konkretisieren das Sozialstaatsprinzip, und zwar zunächst in dem Sinne, daß sie den Gesetzgeber aufrufen, bei der Regelung des Eigentumsinhalts sich an dem Wohl der Allgemeinheit zu orientieren und nicht dem Individualinteresse den unbedingten Vorrang vor dem Interesse der Gemeinschaft einzuräumen.

Diese Sozialpflichtigkeit erfaßt potentiell auch privatnützige Gegenstände. So ist es legitim, wenn Sachen, von denen erhebliche Gefahren für die öffentliche Gesundheit ausgehen (etwa ein tollwütiger Hund), dem Eigentümer ohne Entschädigung weggenommen werden. Diese Feststellung hat heute besondere Bedeutung für die Eigentumsordnung an Grund und Boden, weil dieser unvermehrbar ist und daher seine Nutzung nicht dem unübersehbaren Spiel der freien Kräfte überlassen werden kann.

Daher zwingt eine gerechte Rechts- und Gesellschaftsordnung dazu, die Interessen der Allgemeinheit an Grund und Boden in stärkerem Maße zur Geltung zu bringen als bei anderen Vermögenswerten. Der Grund und Boden kann im Rechtsverkehr — zumal in einer hochindustrialisierten und nicht mehr agrarisch strukturierten Gesellschaft — nicht wie andere Vermögenswerte wegen seiner sozialen Bedeutung wirtschaftlich wie eine mobile Ware behandelt werden. Es erscheint daher legitim, Grund und Boden nicht den gleichen rechtlichen Grundsätzen zu unterwerfen, die für die anderen Vermögensgüter gelten, und nach Mitteln und Wegen zu suchen, um die Bodenmobilität zu erhöhen.

In diesem Zusammenhang werden heute die verschiedensten Projekte erörtert, um den Auswüchsen auf dem Grundstücksmarkt entgegenzutreten. Es sei nur an das Projekt des Bundeswohnungsbauministeriums erinnert, nach dem durch eine Baulandsteuer der übersteigerten Grundstücksspekulation im Gefolge der Umwidmung von Ackerland in Bauboden ein Riegel vorgeschoben werden soll, oder an den im Bundesfinanzministerium erarbeiteten, aber vielfach und wohl mit Recht kritisierten Entwurf einer allgemeinen Bodenwertzuwachssteuer.

Gewiß kann nicht allein mit steuerlichen Instrumenten die heutige Situation, soweit sie auf dem Bodenmarkt spekulativen Charakter hat, bekämpft werden. Aber gezielte Steuern können die Anbietungspflicht für bestimmte Flächen verstärken und damit zugleich auch als Instrument der Vermögenspolitik dienen, wenn man im Auge behält, daß bei den explodierenden Preisen der Erwerb von Grundstücken als Vermögensanlage weiten Bevölkerungsschichten heute fast unmöglich gemacht wird.

Der Satz „Eigentum verpflichtet" wendet sich aber nicht nur an den Gesetzgeber, sondern auch an den einzelnen. Dieser muß sich heute der dem Sacheigentum immanenten Bindungen bewußt sein. So können zum Beispiel herkömmliche Rechte auf Einleitung der Abwässer von Hausgrundstücken in ein öffentliches Gewässer auch ohne Entschädigung verboten werden. So kann die künftige Grundstücksordnung auch den Städten und Gemeinden erheblich mehr Zugriffsmöglichkeiten solcher Art im Grundstückswesen gestatten als bisher. Der Sacheigentümer hat eben nach dem grundgesetzlichen System heute eine größere Verantwortung der Gemeinschaft gegenüber als früher. Er muß sich daher stärkeren Beschränkungen unterwerfen. Ihm ist es verwehrt, das Eigentum, soweit es sozialbezogen ist, verantwortungslos zu verwenden. Anders ausgedrückt: Sozialbezogenes Eigentum darf nicht mißbraucht werden. Ein solcher Mißbrauch wäre verfassungswidrig. Ist dies richtig, so darf ein Eigentümer nicht mehr wie nach früheren Vorstellungen schlechthin mit seinem Eigentum nach Belieben oder Willkür verfahren.

Wird der Eigentümer seiner sozialen Verpflichtungen nicht gerecht, muß der Richter dafür sorgen, daß der Eigentümer seiner sozialen Verantwortung nachkommt. Der Richter muß sich also auf eine neue Funktion einstellen: die soziale Steuerung.

Dabei ist es dem Richter verwehrt (auch dem Verfassungsrichter), allgemeine Rechtssätze aus dem Sozialstaatsprinzip herzuleiten. Andernfalls würde der Richter sich an die Stelle des Gesetzgebers setzen und Funktionen usurpieren, die er nicht besitzt. Wohl aber ist es Aufgabe des Richters, *in concreto* darüber zu wachen, daß sich der einzelne beim Gebrauch seines sozialpflichtigen Eigentums nicht sozialstaatswidrig verhält. Äußerstenfalls wäre der Verfassungsrichter berufen, in einem solchen Fall das Verhalten des Eigentümers auf seine Übereinstimmung mit dem Sozialstaatsprinzip zu überprüfen.

Würde eine solche Funktion aber nicht den Richter überfordern? Würde nicht, wenn die Richter aufgerufen sind zu entscheiden, ob sich jemand mit seinem Eigentum sozialstaatsgemäß verhalten hat, ein Rechtschaos entstehen — zumal heute die Auffassung in unserer pluralistischen Gesellschaft über das, was gerecht ist oder nicht, weit auseinandergehen? Um diese Gefahr zu bannen, sollte ein Richter meines Erachtens nur dann in seiner Entscheidung von einem sozialstaatswidrigen Verhalten des Eigentümers sprechen, wenn dieses einen besonderen Intensitätsgrad erreicht hat und sein Verhalten als evident sozialstaatswidrig charakterisiert werden kann. Eine solche höchstrichterliche Rechtsprechung würde mit der Rechtsprechung zum Gleichheitssatz übereinstimmen, nach der ein Gesetz nur dann seiner Verfassungsmäßigkeit entkleidet werden kann, wenn für das Gesetz ein sachlich plausibler Grund schlechthin nicht gefunden werden kann, kurzum, wenn das Gesetz als mißbräuchlich oder willkürlich charakterisiert werden muß.

Durch Freiheit unfrei geworden

Aufgabe des Verfassungsrichters würde es daher in Zukunft sein, an der Aktualisierung des Sozialstaatsprinzips mitzuwirken und in diesem Zusammenhang die Rechte des Bürgers auf Sozialleistungen zu präzisieren, aber dabei zugleich — unter den veränderten Verhältnissen des vordrängenden Sozialstaates — die individuellen Freiheiten diesem gegenüber zu wahren.

Letztlich soll heute das grundgesetzliche Bekenntnis zum Rechts- und Sozialstaat nichts anderes besagen, als daß der auf Freiheit gegründete Rechtsstaat durch den auf Gleichheit gegründeten Sozialstaat temperiert werden soll. Vergessen wir nicht, daß die einmal durch die Freiheit geschaffenen Ungleichheiten weiten Schichten erst den Wert der Freiheit haben problematisch erscheinen lassen. Vom Blickpunkt einer freiheitlichen Demokratie aus gesehen, ist es der Sinn der fortschreitenden sozialstaatlichen Egalisierung, daß die durch die Freiheit unfrei Gewordenen in die Lage versetzt werden sollen, von der Freiheit wiederum einen sachgerechten vernünftigen Gebrauch zu machen.

Wenn heute das Klassendenken weitgehend der Vergangenheit angehört, so ist das nicht zuletzt die Folge eines mehr und mehr politisch und gesellschaftlich sich durchsetzenden egalitären Systems, welche Defekte diesem System selber auch anhaften mögen. Nur wenn die Chance verpaßt werden sollte, die Freiheit wieder recht zu gebrauchen, sobald die Ziele des Systems erreicht sind, nur wenn die Gleichheit sozusagen ihrem eigenen Gefälle überlassen werden sollte, wären Freiheit und Rechtsstaat in ihrem Bestande ernsthaft bedroht.

Der Freiheit mit Hilfe des Sozialstaatsprinzips eine neue Chance zur Entfaltung zu geben, ist die eigentliche Aufgabe. Gelingt es, in diesem Sinne den Sozialstaat zu einer politischen und gesellschaftlichen Realität zu machen, so würde der soziale Rechtsstaat — hineingestellt in den Gesamtbereich unseres gesellschaftlichen Geschehens — als das Phänomen erscheinen, das zwischen dem klassisch-liberalen Rechtsstaat und dem modernen Totalitarismus sozialistischer Prägung steht — ähnlich wie im verfassungsrechtlichen Bereich der liberal-demokratische Mehrparteienstaat, wie er zur politischen Wirklichkeit geworden ist, in Wahrheit zwischen dem traditionellen parlamentarisch-repräsentativen Verfassungsstaat, der der politischen Wirklichkeit nicht mehr gerecht wird, und dem totalitären Einparteienstaat steht.

4. Planungsgewinn soll den Gemeinden gehören

SPIEGEL-Interview
mit Städtebauminister Dr. *Lauritz Lauritzen*,
November 1971*

SPIEGEL: Herr Minister, Grundstückspreise und Mieten steigen rascher denn je, die Bodenspekulation in den Ballungsräumen wuchert üppig. Was werden Sie dagegen tun?

Lauritzen: Es ist richtig, die Bodenspekulation hat insbesondere in den unbebauten Randzonen unserer Städte und Gemeinden unvertretbare Ausmaße angenommen. Wir müssen dieses Problem von drei Seiten angehen. Unser Städtebauförderungsgesetz war der erste Schritt. Dieses Gesetz erstreckt sich aber nur auf Sanierungs- und Entwicklungsgebiete. Wir müssen aber alle Grundstücke erfassen. Deshalb muß das Bundesbaugesetz novelliert werden. Und wir müssen schließlich überlegen, wie wir auch vom Steuerrecht her die Bodengewinne in den Griff bekommen.

SPIEGEL: Wie soll das neue Bundesbaugesetz aussehen?

Lauritzen: Nach geltendem Recht werden die Planungsschäden von der öffentlichen Hand getragen. Die Planungsgewinne hingegen kommen dem Eigentümer zugute. Dieses System kann nicht beibehalten werden. Die Gewinne, die durch die Bauplanung entstehen — etwa wenn Ackerland zu Bauland wird —, sollten ganz allgemein erfaßt und an die Gemeinden abgeführt werden.

SPIEGEL: So erfassen Sie aber nur die Planungsgewinne. Die fetten Pfründen, die sich wegen der drängenden Nachfrage und des knappen Angebots für Bodenspekulanten ergeben, lassen Sie hingegen ungeschoren.

Lauritzen: Nein, beide Gewinnarten lassen sich kaum trennen. Und das Interesse an der Bodenspekulation wird erheblich reduziert werden, wenn Wertsteigerungen erfaßt werden.

SPIEGEL: Aber Sie erfassen durch Ihr neues Bundesbaugesetz die Wertsteigerungen erst dann, wenn Bebauungspläne vorliegen.

* Abdruck nach „Der Spiegel" Nr. 46, 1971.

Lauritzen: Deshalb, und das ist der dritte Punkt meines Konzeptes, sind ergänzende steuerrechtliche Vorschriften notwendig. Wir müssen zu einem anderen Bewertungssystem des Grund und Bodens kommen. Wir müssen zu Bewertungen kommen, die zeitnäher sind und sich an der Preisentwicklung orientieren. Sowohl für die Grund- wie auch für die Vermögensteuer muß der Verkehrswert oder der Kaufpreis — und nicht wie jetzt der viel zu niedrige Einheitswert — die Steuerbemessungs-Grundlage sein.

SPIEGEL: Wer setzt diesen tatsächlichen Wert für Grundstücke fest, die nicht im Handel sind?

Lauritzen: Das kann man nicht von heute auf morgen dadurch tun, daß man eine neue Einheitsbewertung macht, sondern in einer langen Phase. Ich könnte mir aber vorstellen, daß man in fünf oder zehn Jahren den Grundstückswert an den Zeitwert heranführen kann. Man wird nicht schlagartig alle Jahre neu bewerten, sondern eine laufende Fortschreibung der Grundstückswerte einführen müssen.

SPIEGEL: Führt Ihr Konzept nicht zu zusätzlichen Preissteigerungen, weil die Bodenbesitzer versuchen werden, die Staatsabgabe durch höhere Preise auf die Käufer zu überwälzen?

Lauritzen: Es kann eigentlich deswegen nicht zu einer Preissteigerung führen, weil ja dann niemand mehr daran interessiert sein kann, Boden zu horten und auf künftige Gewinne zu spekulieren ...

SPIEGEL: ... weil auf dem gehorteten Boden alljährlich die erhöhte Grundsteuer fällig wird?

Lauritzen: Und auch der Käufer wird vorsichtiger sein und Wucherpreise nicht akzeptieren, weil er sich bei der Bemessung des Kaufpreises überlegen muß, daß der Besitz von Grundstücken für ihn einen steuerlichen Effekt hat. Wegen dieser beiden Überlegungen meinen wir, eine dämpfende Wirkung auf die Kaufpreise ausüben zu können.

SPIEGEL: Aber die Preise werden doch nicht sinken.

Lauritzen: Nein. Wir können nur erreichen, daß sich niemandem mehr die spekulative Möglichkeit eröffnet, durch den Kauf eines Grundstücks eine ständige unversteuerte Wertsteigerung einzustreichen.

SPIEGEL: Die Steuerreformkommission der SPD und ihr Vorsitzender, Entwicklungsminister Erhard Eppler, haben eine Bodensteuer vorgeschlagen, die über Ihre Ideen hinausgeht und zusätzlich zur Grund- und Vermögensteuer-Erhöhung eine Belastung aller Bodenwertsteigerungen mit einer Art zusätzlicher Einkommensteuer vorsieht. Werden Sie diesen Plan auf dem SPD-Steuerparteitag nächste Woche unterstützen?

Lauritzen: Ich glaube, daß man mit der Wertzuwachssteuer allein das Problem nicht lösen kann. Deshalb soll mein Vorschlag ein Diskussionsbeitrag sein, um das Problem zu verbreitern und nicht allein abzustellen auf das Problem der Bodenwert-Zuwachs-Steuer. Ich halte unseren Weg für besser, weil er wahrscheinlich auch leichter zu realisieren ist. Wenn wir nach meinem Konzept verfahren, dann brauchen wir diese Steuerart nicht mehr.

SPIEGEL: Herr Minister, in Frankfurts Westend stehen trotz Wohnungsnot Häuser leer. Spekulanten versilbern ihren Grundbesitz inzwischen für 3000 bis 8000 Mark je Quadratmeter. Ihr Parteifreund Oberbürgermeister Walter *Möller* will diese Profite durch eine Zwangsabgabe abschöpfen und für die Sanierung seiner Stadt einsetzen. Was halten Sie von diesem Vorschlag?

Lauritzen: Dieser Plan berührt sich sehr mit unseren Vorstellungen. Was sich aus der höheren Nutzungsmöglichkeit durch Änderung der Planung ergibt, muß abgeschöpft werden. Wir meinen allerdings, wir sollten die Bewertung der bebauten Grundstücke in Zukunft von der Bewertung des Grund und Bodens trennen. Die Häuser dürfen nicht so hart besteuert werden, weil sonst höhere Mieten nicht auszuschließen sind.

SPIEGEL: Herr *Möller* ist seit Juni vorigen Jahres Oberbürgermeister in Frankfurt. Sie amtieren seit fünf Jahren als Wohnungsbauminister in Bonn. Er hat etwas Konkretes vorgelegt, Sie überlegen noch immer.

Lauritzen: Nun, das Ganze ist eben ein sehr schwieriges Problem. Wir arbeiten an unserer Konzeption schon sehr lange, weil eine ganze Reihe schwierigster Detailfragen auftreten, die berücksichtigt werden müssen.

SPIEGEL: Herr Minister, empfiehlt sich angesichts der fast unüberwindbaren rechtlichen, verwaltungstechnischen und politischen Schwierigkeiten die Gewaltkur einer Vergesellschaftung des Bodens in Ballungsgebieten?

Lauritzen: Nein, mit der Kommunalisierung können wir die Probleme des Wohnungsmarktes nicht lösen.

5. Bodeneigentum — Bodenrechtsreform — Das Bodeneigentum in der modernen Rechtsprechung

Herbert K. R. Müller, 1965*

Gemeineigentum am Boden als Naturrecht

In einer freiheitlichen Gesellschaftsordnung muß selbstverständlich alles, was der Mensch durch Einsatz von Arbeit und Kapital zu produzieren vermag, Gegenstand des Privateigentums sein. Wirtschaftsgüter dagegen, die durch Gottes Schöpfung entstanden sind und durch Menschenhand nicht produziert werden können, wie Erde, Wasser, Luft und Licht, dürfen niemals Privateigentum sein. Sie müssen Gemeineigentum sein und bleiben, weil ohne sie jedes organische Leben der Menschen unmöglich wäre.

Ein ausschließlich privates Eigentumsrecht eines einzelnen Individuums oder einer Mehrzahl von Individuen am Grund und Boden schließt zwangsläufig alle übrigen Individuen von der freien Nutzung des Bodens aus. Und das widerspräche dem Willen des Schöpfers dieser Erde. Denn er hat das Erdreich allen Menschen zur gemeinsamen Nutzung übergeben; er wollte unzweifelhaft nicht ein Sonderrecht zugunsten einzelner, durch das das freie Verfügungsrecht aller übrigen Menschen verletzt wird. Ein privates Eigentumsrecht am Boden gewährt dem jeweiligen Eigentümer eine Monopolstellung am unvermehr-

* Abdruck nach „Mensch, Technik, Gesellschaft" Zeitschrift für Sozialökonomie, Heft 2, 1965.

baren Boden gegenüber allen Ausgeschlossenen, die auf den Boden unabdingbar angewiesen sind und die nun von den privaten Eigentümern rücksichtslos ausgebeutet werden können.

Schon in der Bibel wird das Privateigentum am Boden verneint. 3. Buch Moses, Vers 25 lautet: „Mein ist das Land, spricht der Herr, darum sollt Ihr die Erde nicht verkaufen ewiglich, seid Ihr doch Fremde und Lehensträger vor mir."

Bis zum Mittelalter entsprach das Bodenrecht in vielen Ländern der Erde auch dem Sinne der Bibel. Die Menschen waren bis dahin im allgemeinen nur Lehensträger, d. h., der Boden gehörte allen Menschen gemeinsam. Sowohl nach der alttestamentarischen jüdischen Volkswirtschaftslehre als auch nach germanischer Volksanschauung war der Boden seinem Wesen nach Gemeineigentum. Aber auch von den ersten christlichen Kirchenvätern sowie im Feudalsystem der mittelalterlichen Zeit wurde streng unterschieden zwischen dem Eigentum am Boden und an anderen Gütern. Jedes durch Menschenhand geschaffene Gut durfte selbstverständlich Eigentum des einzelnen sein, nicht aber der Grund und Boden, der als urgeschichtliche Erscheinung von allgemeiner Verbreitung vom Individualeigentum ausgeschlossen war.

Im Feudalsystem gaben der Landesherr oder die freie Stadt als Vertreter des Volksganzen Teile des Gesamteigentums zur Gründung einer Heimstätte an einzelne als Lehen aus. Die Lehensträger mußten für die ihnen überlassene Nutznießung bestimmte Gegenleistungen für die Gesamtheit übernehmen oder einen „Wortzins" entrichten. Die Größe der Heimstätten, die an die Bürger in Erbleihe ausgegeben wurden, war im allgemeinen auf ein bestimmtes Höchstmaß begrenzt. Beim Verkauf des auf dem Boden errichteten Hauses hatte der Leiherr durchweg ein Vorkaufsrecht. Für ausgeliehene Baustellen bestand ein Bauzwang. Baustellen, die der Entleiher aus spekulativen Gründen von der Nutzung zurückhalten wollte, wurden dem Entleiher wieder entzogen.

Beispiele des Gemeineigentums aus älterer Zeit sind auch die „Feldgemeinschaften der nordischen Völker", die russische Dorfgemeinschaft (Mir), die südslawische Hauskommunion und die deutschen Marktgenossenschaften. Reste des ursprünglichen Gemeineigentums haben sich bis heute noch teilweise in der „Allmende“ erhalten.

Überall, wo das Gemeineigentum am Boden bestand, war es Grundlage eines gesunden und überaus vorbildlichen Wohnungsbaues, wie wir ihn in den mittelalterlichen Städten teils heute noch bewundern können. Im damaligen kommunalen Städtebau war dafür gesorgt, daß das Eigentum am Gebäude streng vom Eigentum am Boden getrennt war.

Was Gott geschaffen hat, der Boden, blieb in den Händen der Allgemeinheit. Was der Mensch geschaffen hat, das Gebäude, war sein Eigentum. Der Bauherr wurde nur Eigentümer des Nutzungsrechts und des Bauwerks, nicht aber Eigentümer des Bodens. Bei diesem Bodenrecht war der Bauherr nicht durch Bodenspekulation gezwungen und ermuntert, eine ungesunde, unorganische und übersteigerte Überbauung vorzunehmen, um auf diese Weise einen überhöhten Bodenpreis herauszuwirtschaften. Die Vergabe des Baubodens im Wege des Lehens verhinderte außerdem, daß unzusammenhängende unwirtschaftliche Siedlungen, wie in unserer Zeit, entstanden. Ebenso wurden Baulücken vermieden; denn leere Baustellen mußten an den Lehnsherrn wieder zurückgegeben werden.

Übergang zum Privateigentum

Das göttliche und natürliche Bodenrecht, nach welchem der Mensch nur Lehensträger und nicht Eigentümer am Boden sein sollte, wurde allmählich aufgegeben und durch das römische Recht ersetzt. An die Stelle des Gemeineigentums am Boden trat das Privateigentum.

Die schädlichen Folgen dieses Eingriffs in die naturrechtliche Konstruktion des Eigentums am Boden waren sehr bald zu spüren. Der Boden, der nur einmal vorhanden ist und nicht — wie jedes andere durch menschliche Arbeit hergestellte Gut — produziert werden kann, wurde zum Schacherobjekt, und dem Gesetz von Angebot und Nachfrage unterworfen. Das so entstandene Bodenmonopol wurde bald überall rücksichtslos ausgenutzt. Die *Bodenspekulation* bemächtigte sich des Bodens und feierte hier ihre Orgien.

Der Umstand, daß der Boden jetzt von jedem einzelnen Menschen erworben, veräußert und geteilt werden konnte, hatte weitere tragische Folgen. *Landwirtschaftlicher Boden* wurde nämlich auf dem Wege der Vererbung im Laufe der Jahrzehnte und Jahrhunderte in immer kleinere Teile zerstückelt und zersplittert. Namentlich in den süddeutschen Gebietsteilen wurde dadurch die Grundlage für eine rentable Bewirtschaftung des Bodens zerstört. Die Betriebsgrößen sanken teilweise weit unter das Optimum. Die Zahl der unwirtschaftlichen Grenzbetriebe nahm ständig zu.

Die derzeitige wirtschaftliche Not der Landwirtschaft, insbesondere der Grenzbetriebe, ist nicht zuletzt eine Folge des falschen Bodenrechts. Die Gesamtheit der Steuerzahler, d. h. auch diejenigen, denen das natürliche Recht am Gemeineigentum des Bodens entzogen wurde, müssen heute obendrein noch den Schaden tragen, den das neue Bodenrecht angerichtet hat, indem sie die Subventionen für die Landwirtschaft und die Mittel für die Durchführung der notwendig gewordenen Grundstücksumlegungen aufzubringen haben. In vielen anderen Ländern, insbesondere in verschiedenen Staaten Asiens, Afrikas und Südamerikas, gelangte der Boden in die Hände von Großgrundbesitzern. Durch ein rücksichtsloses Pachtsystem werden dort die besitzlosen Pächter noch heute brutal und unmenschlich ausgebeutet. Nicht selten müssen sie für die Nutzung des landwirtschaftlichen Bodens bis zu 75 v. H. ihrer Ernteerträge an den Grundherrn abführen. Der nach Abzug der Pacht verbleibende Rest ihres kümmerlichen Einkommens hat von jeher kaum ausgereicht, um die Familien vor dem Verhungern zu bewahren. Für Investitionen zur Steigerung der landwirtschaftlichen Erzeugung, z. B. durch Anschaffung moderner Geräte, blieb unter diesen Umständen niemals etwas vom Arbeitsertrag übrig. Aus diesem Grunde wird noch immer in weiten Gebieten der Welt mit dem primitiven Holzpflug gearbeitet. Die meisten der heutigen unterentwickelten Länder haben ihren technischen, sozialen und ökonomischen Rückstand jedenfalls in erster Linie dem Privateigentum am Boden und der maßlosen Ausbeutung durch den Großgrundbesitz zu verdanken.

Unter diesen Umständen kann es nicht verwundern, daß den Pachtbauern der unterentwickelten Länder selbst der Kommunismus als erstrebenswerte Erlösung aus ihrem Sklavendasein erscheint. Wahrscheinlich hätte die Weltgeschichte in den letzten 50 Jahren einen anderen Verlauf genommen, wenn in diesen Ländern nicht das private Bodeneigentum bestanden hätte. Rußland, China und Kuba wären heute sicher nicht in den Händen der Bolschewisten.

Bodenspekulation unter der Herrschaft des Frühkapitalismus

Nicht weniger schlimm wirkte sich das Privateigentum am Boden auf dem Baulandsektor aus. Bereits im vergangenen Jahrhundert trieb die Bodenspekulation unter der Herrschaft des Frühkapitalismus ihre tollsten Blüten. Als damals im Zuge der industriellen Revolution viele Millionen Menschen vom flachen Lande in die Groß- und Industriestädte strömten, schossen die Terraingesellschaften wie Pilze aus dem Boden. Überall, insbesondere am Rande der Städte, wurden die Bodenpreise in schwindelhafte Höhe getrieben. Preissteigerungen um das hundertfache und mehr waren keine Seltenheit. Acker, der bis dahin mit 75 Pfennig bis zu einer Mark je Quadratmeter gehandelt wurde, erlebte jählings Preissteigerungen auf 100 Mark je Quadratmeter. Ohne eigene Leistungen, ohne Aufwand von Arbeit und Intelligenz fiel ungezählten Bauern ein Millionenvermögen mühelos in den Schoß.

Wegen der hochgetriebenen Bodenpreise und zur Wahrung der Rentabilität ihrer Bauvorhaben sahen sich die Wohnungsunternehmer gezwungen, den Bauboden bis an die äußerste Grenze des technisch überhaupt Möglichen auszunutzen. Die Baubehörden drückten verständnisvoll beide Augen zu. Solange nicht gerade feuerpolizeiliche Bestimmungen verletzt wurden, gestatteten sie eine Überbauung des Bodens bis zu 90 v. H. der Grundstücksfläche. So wuchsen dann als steinerne Zeugen der unheilvollen Bodenspekulation in allen deutschen Groß- und Industriestädten ausgedehnte Elendsviertel empor. Vier- bis fünfgeschossige Mietskasernen erstanden mit 2, 3, ja teils mit 4 und 5 Hinterhöfen und Seitenflügeln. Auf engstem Raum zusammengepfercht hausten hier in elenden, dunklen Ein- und Zweiraumwohnungen unter primitivsten sanitären und hygienischen Verhältnissen vielköpfige Proletarierfamilien, deren Kinder dazu verurteilt waren, zwischen den Mülltonnen in engen und schmalen Hinterhöfen zu spielen, in die niemals auch nur ein einziger Strahl der Sonne zu fallen vermochte. Hier in diesen, vom unnatürlichen und verwerflichen Bodenrecht geschaffenen erbärmlichen, menschenunwürdigen Slums erstand jenes „Milljöh", wie es uns Zille so plastisch beschrieb. Hier wurde der Proletarier in Reinkultur gezüchtet. Hier befanden sich die Brutstätten des Kommunismus.

Ebenso wie in der Landwirtschaft müssen heute auch die finanziellen Folgen dieser auf das falsche Bodenrecht zurückgehenden Bausünden von den Steuerzahlern getragen werden. Die sogenannte Altstadtsanierung, die diesem Ziele dienen soll, ist in der Bundesrepublik bereits angelaufen. Die Allgemeinheit wird für die Durchführung der Sanierung ungezählte Milliarden DM aufbringen müssen. Den Eigentümern der Slums müssen für die längst abbruchreifen Gebäude und für Wirtschaftsschäden ernorme Beträge zugestanden werden. Selbst die Herabzonung des Bodens (Herabsetzung des Maßes der künftigen baulichen Ausnutzbarkeit), die zu einer Auflockerung der betreffenden Altstadtgebiete und zur Schaffung hygienisch einwandfreier Wohnverhältnisse notwendig ist, muß auf Grund unserer derzeitigen Rechtsprechung jetzt teuer entschädigt werden. Das ist im Grunde eigentlich um so unverständlicher, als die damaligen Eigentümer der gleichen Grundstücke s. Zt. bei Errichtung der Mietskasernen die riesigen Spekulationsgewinne ungeschmälert einstreichen konnten. Denn die unverdienten Gewinne waren schließlich nicht allein durch die Umwandlung von Acker in Bauland, sondern darüber hinaus auch dadurch erst möglich, daß die Grundstücke mit Zustimmung der Baubehörden, jedoch ohne Gegenleistung der Bodeneigentümer baulich so überstark ausgenutzt wurden, daß die Sanierung jetzt im Interesse des Gemeinwohls unvermeidbar ist.

Zahlreiche von der Altstadtsanierung nunmehr betroffenen Eigentümer wittern bereits ein neues Geschäft. Teilweise sind schon in den in Aussicht genommenen Sanierungsgebieten Preissteigerungen der Grundstücke um 10 bis 20 % zu verzeichnen gewesen. Das ist nicht einmal verwunderlich. Hat es sich doch auf Grund der Erfahrungen während der letzten Jahre nach dem 2. Weltkrieg allgemein herumgesprochen, daß die Gemeinden aus politischen Gründen durchweg geneigt sind, lieber überhohe Entschädigungen zu zahlen, als notfalls ein Enteignungsverfahren durchzuführen. Wenn jemand einen alten Gaul besitzt, der auf der Straße wegen Altersschwäche tot zusammengebrochen ist, so muß er den Kadaver auf seine Kosten beseitigen. Wer ein Autowrack besitzt, muß es ebenfalls wohl oder übel auf eigene Kosten zum Autofriedhof abfahren lassen. Wer indessen auf dem Grund und Boden, der nach dem Naturrecht der Allgemeinheit gehören sollte, einen Gebäudekadaver stehen hat, dessen weiteres Verbleiben schwerste gesundheitliche und soziale Gefahren in sich birgt, braucht ihn nicht zu entfernen. Er darf vielmehr damit rechnen, daß die Allgemeinheit für seine Beseitigung sorgt und daß damit außerdem noch ein gutes Geschäft gemacht werden kann. Niemandem fällt es heute ein, von den Eigentümern der Slums im Interesse des Gemeinwohls den entschädigungslosen Abbruch zu verlangen, obwohl die Gebäude durch die in der Miete enthalten gewesenen Abschreibungsquoten schon längst restlos abgeschrieben sind.

Die Bodenspekulation nach dem 2. Weltkrieg

Als Folge des 2. Weltkrieges ist insbesondere seit Aufhebung des Preisstops für Grundstücke eine neue gewaltige Welle der Bodenspekulation über unser Land hereingebrochen, nachdem nahezu 15 Millionen Flüchtlinge und Vertriebene aus dem Osten nach hier eingeströmt sind, die alle für ihre Unterbringung in Wohnungen und Betriebsstätten Grund und Boden benötigten. Die Väter des Grundgesetzes hatten allerdings rechtzeitig die Gefahren erkannt, die durch die zu erwartende Übernachfrage nach Boden heraufbeschworen werden könnte und befürchteten offenbar ähnliche Exzesse auf dem Gebiete der Bodenspekulation, wie sie im vergangenen Jahrhundert aufgetreten waren. Aus berechtigtem Mißtrauen gegenüber der Haltung der privaten Bodeneigentümer wurde von ihnen deshalb im Art. 15 GG vorsorglich festgelegt, daß der Grund und Boden zum Zwecke der Vergesellschaftung durch ein Gesetz, das Art und Ausmaß der Entschädigung regelt, in Gemeineigentum überführt werden kann.

Auch der Deutsche Bundestag hatte die unübersehbaren Gefahren, die im Zuge des Wiederaufbaues der zerstörten Städte und der Unterbringung der Flüchtlinge von der kommenden Baulandnot ausgehen würden, rechtzeitig erkannt. Gelegentlich der Verabschiedung des Baulandbeschaffungsgesetzes forderte er die Bundesregierung auf, bis zum 30. 6. 54 einen Gesetzentwurf vorzulegen, der die Ablösung des inzwischen völlig ausgehöhlten Bodenpreisstops sowie eine Regelung vorsah, durch welche Spekulationsgewinne mit dem Grund und Boden ausgeschlossen werden sollten.

Die Bundesregierung ignorierte jedoch geflissentlich die Forderungen des Bundestages und tat alles nur Erdenkliche, um eine vernünftige Regelung der Bodenfrage zeitlich weitgehend zu verschleppen. Alle Vorschläge, die geeignet gewesen wären, die Bodenspekulation zu unterbinden und eine steuerliche Abschöpfung aller unverdienten Wert- bzw. Rentenzuwüchse des Bodens vorsahen (wie z. B. der „Planungswertausgleich" nach Dr. *Dittus*[1]; die „Grundrentenabgabe" nach Johannes *Lubahn*[2]; die Rentenzuwachsabgabe nach Herbert K. R. *Müller*[3]) wurden zwar lange Zeit hindurch in Ausschüssen des Bundestages bzw. des Bundeswohnungsministeriums sowie in den verschiedensten Fachgremien ernsthaft diskutiert. Im Laufe der Jahre wurden sie jedoch allmählich immer mehr von der ständig zunehmenden Zahl derjenigen Bundestagsabgeordneten aller Fraktionen zerredet, die selbst Grundeigentümer waren bzw. es inzwischen geworden waren oder die es für opportun hielten, den Einflüsterungen der Lobbyisten nachzugeben. So spielte sich schließlich jene Tragikomödie ab, die ich in meiner Schrift „Das Bodenproblem einst und jetzt"[4] dargestellt habe und die damit endete, daß ein sogenannter Wissenschaftlicher Beirat beim Bundeswohnungsministerium eingesetzt wurde, der den „wissenschaftlichen Nachweis" zu erbringen hatte, daß alle bodenreformerischen Vorschläge auf Abschöpfung unverdienter Grundgewinne ungeeignet und undurchführbar seien. Mit dem gewünschten Gutachten galt es, insbesondere jene Bundestagsabgeordneten zu überrumpeln, die nach wie vor grundsätzliche Gegner jeglicher Bodenspekulation waren und bis dahin nicht geneigt schienen, sich den Forderungen der Interessenten zu beugen. Wie vorgesehen, gelang es dann auch, diese Opponenten, die die besonders schwierige Problematik meist nicht voll beherrschten, mit Hilfe des Gutachtens zu überfahren.

So war nach mehr als 10jähriger Verschleppung der Bodengesetzgebung endlich die Zeit reif, um den Bodenpreisstop *ersatzlos* aufzuheben. Im Rahmen des im Jahre 1959 beschlossenen *Bundesbaugesetzes* wurde lediglich die vom Wissenschaftlichen Beirat vorgeschlagene Baulandsteuer verankert, die — verbunden mit einigen anderen ebenso unwirksamen Maßnahmen zur Vermehrung des Baulandangebots und der Herbeiführung der Markttransparenz — von nun an eine völlig *ungezügelte Bodenspekulation* zuließ. (Die Baulandsteuer wurde inzwischen wieder abgeschafft, da sie sich, wie von bodenreformerischer Seite vorausgesehen, als nutzlos erwies.)

Die Grundrentner hatten jedenfalls endgültig einen totalen Sieg errungen. Der Ansturm auf den Bodenmarkt brach los. Wie nicht anders zu erwarten war, schossen die Bodenpreise angesichts der riesigen Baulandnot innerhalb weniger Wochen in schwindelhafte Höhe. Das Bundeswohnungsministerium versucht zwar seitdem ständig, den Umfang des Preisanstiegs zu bagatellisieren und die Öffentlichkeit mit dem Hinweis zu beruhigen, daß durch Ausweisung neuer Baugebiete eine Vermehrung des Baulandangebots eintreten werde und dadurch mit einem Druck auf die Preise zu rechnen sei. Von einigen abseitigen Gebieten abgesehen, ist aber bis heute die Preisaufwärtsbewegung immer noch nicht zur Ruhe gekommen. Die vom Statistischen Bundesamt seit einigen Jahren veröffentlichte Statistik der Baulandpreisbewegung, die zur Erheiterung der Fachleute in einzelnen Bezirken Preisnachlässe verzeichnet, in denen im Gegenteil eine weitere Preissteigerung zu beobachten war, ist irreführend. In den periodischen statistischen Erhebungen sind nämlich Preise von Grundstücken sehr heterogener Lage und Eigenschaften zusammengefaßt, deren durchschnittlicher Nutzungswert von Zufälligkeiten des jeweils anfallenden Materials abhängig ist und deshalb eine Übersicht über die tatsächliche Veränderung des Bodenpreisniveaus nicht zu vermitteln vermag.

Tatsächlich sind die Bodenpreise seit 1960 bis Ende 1964 im Schnitt um 500 % bis 700 % gestiegen. In einzelnen Fällen waren aber auch Preiserhöhungen bis zu 2000 % und mehr zu verzeichnen. Gelände für Einfamilienhäuser, das ursprünglich teils zu Preisen von 5,— bis 10,— DM/qm zu haben war, wird heute in zahlreichen Großstädten mit 50,— bis 250,— DM/qm gehandelt. Die Preise für Bauerwartungsland, d. h. für Acker, der noch nicht einmal auf Grund eines rechtskräftigen Bebauungsplans zu Bauland geworden ist, aber mit dessen Bebauung mit mehr oder minder großer Wahrscheinlichkeit unter Umständen in absehbarer Zeit zu rechnen ist, stiegen in Ballungsgebieten teilweise von 2,— bis 3,— DM/qm auf 50.— bis 150,— DM/qm. Citygrundstücke, in die sich in den letzten Jahren ausschließlich Kaufhäuser, industrielle Großunternehmen, Banken und Versicherungsunternehmen gedrängt haben und wo die ursprüngliche Urbanität längst verloren gegangen ist, werden heute zu Preisen von 3000,— DM bis 12 000,— DM je qm gehandelt.

Umfang der heutigen Spekulationsgewinne

Unzählige Bauern in der Bundesrepublik, die das Glück hatten, daß ihr am Stadtrand gelegener Acker von den Stadtplanern in ein künftiges Baugebiet einbezogen wurde, sind über Nacht zu vielfachen Millionären geworden. Wer z. B. 10 ha Acker mit einem landwirtschaftlichen Ertragswert von 150 000 DM bzw. einem Steuerwert (Einheitswert) von 15 000 DM besitzt und mit diesem Gelände in ein neues Baugebiet einbezogen wird und den Acker dann zu einem Preise von 50,— DM/qm verkaufen kann, hat damit einen unverdienten Gewinn von 4 800 000 DM erzielt. Gewinne in dieser Zahlengröße sind heute keine Seltenheit mehr und in vielen Gegenden am Rande von Großstädten an der Tagesordnung. Wenn man sich demgegenüber klar macht, daß ein deutscher Arbeiter, der monatlich 800 DM verdient, nicht weniger als 500 Jahre dazu brauchte, um die gleiche Summe durch ehrliche Arbeit zu verdienen, dann kann man sich erst einen Begriff über den Umfang der Bodenspekulationsgewinne machen, die heute einem einzelnen Menschen mühelos zufallen, ohne daß er dafür auch nur einen einzigen Handschlag geleistet zu haben braucht.

Allerdings wäre es nun falsch, allein den Anbietern von Bauland, insbesondere also den Bauern, die Schuld an den heutigen

Zuständen auf dem Bodenmarkt zuzuschieben. An sich kann man ihnen natürlich nicht verdenken, wenn sie auf die Früchte, die ihnen das heutige Bodenrecht gewährt, nicht freiwillig verzichten und jeden Überpreis akzeptieren, der ihnen am Markt angeboten wird. In zahlreichen Fällen war nämlich in den vergangenen Jahren nach Freigabe der Bodenpreise zu beobachten, daß nicht immer die Verkäufer die Preistreiber waren, sondern daß sich die Nachfragenden *gegenseitig überboten* und so die Baulandpreise hochgetrieben haben. Eine besondere Rolle spielten dabei nicht selten ausgerechnet die großen *gemeinnützigen Wohnungsunternehmen* die aus Furcht vor dem künftigen Mangel an Bauland ausgedehnte Vorratskäufe mit Hilfe zinsverbilligter öffentlicher Mittel getätigt und dabei jeden Preis akzeptiert haben. Praktisch wurde also auf diese Weise die *Bodenspekulation* ausgerechnet mit Mitteln der Allgemeinheit *forciert* und *subventioniert*.

Der Gesamtumfang aller lediglich durch Planungsmaßnahmen, also ohne eigene Leistungen der Grundstückseigentümer seit 1950 entstandenen Gewinne dürfte bis 1964 schätzungsweise *35 bis 40 Milliarden DM* betragen. Der bereits vor 1950 bebaut gewesene Boden sowie der sonstige unbebaute Boden hat entsprechend dem durchschnittlichen Preisanstieg außerdem eine Wertsteigerung von schätzungsweise mindestens *50 bis 60 Milliarden DM* erfahren, so daß sich der Gesamtgewinn aus der Bodenwertsteigerung seit 1950 auf schätzungsweise *85 bis 100 Milliarden DM* belaufen dürfte. Alle diese Gewinne sind natürlich in Wirklichkeit nichts anderes als *nachträgliche Kriegsgewinne*, die nicht entstanden wären, wenn Deutschland nicht den Krieg verloren hätte, wenn nicht das Millionenheer der Vertriebenen und Flüchtlinge in die Bundesrepublik eingeströmt wäre und nicht die ungeheure Übernachfrage nach Boden hervorgerufen hätte. An den riesigen Grundgewinnen klebt deshalb im Grunde das Blut des Krieges und das Elend der Vertriebenen.

Soziale Bindung des Grundeigentums

Die Interessen der Grundrentner wurden in jüngster Zeit auch von der Rechtsprechung weitgehend gestützt. In diesem Zusammenhange sei deshalb ein Kapitel angeschnitten, das in der Diskussion über die Bodenfrage gewöhnlich übersehen oder doch nur am Rande erwähnt wurde, nämlich die Überbetonung des privaten Eigentumsrechts am Boden, wie wir sie heute nicht nur in der Gesetzgebung, sondern auch in der Rechtsprechung erleben. Um dies deutlich zu machen, sei zunächst auf die historische Entwicklung der Grenzen des privaten Eigentumsrechts am Boden hingewiesen.

Nach Beseitigung des Gemeineigentums bestand noch im vergangenen Jahrhundert eine fast unbeschränkte allgemeine Baufreiheit. Ohne Rücksicht auf das Allgemeinwohl galt das Prinzip, daß der Boden zum besten Wirt kommen müsse, wobei als bester Wirt derjenige galt, der ihn zum Nachteil der Allgemeinheit schrankenlos ausnutzte. Nur so war es ja schließlich möglich, daß damals alle jene Mietskasernen und Slums entstehen konnten, die heute Gegenstand der Altstadtsanierung sind. Der Bebauung des städtischen Bodens waren nur belanglose Beschränkungen durch feuerpolizeiliche Bestimmungen gesetzt.

Nach der Berliner BaupolizeiVO von 1853 genügte z. B. bei viergeschossiger Bebauung ein Hofraum von einer Länge und Breite von nur je 5,30 m. Für die Fronten der Hofgebäude bestanden überhaupt keine Höhenbeschränkungen. Gebäude auf demselben Grundstück brauchten nur 2,70 m voneinander entfernt zu sein und im übrigen war eine Bebauung des Grund und Boden bis zu 90 % der Gesamtfläche möglich.

Überdies war allgemein eine ungeregelte Bebauung außerhalb der geschlossenen Ortslage zulässig, die die Gemeinden in der Regel zu außerordentlich unwirtschaftlichen Investitionen (für Straßenbau, Versorgungsleitungen, Kanal, Verkehrsmittel usw.) nötigte. Gesetzliche Bestimmungen über Landschaftsschutz, Denkmalsschutz und eine geregelte sinnvolle Baugestaltung gab es nicht.

Erst allmählich erkannte man, daß aus städtebaulichen, ethischen, kulturellen, sozialen, sanitären, gesundheitlichen und volkswirtschaftlichen Gründen Beschränkungen des privaten Eigentums am Grund und Boden unerläßlich sind. Bereits die Weimarer Verfassung sah deshalb Schranken vor und verankerte im § 153 die soziale Bindung des Grundeigentums.

Auch das Grundgesetz der Bundesrepublik hat im Art. 14 die Sozialpflichtigkeit des Eigentums übernommen.

Je nach dem Umfang der Schranken, die im Rahmen der sozialen Gebundenheit gesetzt werden, wird unterschieden zwischen Eingriffen in das Grundeigentum, die zum Wohl der Allgemeinheit als Eigentumsbeschränkung zu dulden sind und deren Duldung ohne Entschädigung zumutbar ist und solchen Eingriffen in das Eigentum, die das Verfügungsrecht und Nutzungsrecht in einer den Tatbestand der Enteignung erfüllenden Weise beeinträchtigen und deshalb zu entschädigen sind. Zu der erstgenannten Art der Eingriffe, die ohne Entschädigung zumutbar sind, gehören u. a.

1. Genehmigungserfordernisse im Grundstücksverkehr,
2. Beschränkungen der baulichen Nutzung aus Gründen des Natur- und Landschaftsschutzes,
3. Regelung der Flächennutzung durch Bebauungspläne,
4. Ausweisung von Flächen des Gemeinbedarfs und Gemeingebrauchs,
5. Planänderungen in geschlossenen Bebauungsgebieten,
6. Anordnungen zur Änderung von Art und Umfang der Nutzung eines Grundstücks gemäß dem Bebauungsplan, soweit die Nachteile, die dem Eigentümer dadurch erwachsen, ohne Entschädigung zumutbar sind,
7. Baugestaltung,
8. Baugebote,
9. Denkmalschutz,
10. Bausperren und Veränderungssperren,
11. Vorkaufsrechte für alle Verkaufsfälle zugunsten der Gemeinde.

Zu den entschädigungspflichtigen Eingriffen gehören z. B.

1. Entziehung von Grundeigentum für den gemeindlichen Bedarf oder Gebrauch,
2. Planänderungen in bereits erschlossenen und noch nicht erschlossenen Gebieten, soweit dem Eigentümer dadurch wirtschaftliche Nachteile entstehen, die nicht zumutbar sind,

3. sonstige ohne Entschädigung nicht zumutbare Eingriffe in das Grundeigentum.

Eigentümerfreundliche Gesetzgebung und Rechtsprechung

Die Frage, inwieweit Eingriffe in das Grundeigentum auf Grund der Sozialpflichtigkeit im einzelnen Falle entschädigungslos hingenommen werden müssen, hängt im wesentlichen von der *Auslegung des Begriffs der Zumutbarkeit* ab. Dieser Begriff ist im Laufe der letzten Jahre durch eine ausgesprochen *eigentümerfreundliche Gesetzgebung* und *Rechtsprechung* immer mehr *ausgehöhlt* worden.

Hier einige Beispiele:

Das *Baugebot,* das ursprünglich im Bundesbaugesetz vorgesehen werden sollte, um z. B. häßliche Baulücken aus städtebaulichen Gründen zu schließen, ist jetzt nur noch auf dem Wege einer Enteignung realisierbar.

Ein *Vorkaufsrecht für alle Verkaufsfälle* zugunsten der Gemeinden, wie es noch in den bisherigen Aufbaugesetzen enthalten war, wurde in das Bundesbaugesetz nicht übernommen, obwohl der Verkäufer eines Grundstücks bei Ausübung des Vorkaufsrechts keinerlei finanzielle Nachteile erleiden würde und nur der potentielle Erwerbsaspirant auf die Erfüllung des Kaufvertrages verzichten müßte. Ein Vorkaufsrecht steht den Gemeinden heute nur noch zu, wenn ein Grundstück in einem rechtskräftigen Bebauungsplan für den Gemeinbedarf oder für sonstige öffentliche Zwecke ausgewiesen ist. Ein generelles Vorkaufsrecht zugunsten der Gemeinden, das es diesen ermöglichen könnte, im Laufe der Jahrzehnte u. U. sämtliche Grundstücke in Gemeineigentum zu überführen oder — besser gesagt — zurückzuführen und sie dann z. B. im Erbbaurecht zu verpachten, ist durch die neuere Gesetzgebung unmöglich gemacht worden.

Der Dauer einer *Bausperre* oder *Veränderungssperre,* die aus städtebaulichen Gründen oder aus Gründen der Verkehrsplanung im Interesse des Gemeinwohls notwendig ist, wurden durch die neuere Rechtsprechung engere Grenzen gesetzt. Eine Sperre, die länger als 4 Jahre dauert, wird als enteignungsgleicher Eingriff angesehen und ist von der Gemeinde zu entschädigen.

Während früher z. B. eine aus städtebaulichen Gründen notwendige *Änderung der Art und des Ausmaßes* der *baulichen Nutzung* eines Grundstücks gewöhnlich im Rahmen der Sozialpflichtigkeit des Bodeneigentums als zumutbar und daher als nichtentschädigungspflichtig angesehen wurde und eine Entschädigung in der Regel nur in Frage kam, wenn z. B. früheres Bauland überhaupt nicht mehr baulich genutzt werden sollte, sieht die neuere Rechtsprechung sowohl bei der *Herabsetzung des Maßes* der baulichen Nutzung (z. B. von 4 Geschossen auf 3 Geschosse) als auch bei einer *Umklassifizierung* (Änderung der Art der baulichen Nutzung, wie Umwandlung eines Mischgebiets in ein Wohngebiet)[5] eine Entschädigung wegen eines enteignungsgleichen Eingriffs vor. Obwohl dem betroffenen Eigentümer die ursprünglichen Planungsvorteile, die durch das Wirken der Allgemeinheit entstanden waren (wie z. B. Umwidmung eines Ackers in Bauland) selbstverständlich ohne Zahlung einer Abgabe an die Allgemeinheit unverdient in den Schoß gefallen waren, wird ihm das *Risiko* einer möglichen Entwertung, wie sie mit jedem anderen reproduzierbaren Wirtschaftsgut (z. B. durch Mode, technischen Fortschritt usw.) verbunden ist, durch den *Steuerzahler* abgenommen. Eine Berechtigung für derartige Entschädigungsleistungen an planungsgeschädigte Grundeigentümer würde nur dann bestehen, wenn umgekehrt auch alle zuvor durch Planungsvorteile entstandenen Bodenwertzuwüchse steuerlich abgeschöpft worden wären.

Wie sehr der Begriff der Zumutbarkeit immer mehr eingeengt wird, kommt auch in der Rechtsprechung zum Ausdruck, die sich mit der Wertermittlung von Grundstücken in Umlegungsverfahren beschäftigt. Namentlich in kriegszerstörten Stadtgebieten, die im Zuge des Wiederaufbaues neugeordnet werden, ergibt sich häufig die Notwendigkeit, neben einer vernünftigen flächenmäßigen Gestaltung der Einzelgrundstücke gleichzeitig auch die bisherigen engen Straßen auf Kosten der Gemeinde wesentlich zu verbreitern. Dadurch werden oft erheblich bessere Belichtungs- und Belüftungsverhältnisse geschaffen, die in vielen Fällen eine wirtschaftlichere Ausnutzung der übrigen am Umlegungsverfahren beteiligten Grundstücke ermöglichen, indem z. B. an Stelle der bisherigen 3geschossigen Bauweise die Errichtung von Hochhäusern zugelassen werden kann. Die Wertsteigerungen, die sich durch diese Planungsvorteile für die Grundstückseigentümer ergeben, dürfen ihnen jedoch nach der jetzigen Rechtsprechung[6] bei der Neubewertung der umgelegten Grundstücke nicht als Mehrwertausgleich angerechnet werden. Zulässig ist lediglich die Anrechnung von Vorteilen, die aus der rein flächenmäßigen Verbesserung der Grundstücke herrühren.

Diese merkwürdige Haltung der Rechtsprechung, die die Umlegungsbehörden nunmehr allgemein respektieren, wird damit begründet, daß ja auch solche Eigentümer, deren Grundstücke nicht von einem Umlegungsverfahren erfaßt werden, aber ebenfalls Planungsvorteile irgendwelcher Art erlangt haben, diese Gewinne nicht abzuführen brauchen. Ein Unrecht wird hier mit einem anderen Unrecht begründet. Die Allgemeinheit muß also ruhig mitansehen, wie sich die von ihr aufgebrachten Kosten für eine Straßenverbreiterung in klingende Münze zugunsten der davon profitierenden privaten Grundstückseigentümer verwandeln.

Bei dieser eindeutig eigentümerfreundlichen Haltung der Rechtsprechung kann es natürlich nicht verwundern, daß einzelne Gerichte in anhängig werdenden Enteignungsverfahren ohne Bedenken auch maßlos überhöhte Preise für Bauerwartungsland anerkennen. Es genügt ihnen in der Regel, wenn nur ein einzelner Vergleichspreis in dieser Höhe vorliegt.

Dabei wird nicht einmal überprüft, ob dieser Vergleichspreis etwa von einem Spekulanten vorher bewußt in die Höhe getrieben wurde, um das gesamte Bodenpreisniveau in der betreffenden Gegend maßlos zu erhöhen. Es wird auch nicht untersucht, ob der Preis wirtschaftlich überhaupt tragbar ist und ob er nicht von einem Hasardeur oder einem schizophrenen Käufer gezahlt wurde. In vielen Fällen müssen die auf diese Weise hochgeschraubten Bodenpreise später durch erhöhte staatliche Subventionen für den Sozialen Wohnungsbau ausgeglichen werden, um die Rentabilität sicherzustellen.

Bundesgerichtshof sanktioniert Bodenspekulation

Noch schlimmer wirken sich für die Allgemeinheit zwei Urteile des *Bundesgerichtshofs* aus, die zu der Frage Stellung nehmen, ob und unter welchen Voraussetzungen landwirtschaftlich als Ackerland genutztes Gelände bei der Feststellung der Enteignungsentschädigung seiner Qualität nach höher als reines Ackerland zu bewerten ist.

Dazu folgendes: Nach der früheren Rechtsprechung des Reichsfinanzhofes und der Handhabung der ehemaligen Preisbehörden wurde für landwirtschaftlich genutzte Grundstücke ein höherer Preis als der Verkehrswert für Acker nur dann anerkannt, wenn es sich um Bauland oder zumindest um Bauerwartungsland handelte und gar kein Zweifel an der alsbaldigen Bebauungsmöglichkeit bestand. Es mußte also in jedem Falle eindeutig feststehen, daß mit *Sicherheit* in *absehbarer Zeit* mit einer Bebauung des Grundstücks zu rechnen war. Unter „absehbare Zeit" wurde entsprechend dem Sprachgebrauch ein Zeitraum verstanden, den man übersehen kann. Bei der Dehnbarkeit dieser Begriffsumschreibung hatte der Reichsfinanzhof zur Wahrung der Gleichmäßigkeit den Begriff „absehbare Zeit" fest umgrenzt und auf einen Zeitraum von *6 Jahren* festgelegt.

Noch engere Grenzen waren dem Begriff des Bauerwartungslandes in dem vom Bundestag im Jahre 1953 beschlossenen Baulandbeschaffungsgesetz gesetzt. § 10 dieses Gesetzes, das erst 1960 mit Inkrafttreten des Bundesbaugesetzes wieder aufgehoben wurde, sah vor, daß bei der Ermittlung der Enteignungsentschädigung Werterhöhungen unberücksichtigt zu lassen sind, die erst durch die Möglichkeit der Nutzungsänderung oder die Aussicht hierauf entstanden waren. Eine nach 1936 erfolgte Umwidmung von landwirtschaftlich genutztem Boden in Bauland war nach diesem Gesetz grundsätzlich außer acht zu lassen; sie war nur dann zu berücksichtigen, wenn sie schon 1936 vorlag oder bereits innerhalb von 6 Jahren danach mit Sicherheit zu erwarten gewesen wäre.

Diese Bestimmungen entsprechen voll und ganz dem damaligen Willen des Bundestages, der Bodenspekulationen jeglicher Art unter allen Umständen verhindern wollte. Über alle diese bisherigen Bewertungsgrundsätze hat sich indessen der *Bundes-*

gerichtshof einfach hinweggesetzt. In einem für die Zukunft bedeutsamen Urteil vom 8. 11. 62 — III ZR 86/61 —, das in den Kreisen der begünstigten Interessenten verständlicherweise lebhaft begrüßt wurde, hat der BGH für Recht erkannt, daß als Enteignungsentschädigung ein höherer Preis als der Ackerlandpreis schon dann festgesetzt werden muß, wenn eine Bebauung mit *mehr oder minder großer Wahrscheinlichkeit* in absehbarer Zeit zu erhoffen ist. Es kommt also jetzt nicht mehr darauf an, ob die Bebauung mit *Sicherheit* zu erwarten ist; es genügt vielmehr allein die vage *Hoffnung* auf eine *wahrscheinliche* Bebauung. Es ist auch nicht mehr nötig, daß das Grundstück spätestens in 6 Jahren bebaut werden wird; eine Begrenzung des Zeitraums gilt nicht mehr, obwohl damit das Risiko wegen des möglichen Zinsverlustes für das aufgewendete Erwerbskapital noch wesentlich vermehrt wird. Selbst wenn ein landwirtschaftlich genutztes Grundstück nach dem Flächennutzungsplan der Gemeinde ausdrücklich als Kleingartenland oder als öffentliche Grünfläche (also als Nichtbauland) ausgewiesen ist, so beweist das nach Auffassung des Bundesgerichtshofs (Urteil vom 13. 12. 62 — III ZR 164/61) nicht mehr, daß es sich nicht um Bauerwartungsland handelt. Maßgebend für die Bewertung sollen jetzt allein die Preise sein, die im sogenannten gesunden Grundstücksverkehr (also u. U. auch von Spekulanten und Hasardeuren) gezahlt worden sind. Die am Grundstücksverkehr Beteiligten vermögen offenbar nach Meinung des Gerichts die künftigen Aussichten besser zu beurteilen als die Gemeinden bzw. die Städteplaner.

Wer aber die Verhältnisse am Grundstücksmarkt genau kennt, der weiß, daß gerade diejenigen, die Gelände außerhalb der Baugebiete anbieten, gewöhnlich das Gras wachsen hören. Die meisten von ihnen vermögen auch nicht annähernd zu übersehen, ob und ggfs. wann die Grundstücke voraussichtlich auf Grund der künftigen städtebaulichen Entwicklung und des Gesamtbedarfs an Bauland in ein Baugebiet einbezogen werden. Es dürfte aber ungemein bedenklich sein, die Ansichten der am Grundstücksverkehr beteiligten Interessenten, die sich oft mit übertriebenem Optimismus gegenseitig die alsbaldige Bebauungsmöglichkeit einreden, höher einzuschätzen als die ehrlichen

Absichten der Planungsbehörden, wie diese sie in ihren Leitplänen zum Ausdruck gebracht haben.

Noch gewagter erscheint es, einem solchen Grundstücksverkehr zu unterstellen, daß er gesund ist. Wie wenig die Prognosen dieses Grundstücksverkehrs in Wahrheit zutreffen, läßt sich unschwer beweisen. Es gibt nämlich heute sowohl in den Großstädten und Ballungsräumen als auch in den Mittel- und Kleinstädten kaum noch einen einzigen Fleck landwirtschaftlich genutzten Bodens außerhalb der Bebauungszonen mehr, für den im Verkaufsfalle nicht schon längst ein weit über den landwirtschaftlichen Ertragswert hinausgehender Bauerwartungslandpreis verlangt und gezahlt wird. Das trifft sogar auf die Dorfgemeinden in der Nähe von Großstädten zu. Es ist aber andererseits leicht nachzuweisen, daß der Gesamtumfang aller dieser Flächen so enorm groß ist, daß er um ein Vielfaches den in überschaubarer Zukunft zu erwartenden Baulandbedarf übersteigt und daß neben dem bereits vorhandenen Bauland nur ein Teil davon in absehbarer Zeit für Bauzwecke aufgebraucht werden könnte. Eine solche Gegenüberstellung zeigt jedenfalls eindeutig, wie wenig der „gesunde" Grundstücksverkehr in Wahrheit auch nur annähernd die Entwicklung vorauszusehen vermag und wie spekulativ er ist.

Nun sagt der Bundesgerichtshof allerdings, daß reine Spekulationspreise, die ohne Rücksicht auf sachliche Anhaltspunkte für die künftige Bebauung gezahlt worden sind, nicht zu berücksichtigen seien. Das dürfte aber ein Widerspruch in sich sein, denn im Urteil wird ganz offen gesagt, daß die im Grundstücksverkehr erzielten Preise für die Qualität des Grundstücks auch dann maßgebend sein sollen, wenn (entgegen der bisherigen Handhabung) eine *Sicherheit* für die künftige Bebauung *nicht vorliegt* und wenn noch *Unsicherheit* und *Ungewißheit* hinsichtlich der *künftigen Bebauung* bestehen. Wo indessen Unsicherheit und Ungewißheit herrschen und damit ein erhebliches Risiko gegeben ist, sind Käufe zu einem Preis, der über den Ackerlandpreis hinausgeht, immer gewagt, ja waghalsig und deshalb *stets spekulativ*.

So gesehen erscheint es mehr als fragwürdig, zwischen spekulativen Preisen dieser Art und „rein spekulativen Preisen" zu unterscheiden, die — wie der BGH sagt — ohne Rücksicht auf sachliche Gesichtspunkte gezahlt worden sind. Spekulation liegt in dem einen wie in dem anderen Falle vor. Wollte man hier einen Unterschied machen, so wäre das ebenso absurd, wie etwa die Behauptung, ein Dieb sei ein besserer Mensch als ein Spitzbube.

Die Folgen des BGH-Urteils, das die Bodenspekulation quasi sanktioniert, haben sehr bald nach seiner Bekanntgabe insbesondere die Gemeinden zu verspüren bekommen. Bisher konnten sie nämlich landwirtschaftlich genutzten Boden, den sie für den Gemeinbedarf oder Gemeingebrauch benötigten, zum Ackerlandpreis enteignen, wenn er nicht bereits Bauland oder Bauerwartungsland geworden war. Jetzt müssen sie nun u. U. auch für Flächen, die gar nicht Bauland werden und im übrigen künftig keinen Ertrag erbringen (wie Straßen, öffentliche Grünflächen, Sportflächen usw.) einen von der Spekulation weit über den Ackerlandpreis hochgetriebenen Preis anlegen, obwohl eigentlich eine Fehlspekulation vorlag und sich der „gesunde" Grundstücksverkehr in der Bauerwartung geirrt hatte.

Für gewisse Leute, die überall anzutreffen sind, wo es gilt, ohne eigene Arbeit mühelos große Gewinne zu machen, besteht sogar ein besonderer Anreiz, ihr dunkles Gewerbe auch hier auszuüben. Für sie ist es jetzt verlockend, in Gebieten, in welchen mit der Inanspruchnahme größerer Gemeinbedarfs- oder Gemeingebrauchsflächen zu rechnen ist, das Bodenpreisniveau — notfalls mit Hilfe von Sachverständigen zwischen den beteiligten Interessenten — rechtzeitig künstlich hochzutreiben, um auf diese Weise über den „gesunden" Grundstücksverkehr die Grundlage für maßlos überhöhte Enteignungsentschädigungen zu schaffen.

Es ist zu befürchten, daß so manche Gemeinde unter diesen Umständen aus finanziellen Gründen nicht mehr in der Lage sein wird, ihre im Interesse des Gemeinwohls geplanten Vorhaben zu verwirklichen. Wohl oder übel muß das Gelände dann doch noch für eine privatwirtschaftliche Nutzung freigegeben werden und die Spekulation hat dann ihr Ziel erreicht. In Fachkreisen spricht man deshalb schon ganz offen davon, daß die Planung heute nicht mehr von den Städtebauern, sondern letztlich von dem Tatrichter bzw. von den Spekulanten bestimmt wird. Würden die für die Allgemeinheit benötigten Flächen, so wie es bisher üblich war, grundsätzlich zum Ackerlandpreis erworben werden können, falls sie nicht schon vorher Bauland oder mit Sicherheit Bauerwartungsland waren, so würde die Spekulation wegen der potentiellen Verluste wesentlich gedämpft werden, während sie heute von der obersten Rechtsprechung regelrecht forciert wird.

Begünstigung der Bodenspekulation — ein psychologisches Problem

Die vorstehenden Beispiele aus der Gesetzgebung und Rechtsprechung zeigen, wie weitgehend heute die Begünstigung der Bodenspekulation ist, und daß selbst die Allgemeinheit ihren besonderen Tribut an die Bodenspekulanten zahlen muß. Wenn man diese Entwicklung als Fachmann seit Jahren aufmerksam beobachtet, muß man sich fragen, wie sie überhaupt möglich sein konnte. Die Antwort fällt im Grunde nicht allzu schwer. Es handelt sich hier unzweifelhaft weniger um ein rechtliches oder sozialpolitisches als vielmehr um ein psychologisches Problem.

Schon vor 12 bis 15 Jahren, als die Frage der Unterbindung der Bodenspekulation und der steuerlichen Abschöpfung künftig entstehender Grundgewinne in der Literatur, in Fachgremien und parlamentarischen Kreisen lebhaft diskutiert wurde, war bereits zu beobachten, daß in der Regel nur diejenigen für eine entsprechende Reform auf dem Gebiete des Bodenrechts eintraten, die selbst noch ohne Bodeneigentum waren, während sich die Grundeigentümer meist als glühende Verfechter des Privateigentums am Boden und als Gegner der Bekämpfung der Bodenspekulation entpuppten.

In der Zwischenzeit haben Regierung und Parlament durch gewaltige Subventionen der Steuerzahler eine sogenannte Eigentumspolitik, insbesondere auf dem Gebiete des Bodeneigentums betrieben. Der Bundeswohnungsminister hat erst kürzlich stolz verkündet, daß in den vergangenen Jahren allein über 2,5 Millionen Eigenheime geschaffen worden sind, von denen sich mindestens 98 v. H. auf eigenem Grund und Boden befinden dürften. So ist es kein Wunder, daß man heute diejenigen Parlamentarier und Richter mit der Lupe suchen muß, die bis jetzt noch nicht im Besitz von eigenem Grund und Boden bzw. eines Eigenheimes sind. Wer aber wollte bestreiten, daß schon ein außerordentlich stark ausgeprägter Gerechtigkeitssinn dazu gehört, als Nutznießer des Bodenmonopols, auf alle Vorteile, die aus diesem Monopol erwachsen, freiwillig zugunsten der Allgemeinheit zu verzichten! Ja, es ist nur allzu menschlich und psychologisch durchaus verständlich, daß sich angesichts der Vermehrung der Grundeigentümer unter den Parlamentariern und Richtern die Neigung zu einer Überbetonung des Privateigentums am Grund und Boden mit Erfolg durchsetzen konnte.

Nachdem der Bundestag, willfährig gegenüber den Lobbyisten, jegliche Maßnahmen gegen die Bodenspekulation unterlassen und eine Abschöpfung unverdienter Grundgewinne abgelehnt hat, rührt sich heute kaum noch eine Hand, wenn es um die Bodenfrage geht, auch wenn die Bodenpreise allmählich zum Himmel stinken. Denn fast alle Abgeordneten sind ja selbst Bodeneigentümer.

Auch die SPD als letzter Rufer in der Wüste hüllt sich jetzt ebenfalls in eisiges Schweigen. Und der Bundeswohnungsminister verlangt neuerdings sogar die Beseitigung der letzten Reste des Gemeineigentums am Boden, indem er die Privatisierung selbst des Gemeindebodens proklamiert. Das Bewußtsein, daß unser heutiges Bodenrecht eine Fehlinterpretation menschlicher Freiheit ist, scheint den meisten Vertretern der sozialen Marktwirtschaft längst abhanden gekommen zu sein.

Bodenrechtsreform bleibt dennoch unumgänglich

In Anbetracht dieser verfahrenen Situation mag es zunächst zweifelhaft erscheinen, ob es jemals möglich sein wird, aus dem gegenwärtigen Dilemma wieder herauszukommen. Andererseits darf nicht übersehen werden, daß in der bereits stark übervölkerten Bundesrepublik mit Sicherheit eine weitere Zunahme der Bevölkerung und damit auch des Landbedarfs zu erwarten ist. Es muß also damit gerechnet werden, daß sich die Bodenfrage in Zukunft zu einer politischen und sozialen Frage ersten Ranges zuspitzen wird, die dann zu einer vernünftigen Lösung drängt. Es sollte deshalb nochmals überdacht werden, welche Wege dann am besten beschritten werden könnten.

Die konsequenteste und idealste Methode wäre zweifellos die *Rückführung des Bodens in Gemeineigentum,* wie es schon im vergangenen Jahrhundert von Nationalökonomen und Bodenreformern (z. B. Thomas *Spence, O'Brien,* Herbert *Spencer,* Michael *Flürscheim,* Silvio *Gesell*)[7] gefordert wurde. Übereinstimmend sahen alle diese Vorschläge vor, den gesamten Boden in Gemeineigentum zurückzuführen, die bisherigen Eigentümer zu entschädigen, den Boden dann meistbietend zu verpachten und den bisherigen Eigentümern ein Vorpachtrecht einzuräumen. *Flürscheim* und *Gesell* wollten die Entschädigungen in auslosbaren, verzinslichen Pfandbriefen auszahlen, wobei der Zins dem jeweiligen Landeszinsfuß angepaßt werden sollte. Bei Absinken des Landeszinsfußes sollte der Zinsfuß der Pfandbriefe dann durch Konversion herabgesetzt werden, so daß deren Kurs stets auf pari gehalten werden könnte. Mit sinkenden Zinsen würden die Pfandbriefe sehr bald aus den Pachteinkünften getilgt werden können. Nach *Gesells* Vorstellungen sollten die nach Rückzahlung der Pfandbriefe eingehenden Pachten an die Mütter des Landes entsprechend ihrer Kinderzahl verteilt werden.

Vorschläge dieser Art sind m. E. ohne Schwierigkeiten in allen Ländern politisch durchführbar, in denen sich der Boden in Händen weniger Großgrundbesitzer befindet, die das Volk erbarmungslos ausbeuten, so z. B. in weiten Gebieten Asiens, Afrikas und Südamerikas.

In der Bundesrepublik, wo die Bildung von Bodeneigentum auf breitester Grundlage staatlich gefördert wurde, um einen Damm gegen den Kommunismus zu schaffen, erscheint die Rückführung des privaten Bodeneigentums in Gemeineigentum politisch geradezu aussichtslos. Heute ist bei uns mindestens ein Drittel der Bevölkerung als Eigentümer oder als potentieller Erbe unmittelbar am Bodeneigentum interessiert. Ein weiteres Drittel der Bevölkerung steht diesen Vorschlägen völlig uninteressiert gegenüber. Hinzu kommen daneben noch die emotionellen Bindungen an den Boden, die besonders bei den Bauern und Arbeitern anzutreffen sind. Fast jeder Kleingärtner ist erfahrungsgemäß bereit, das Gefühl, Eigentümer des Bodens zu werden oder zu sein, besonders teuer zu bezahlen. Eine generelle Überführung des Bodens in Gemeineigentum ist deshalb in der Bundesrepublik politisch unmöglich durchzusetzen, ganz abgesehen davon, daß schon der bloße Gedanke daran, wenn er nur ausgesprochen wird, als kommunistische Gesinnung diffamiert wird.

Ein anderer Weg, durch Gewährung eines generellen Vorkaufsrechts für alle Verkaufsfälle zugunsten der Gemeinden dennoch zu einer allmählichen Überführung des Bodens in Gemeineigentum zu gelangen, wird seit langem von der Liberalsozialistischen Partei der Schweiz vorgeschlagen. Theoretisch wäre der Erwerb eines erheblichen Teiles des in privaten Händen befindlichen Bodens innerhalb weniger Generationen durchaus denkbar. Nach den Vorstellungen dieser Partei soll der Boden dann im Baurecht vergeben werden. Gewiß wäre das eine mögliche Lösung; aber die Rechnung dürfte schon deshalb kaum ganz aufgehen, weil die größten Landbesitzer, wie Großindustrie, Wohnungsunternehmen, Kirchen, ihre Grundstücke ohnehin nicht verkaufen und daher von der Inanspruchnahme durch Ausübung eines Vorkaufsrechts nicht betroffen werden würden.

In der Bundesrepublik ist überdies das generelle Vorkaufsrecht für alle Verkaufsfälle durch das Bundesbaugesetz abgeschafft worden. Abgesehen davon läßt sich ein derartiges Vorkaufsrecht, wie die Erfahrungen in der Bundesrepublik unter der Herrschaft der früheren Aufbaugesetze gelehrt haben, leicht umgehen oder zum Schaden der Gemeinden mißbrauchen, indem Scheinverträge mit maßlos überhöhten Kaufpreisen abgeschlossen werden. Die Gemeinden müssen sich dann wohl oder übel dazu entschließen, entweder den überhöhten Preis zu akzeptieren oder auf das Vorkaufsrecht zu verzichten. Von dieser Sabotage des Vorkaufsrechts würde zweifellos auch künftig im großen Stile Gebrauch gemacht werden.

Problematische Erbbaurechte

Die Vergabe der in das Eigentum der Gemeinden übernommenen Grundstücke im Wege des Erbbaurechts ist erfahrungsgemäß ebenfalls problematisch. Es gibt kaum eine Gemeinde, die bei der Vergabe von Erbbaurechten nicht nach politischen und sozialen Gesichtspunkten verfährt. Dem Erbbauzins wird gewöhnlich nicht der tatsächliche Verkehrswert des Bodens, sondern ein weit darunter liegender Wert zugrunde gelegt, und auch der Zinsfuß liegt meist wesentlich unter den Zinssätzen, die die Gemeinden selbst für Anleihen zahlen müssen. Auch von der Vereinbarung einer Gleitklausel, wie sie auf Grund eines Urteils des Bundesgerichtshofes vom 28. 11. 56 — ZR 40/56 — zulässig ist, um die jeweilige Anpassung des Erbbauzinses an die Steigerung des Bodenwertes zu ermöglichen, wird von den meisten Gemeinden kein Gebrauch gemacht.

Da der Erbbauzins unter diesen Umständen bei der überwiegenden Zahl aller von den Gemeinden ausgegebenen Erbbaurechte wesentlich unter den heutigen tatsächlichen Grundrenten liegt und oft nur einen Bruchteil davon ausmacht, hat sich bei den meisten Erbbaugrundstücken ein Kapitalwert des Erbbaurechts gebildet, die sich aus der Restnutzungsdauer und der Differenz zwischen der Grundrente und dem zu geringen Erbbauzins ergibt[8]. Bei Veräußerung bebauter Erbbaugrundstücke werden diese Kapitalwerte durch einen entsprechend höheren Kaufpreis realisiert.

So mancher Erbbauberechtigte, der z. B. vor 15 Jahren ein Erbbaugrundstück zu den damaligen Bedingungen und ohne Gleitklausel übernommen und darauf ein Einfamilienhaus errichtet hat, konnte in den letzten Jahren bei der Veräußerung seines Erbbaurechts neben der vollen Entschädigung für das Bauwerk einen Sondergewinn (Spekulationsgewinn) aus dem Bodenanteil von 25 000 DM bis 40 000 DM erzielen. Bei Erbbaugrundstücken, auf denen Geschoßhäuser gebaut werden konnten, lagen die Gewinne aus dem Erbbaurecht natürlich noch weit höher.

So ist das Erbbaurecht, das ursprünglich der Bekämpfung der Bodenspekulation dienen sollte, heute selbst zum Instrument eben dieser Spekulation geworden, weil die Gemeinden bei der Vergabe von Erbbaurechten nicht nach kommerziellen Gesichtspunkten verfahren, sondern ausschließlich soziale und politische Grundsätze walten lassen. Bei Erbbaurechten dieser Art, wie sie von den Gemeinden täglich praktiziert werden, entsteht jedenfalls an Stelle des bisherigen Privilegs der Bodeneigentümer das Privileg der Erbbauberechtigten.

Beispiel VW-Stadt Wolfsburg

Ein lehrreiches Beispiel dafür, wie sehr eine Gemeinde durch das einmal eingeräumte Privileg sogar von den Erbbauberechtigten unter Druck gesetzt werden kann, ist ein Vorgang, der sich in jüngster Zeit in der Volkswagenstadt Wolfsburg zugetragen hat. Die Gemeinde Wolfsburg ist infolge des gigantischen Aufstiegs des Volkswagenwerks in den letzten Jahren von etwa 15 000 Einwohnern auf nahezu 90 000 Einwohner angewachsen. Fast der gesamte Boden innerhalb des Stadtgebietes gehört der Stadt Wolfsburg und ist von dieser ausnahmslos für den Aufbau der Stadt im Erbbaurecht vergeben worden. Nach Erlaß des oben erwähnten BGH-Urteils hat die Stadt bei der weiteren Ausgabe von Erbbaurechten den Erbbauzins an den jeweiligen Verkehrswert des Bodens gekoppelt und eine entsprechende Gleitklausel vereinbart. Bis Ende 1963 wurde jedoch von der Gleitklausel kein Gebrauch gemacht, obwohl die Bodenwerte gegenüber dem Zeitpunkt der Ausgabe der Erbbaurechte teils um das 10- bis 30fache gestiegen sind. Insbesondere in der inzwischen entstandenen City kommen die gewaltig angestiegenen Grundrenten schon in den überhohen Ladenmieten sichtbar zum Ausdruck.

Als die Gemeinde jetzt endlich dazu übergehen wollte, von der vertraglich vereinbarten Gleitklausel Gebrauch zu machen, geriet fast die gesamte Bevölkerung in Aufruhr. Die Geschäftsleute in der City bangten darum, daß ihnen die unverdient zufließende Differenz zwischen Grundrente und Erbbauzins abgenommen werden würde. Die Eigentümer der Einfamilienhäuser befürchteten durch die Anpassung des Erbbauzinses an den heutigen Verkehrswert eine Steigerung ihrer Belastung und den Verlust der Gewinnchancen bei einem Verkauf des Erbbaurechts hinnehmen zu müssen, und die Mieter des Sozialen Wohnungsbaues, deren Mieten unter den Marktmieten lagen, sorgten sich wegen einer möglichen späteren Mietzinssteigerung. Wochenlang fanden Massenversammlungen der „empörten“

Bürger statt, und täglich berichtete die örtliche Presse über den Kampf der Erbbauberechtigten gegen die Stadtverwaltung. Nicht weniger als drei Schutzverbände der Erbbauberechtigten wurden gegründet, die es sich neben dem Haus- und Grundbesitzerverein zum Ziel gesetzt hatten, den Rat der Stadt mürbe zu machen.

Von einem prominenten Vertreter der Haus- und Grundbesitzerorganisation wurde unter Verdrehung der Tatsachen sogar behauptet, daß es ein einzigartiger Vorgang sei, wenn eine Stadt das Bodenmonopol besitze. Eine solche Eigentumsform bestehe nur in den kommunistischen Ländern. Das Grundgesetz der Bundesrepublik gehe aber bei der Gewährleistung des Eigentums im Art. 14 klar erkennbar und im Sinne unserer Sozialordnung vom Einzeleigentum aus, auch was den Grund und Boden betreffe.

Diese Äußerungen sind freilich kennzeichnend für die Vertreter des Haus- und Grundbesitzes, die von jeher selbst glühende Verfechter des Bodenmonopols, nämlich des Monopols einzelner privater Eigentümer sind und mit Hilfe ihrer rührigen Lobbyisten im Bundestag durchzusetzen vermochten, daß Maßnahmen zur Beseitigung der Bodenspekulation unterlassen wurden. Im übrigen ist es unwahr, wenn von dieser Seite der Sachverhalt so dargestellt wird, als ob das Grundgesetz vom privaten Einzeleigentum am Grund und Boden ausgehe. Wie bereits oben gesagt, hat das Grundgesetz im Gegenteil wegen des möglichen Mißbrauchs des privaten Bodeneigentumsrechts im Art. 15 sogar die Möglichkeit der Überführung des Bodens in Gemeineigentum vorgesehen.

Die Forderungen der Interessenten gingen in Wolfsburg schließlich so weit, daß sie von der Stadt die Veräußerung des Grund und Bodens begehrten und außerdem verlangten, daß als Preis der geringe Wert zugrunde gelegt wird, von dem ursprünglich der Erbbauzins berechnet war. Praktisch würde diese unverschämte Forderung bedeuten, daß den Erbbauberechtigten ein Geschenk von unzähligen Millionen in den Schoß gelegt wird.

Bis jetzt hat eine schwache Mehrheit des Rates der Stadt noch Widerstand gegen das Ansinnen der Erbbauberechtigten geleistet. Aber man ist beim Rat nicht mehr abgeneigt, die Erbbaurechte auf Wunsch aufzulösen und die Grundstücke an die bisherigen Berechtigten zu verkaufen. Hält der politische Druck weiterhin an, so ist zu befürchten, daß sich die Interessenten durchsetzen und daß das lobenswerte Beispiel der Stadt Wolfsburg, die wohl als einzige deutsche Stadt fast das ganze städtische Baugebiet im Erbbaurecht vergeben hat, in das Gegenteil verkehrt wird.

Die Entwicklung in Wolfsburg beweist aber, wie außerordentlich schwer es für jede Gemeinde ist, sich auf die Dauer den psychologischen, politischen und sozialen Forderungen der Interessenten zu entziehen, insbesondere wenn ein erheblicher Teil der Ratsmitglieder selbst zu den Erbbauberechtigten gehört. Das Rechtsinstitut des Erbbaurechts wäre an sich durchaus geeignet, die Bodenspekulation einzudämmen und die jeweiligen Grundrenten zugunsten der Allgemeinheit abzuschöpfen, wenn die Verträge unbeeinflußt und unter Zugrundelegung eines angemessenen Erbbauzinses abgeschlossen werden würden. In der Praxis gibt es indessen keine Gemeinde, die es wagt, nach strengen kaufmännischen Grundsätzen zu verfahren und einen der Grundrente entsprechenden Erbbauzins festzulegen.

Rentenzuwachsabgabe

Wenn es nun in der Bundesrepublik aus politischen Gründen aussichtslos ist, die Überführung des Bodens in Gemeineigentum durchzusetzen und wenn die Ausgabe von Erbbaurechten durch die Gemeinden ohnehin nicht zu einer gerechten Lösung der Bodenfrage führen kann, so bleibt zu überlegen, welche Wege sonst noch beschritten werden könnten, um das Problem zu meistern. Der politische und psychologische Widerstand wäre zweifellos weit geringer, wenn das private Bodeneigentum unangetastet bliebe und dafür die von mir vorgeschlagene Rentenzuwachsabgabe[9] eingeführt werden würde. Freilich widersetzen sich die Parteien aller Schattierungen heute noch gegen Vorschläge jeglicher Art, die künftige Bodenwertsteigerungen unterbinden und das private Bodenmonopol beseitigen sollen, aber mit der immer katastrophaler werdenden Verknappung des Bodens wird doch bald der Tag kommen, wo sich der Gesetzgeber wohl oder übel zu einer geeigneten Maßnahme entschließen muß. Die Rentenzuwachsabgabe soll alle durch das Wirken der Allgemeinheit *neu entstehenden* Grundrentenzuwüchse zugunsten der Gemeinde abschöpfen. Als Grundrente ist der Überschuß aus den Erträgen des Bodens zu verstehen, der sich nach Abzug aller Aufwendungen für Kapital und Arbeit ergibt. Alle *bisher* laufend aus dem Bodeneigentum aufkommenden Grundrenten müssen jedoch *unangetastet* bleiben. Wollte man sie trotzdem wegsteuern, so würde dies den völligen Verlust des für den Ankauf des Bodens aufgewendeten Vermögens zur Folge haben, denn ein Grundstück ohne Grundrente (Reineinnahme) hätte keinen Ertragswert (= kapitalisierte Grundrente) mehr und würde am Markt normalerweise auch keinen Preis mehr erzielen. Eine solche Maßnahme käme einer entschädigungslosen Enteignung gleich und würde in vielen Fällen eine Konfiskation ehrlich erworbenen Vermögens darstellen. Ohne irgendwelche Vermögensverluste für den jeweiligen Eigentümer des Bodens, jedoch auch ohne Chance für eine weitere Wertsteigerung können indessen alle *künftig neu entstehenden* Grundrentensteigerungen weggesteuert werden, soweit sie unverdient und ohne eigene Leistungen entstanden sind. Die Wegsteuerung vermindert nicht den bisherigen Ertragswert (Verkehrswert) des Bodens, aber sie unterbindet eine weitere Wertsteigerung.

Unverdiente Grundrentensteigerungen, die in einem erhöhten laufenden Reinertrag bzw. in einem Mehrerlös bei Verkauf des Bodens zum Ausdruck gelangen, sind zurückzuführen

a) auf eine *absolute* Steigerung der Grundrente oder

b) auf eine durch Verminderung des Landeszinsfußes in Erscheinung tretende *relative* Steigerung der Grundrente.

Zu den *absoluten* Grundrentensteigerungen gehören alle Rentenzuwüchse, die durch Hoheitsakte im Zuge städtebaulicher Planungsmaßnahmen zustande kommen, wie z. B. durch Umwandlung von Acker in Bauland bzw. Heraufzonung oder günstigere Klassifizierung von Bauland. Ferner rechnen dazu alle Grundrentenzuwüchse, die sich auf einer verbesserten wirtschaftlichen Ausnutzung durch städtebauliche Maßnahmen gründen (z. B. Verbesserung der Wohn- und Verkehrslage durch

Schaffung von Gemeinschaftseinrichtungen, Verkehrslinien usw.) sowie alle durch das Wirken der Allgemeinheit eintretenden Verbesserungen der Ertragsfähigkeit des Bodens (z. B. durch Entstehen von Geschäfts- und Gesellschaftsanlagen). Schließlich werden die absoluten Grundrentensteigerungen auch durch die Vermehrung der Nachfrage nach Boden infolge Bevölkerungswachstums, Auflockerung der Innenstädte und Altstadtsanierung sowie durch sonstige Einflüsse der gesellschaftlichen Entwicklung ausgelöst.

Relative Grundrentensteigerungen entstehen dagegen, wenn die Grundrente bei gleichbleibender nomineller Höhe, aber absinkendem Landeszinsfuß *relativ,* d. h. im Verhältnis zum bisherigen Bodenwert wächst und dieser Vorgang eine entsprechende Bodenwertsteigerung zur Folge hat. Bei einer Grundrente von 1000 DM und einem Landeszinsfuß von 5 % würde der Bodenwert z. B.

$$\frac{1000 \times 100}{5} = 20\,000 \text{ DM}$$

betragen. Sinkt der Landeszinsfuß aber z. B. auf 2 % ab, so würde bei gleichbleibender Grundrente der Bodenwert auf

$$\frac{1000 \times 100}{2} = 50\,000 \text{ DM}$$

ansteigen. Die Grundrente wäre in diesem Falle im Verhältnis zum bisherigen Bodenwert von 20 000 DM relativ gestiegen, denn sie würde bei dem abgesunkenen Landeszinsfuß sonst nur 2 % von 20 000 DM = 400 DM betragen müssen. Die Differenz zwischen der Verzinsung des bisherigen Bodenwertes von 20 000 DM nach dem bisherigen Landeszinsfuß von 5 % und dem neuen Landeszinsfuß von 2 % in Höhe von 600 DM ist ein unverdienter relativer Grundrentenzuwachs, der in diesem Falle der Wegsteuerung durch die Rentenzuwachsabgabe unterliegen soll. Der bisherige Bodenwert würde dadurch nicht gemindert werden.

Theoretisch wäre es möglich, daß bei Absinken des Landeszinsfußes auf 0 % die gesamte Grundrente in die Hände der Allgemeinheit überführt wird. Eine solche Entwicklung wäre allerdings praktisch nur nach einer Geldreform z. B. im Sinne der Vorschläge von Silvio *Gesell* denkbar, wenn der Kapitalzinsfuß durch ständiges Überangebot und ohne Auslösung einer Wirtschaftskrise auf 0 % herabgedrückt werden würde. In diesem Falle würde jedoch infolge der Wegsteuerung des relativen Grundrentenzuwachses keine Grundrente mehr aus dem Boden aufkommen. Die Bodenpreise würden weit unter den Ursprungswert abfallen, oder der Boden würde sogar ganz wertlos werden. Um zu vermeiden, daß den Bodeneigentümern dadurch Vermögenseinbußen erwachsen, müßten die Gemeinden mit der Einführung der Rentenzuwachsabgabe zugleich verpflichtet werden, den Boden auf Antrag zum ursprünglichen Wert anzukaufen.

Ende der Bodenspekulation — kein Bodenmonopol mehr!

Mit der Einführung der Rentenzuwachsabgabe wäre die Monopolstellung der privaten Bodeneigentümer restlos beseitigt, und der Bodenspekulation wäre endgültig der Garaus gemacht. Alle künftigen Grundrentensteigerungen würden nicht mehr den privaten Bodeneigentümern, sondern der Allgemeinheit zugute kommen, durch deren Wirken sie letztlich entstanden sind.

Infolge der Wegsteuerung der Mehrerträge würde auch der Ertragswert (= Verkehrswert) nicht mehr steigen können. So würde z. B. Boden, der künftig von der bisherigen landwirtschaftlichen Nutzung in Bauland umgewidmet wird, weiterhin zu den geringen Preisen zu haben sein, der der seitherigen Nutzungsart als Acker entsprach. Die Käufer hätten dann einen weit geringeren Kapitalbetrag aufzubringen als jetzt, allerdings daneben eine laufende Abgabe der Differenz zwischen der ursprünglichen Grundrente des Ackerbodens und der künftigen Grundrente des Baulandes zu entrichten.

Niemand würde mehr — wie heute — auf den Gedanken kommen, Bauland aus spekulativen Gründen brach liegen zu lassen oder es zunächst einer minder einträglichen Nutzung zuzuführen, um so das Angebot zu verknappen und ungehindert den Zeitpunkt abzuwarten, an dem ein überhoher Spekulationspreis erpreßt werden kann. Alles Bauland stände nunmehr unter einem *Angebotszwang.* Wer Bauboden besitzt und ihn nicht selbst für Bauzwecke verwendet, müßte ihn im eigenen Interesse und zur Vermeidung von Verlusten möglichst bald abstoßen, weil seine Zurückhaltung nicht mehr mit einem Gewinn, sondern im Gegenteil mit einem empfindlichen Verlust verbunden wäre, zumal die Abgabe bereits zur Erhebung gelangen soll, sobald das Grundstück in einen rechtskräftigen Bebauungsplan einbezogen wird. Dieser Angebotsdruck würde, verbunden mit der Wegsteuerung des künftigen Grundrentenzuwachses, dafür sorgen, daß niemand mehr im Verkaufsfalle einen über den bisherigen Verkehrswert hinausgehenden Preis erzielen könnte.

Planungsneutralität

Mit der Rentenzuwachsabgabe wäre außerdem zum Wohl der Allgemeinheit endlich die Planungsneutralität hergestellt. Kein Grundstückseigentümer wäre mehr aus Eigennutz bestrebt, auf die Planung einzuwirken, um einen modernen, gesunden und großzügigen Städtebau zu verhindern. Jeder noch so einflußreichen Interessentengruppe wäre es völlig gleich, ob die von der Planung erfaßten Grundstücke mit einem geringen oder hohen Maß der zulässigen baulichen Ausnutzung bedacht werden. Niemand würde sich mehr gegen eine den neuzeitlichen Verkehrsbedürfnissen und den sozialen und gesellschaftlichen Belangen entsprechende Bebauung sträuben oder mit Entschädigungsforderungen in ungerechtfertigter Höhe drohen, wenn sich die Planer nicht allen engherzigen und kleinlichen Forderungen der Bodeneigentümer beugen.

Kaum jemand würde mehr aus egoistischen Gründen die Planungsarbeit durch Einsprüche gegen die Bebauungspläne verzögern oder sie durch mögliche persönliche Beziehungen oder sogar durch Korruption zu hintertreiben versuchen, denn alle eigennützigen Bestrebungen wären in dem Augenblick erloschen, wo die aus Planungsvorteilen hervorgehenden Grundrentenzuwächse nicht mehr den Grundstückseigentümern zugute kommen. Zum ersten Male seit vielen Jahrhunderten könnte jeder Städtebauer zum Wohle des Volksganzen wieder ungestört und nach rein sachlichen Gesichtspunkten planen.

Echte soziale Marktwirtschaft

Von den Gegnern der bodenreformerischen Bestrebungen wird gewöhnlich der Einwand erhoben, die Rentenzuwachsabgabe sei eine dirigistische Maßnahme, die gegen die Regeln der sozialen Marktwirtschaft verstoße. Bei einigem Nachdenken wird indessen jeder Vertreter der freien Marktwirtschaft ehrlich zugeben müssen, daß das mit dem heutigen Bodenrecht eng verflochtene Bodenmonopol in eine echte Marktwirtschaft wahrhaftig nicht hineinpaßt, ja, daß eine Wirtschaft, die auf Monopolen beruht, weder frei noch sozial sein kann. Eine echte, freie und soziale Marktwirtschaft setzt vielmehr voraus, daß der Boden entweder in Gemeineigentum überführt wird oder daß das Bodenmonopol z. B. durch Einführung der Rentenzuwachsabgabe restlos beseitigt wird.

Entwurf eines Gesetzes über die Erhebung einer Rentenzuwachsabgabe

Zur Verwirklichung des Vorschlages auf Erhebung einer Rentenzuwachsabgabe müßte der Deutsche Bundestag ein Gesetz[10] beschließen, dessen wesentlichste Bestimmungen etwa wie folgt zu lauten hätten:

1. Zur Verhinderung der Bodenspekulation und zur Abschöpfung unverdienter Grundrentensteigerungen wird von den Gemeinden eine Rentenzuwachsabgabe erhoben.

2. Als Grundstücke im Sinne des Gesetzes gelten alle landwirtschaftlich und gärtnerisch genutzten Grundstücke. Grundstücke, die dem Abbau von Bodenschätzen dienen sowie alle sonstigen bebauten und unbebauten Grundstücke. Das Erbbaurecht steht dem Eigentum am Boden gleich.

3. Als Grundlage für eine etwaige spätere Veranlagung zur Rentenzuwachsabgabe ist zunächst von jedem Grundstück die zum Zeitpunkt der Verkündung des Gesetzes in Frage kommende *Ausgangsrente* festzustellen.

Die Ausgangsrente entspricht

a) bei landwirtschaftlich und gärtnerisch genutzten Grundstücken sowie solchen, die dem Abbau von Bodenschätzen dienen, der Verzinsung des *Ausgangswertes* des nackten Bodens, wobei als Ausgangswert der Ertragswert gilt;

b) bei bebauten Grundstücken sowie bei Grundstücken, die nach einem rechtskräftigen Bebauungsplan zur Bebauung bestimmt sind, der Verzinsung des *Ausgangswertes* des nackten Bodens, wobei als Ausgangswert der Verkehrswert gilt.

Als Zinssatz gilt der zum Zeitpunkt der Verkündung des Gesetzes maßgebende Landeszinsfuß.

4. Die Ausgangsrente ist grundsätzlich von den Grundstückseigentümern im Wege der Selbsteinschätzung zu ermitteln. Zur Kontrolle der Selbsteinschätzung sind bei wesentlich voneinander abweichenden Bewertungen gleichartiger Grundstücke behördliche Bewertungen durchzuführen und ggfs. Berichtigungen der Selbsteinschätzungen vorzunehmen. Rechtsverordnungen über die Durchführung der behördlichen Bewertungen erläßt die Bundesregierung.

5. Von allen Grundstücken, die eine Steigerung des Grundstücksnutzens erfahren haben, welche nicht auf Leistungen oder Aufwendungen des Grundstückseigentümers oder Besitzers beruht, wird eine Rentenzuwachsabgabe erhoben. Die Abgabe hat dem vollen Rentenzuwachs zu entsprechen, der sich aus dem Unterschied zwischen der *Ausgangsrente* und der *Zeitrente* (siehe unter Ziffer 7) des nackten Bodens ergibt.

6. Die Zeitrente wird bei Grundstücken, die in einen rechtskräftigen Bebauungsplan einbezogen wurden, erstmalig spätestens 3 Monate danach ermittelt. Im übrigen werden die Zeitrenten aller Grundstücke 5 Jahre nach Verkündung des Gesetzes und alsdann periodisch alle 5 Jahre neu festgestellt. Ergibt sich dabei, daß die Zeitrente höher liegt als die Ausgangsrente, so wird das Grundstück vom Zeitpunkt der Feststellung der Zeitrente an zur Rentenzuwachsabgabe veranlagt.

7. Als *Zeitrente* des nackten Bodens ist die Grundrente anzusehen, die im Zeitpunkt der Bewertung zu erzielen ist; sie entspricht

a) bei landwirtschaftlich und gärtnerisch genutzten Grundstücken sowie bei Grundstücken, die dem Abbau von Bodenschätzen dienen, der Verzinsung des *Zeitwertes,* wobei als Zeitwert der Ertragswert gilt, der sich ohne Erhebung der Rentenzuwachsabgabe ergeben würde;

b) bei bebauten Grundstücken sowie bei Grundstücken, die nach einem rechtskräftigen Bebauungsplan zur Bebauung bestimmt sind, der Verzinsung des *Zeitwertes* des nackten Bodens, der sich ergeben würde, wenn keine Rentenzuwachsabgabe zur Erhebung gelangte. Als Zeitwert ist dabei der Verkehrswert anzusehen.

Als Zinsfuß gilt der z. Z. der Veranlagung der Zeitrente übliche Landeszinsfuß.

8. Die Zeitrente kann für gebietsmäßig annähernd gleichartigen Boden mit gleichen Bewertungsmerkmalen einheitlich festgesetzt werden; soweit erforderlich, sind dabei Zu- und Abschläge vorzunehmen.

9. Bei Grundstücken, die bisher von einem Betrieb landwirtschaftlich oder gärtnerisch genutzt wurden und in das Gebiet eines rechtskräftigen Bebauungsplanes einbezogen werden, wird die Ausgangsrente nachträglich vom Zeitpunkt der Umwidmung an auf das Doppelte des ursprünglich festgesetzten Betrages und — sofern es gerechtfertigt erscheint — auf Antrag bis auf das 3fache erhöht. Sollte im Einzelfalle bei der letzten Grundstücksveräußerung vor Bekanntgabe des Gesetzes für ein solches Grundstück ein noch höherer Kaufpreis vereinbart worden sein, so gilt dieser als Ausgangswert.

10. Von der Rentenzuwachsabgabe sind befreit:

a) Grundstücke, die öffentlichen Zwecken, der Wissenschaft, der Erziehung und dem Unterricht dienen,

b) Grundstücke eines fremden Staates, wenn Gegenseitigkeit gewährt wird.

Grundstücke, die in einen rechtskräftigen Bebauungsplan einbezogen wurden und eine Steigerung der Grundrente zu erwarten haben, sind auf Antrag bis auf die Dauer von 2 Jahren von der Abgabe zu befreien, falls nachgewiesen wird, daß sie innerhalb dieser Frist bebaut oder auf Verlangen der Gemeinde an einen Baulustigen veräußert werden.

11. Die Rentenzuwachsabgabe wird jeweils für einen Zeitraum von 5 Jahren veranlagt.

12. Die Rentenzuwachsabgabe ist eine Gemeindeabgabe; sie soll zur Finanzierung von Bodenankäufen der Gemeinde dienen.

Sobald der gesamte Boden einer Gemeinde im Zuge einer aktiven Bodenpolitik in deren schuldenfreies Eigentum übergegangen ist, sind die aus der Verpachtung laufend aufkommenden Einnahmen zur Aufhebung aller übrigen Gemeindesteuern und darüber hinaus zur Verteilung an die Mitglieder der Gemeinde zu verwenden.

13. Die Rentenzuwachsabgabe ruht als öffentliche Last auf dem Grundstück und kann nicht abgelöst werden.

14. Die Ermittlung und Veranlagung der Rentenzuwachsabgabe obliegt der dafür bestimmten Behörde.

15. Die Veranlagungsergebnisse sind offenzulegen.

16. Im Falle einer Enteignung gilt der veranschlagte Ausgangswert als Eigentumsentschädigung.

17. Im Falle einer inflationären Entwicklung sind Ausgangswert und Ausgleichsrente der Erhöhung des allgemeinen Preisniveaus anzugleichen.

18. Für den Fall, daß der Verkehrswert eines Grundstücks bei einem Landeszinsfuß von 0 Prozent unter den Ausgangswert absinken sollte, ist die Gemeinde verpflichtet, das Grundstück zum Ausgangswert anzukaufen.

[1] Siehe Referentenentwurf des Bundesministeriums.

[2] „Der Christ und die gemeindliche Bodenreform", Schwangau bei Füssen.

[3] „Die städtische Grundrente und die Bewertung von Baugrundstücken", Schriftenreihe der Deutschen Akademie für Städtebau und Landesplanung, Verlag Ernst Wasmuth, Tübingen.

[4] Sozialwissenschaftliche Schriftenreihe, Informationen für Kultur, Wirtschaft und Politik, Hamburg 13.

[5] Siehe Budesgerichtshof, Urteil v. 30. 6. 58 — III ZR 86/57.

[6] Oberverwaltungsgericht Münster, Urteil v. 7. 12. 60 — IV A 108/59 (Deutsches Verwaltungsblatt 1961 H. 7, S. 292).

[7] Herbert K. R. *Müller*, „Das Bodenproblem einst und jetzt" a. a. O.

[8] Vgl. Herbert K. R. *Müller*, „Der Kapitalwert von Erbbaurechten", Zeitschrift Bauamt und Gemeindebau, Hannover, H. 11/1963.

[9] Gesetzentwurf über die Erhebung einer Rentenzuwachsabgabe, siehe Anhang!

[10] Im Hinblick darauf, daß die Rentenzuwachsabgabe nicht in die Gesetzgebungskompetenz des Bundes fällt, müßte zunächst Art. 105 GG entsprechend geändert werden.

6. Privates Bodeneigentum dient dem Gemeinwohl

Dr. *Hans Dieter Schoen* für den Zentralverband der Deutschen Haus- und Grundeigentümer, 1971*

Zum Jahreswechsel 1970/71 erklärte der Präsident des Deutschen Städtetages, Münchens Oberbürgermeister Dr. Hans-Jochen *Vogel*, „Hunderte von Millionen, ja Milliarden, sind im Laufe der Jahre einigen wenigen Grundstückseigentümern zugeflossen und damit den öffentlichen Investitionen entzogen worden. Es ist höchste Zeit, mit der Sozialbindung des Eigentums ernst zu machen." Er fuhrt fort, das größte Hindernis bei der Verwirklichung der kommunalen Planungsvorstellungen sei gegenwärtig die Bodenordnung. Sie lasse es zu, aus dem Grundstücksbedarf Sondervorteile und Monopolprofite zu Lasten der Gemeinschaft zu ziehen, die Grundstückspreise hoch zu treiben und mache es vielfach unmöglich, dort zu bauen, wo es für die Allgemeinheit am besten sei.

50 Mrd. DM Umwidmung von Agrar- in Bauland

In diesem Zusammenhang verwies *Vogel* ebenso wie das geschäftsführende Vorstandsmitglied des bayerischen Städteverbandes, Dr. Rudolf *Bartl*, auf einschlägige Untersuchungen über die Entwicklung der Baulandpreise. So hatte in Nr. 11/1970 der Zeitschrift „Der Städtetag" Liegenschaftsdirektor der Stadt Essen, Dipl.-Ing. Martin *Tiemann*, geschrieben: „Die Berechnung ergibt für die Jahre von 1960 bis 1969 einen allein durch Umwidmung von Ackerland in Bauland entstandenen, nicht durch Leistungen der Eigentümer bedingten Wertzuwachs von rd. 50 Mrd. DM. Dieser Zuwachs hat selbstverständlich wesentlich zur Erhöhung der Baulandpreise beigetragen. Der nicht leistungsbedingte Wertzuwachs übersteigt die im gleichen Zeitraum von Ländern und Gemeinden zusammen für den sozialen Wohnungsbau aufgewendeten Mittel wesentlich."

Manche Vertreter der Städte und Gemeinden gehen in der Demagogie soweit, die derzeit beobachtete katastrophale Finanznot der Gemeinden auch in einen Zusammenhang mit dem Bodenrecht zu bringen.

* Abdruck nach „Deutsche Wohnungswirtschaft", Mai 1971, Zentralverband der Deutschen Haus- und Grundeigentümer (Hrsg.).

Die seit vielen Jahren von dem Sozialisten *Vogel* verfolgte Linie zielt ohnedies auf Abschaffung des Privateigentums an Grund und Boden. Statt dessen soll ein „privates Nutzungsrecht" gewährt werden.

Freiheit auch ohne Privateigentum?

Neuerdings meinen Kritiker der herrschenden Bodenrechtsauffassung, daß diese sich aus falscher Interpretation des Grundgesetzes abgeleitet habe und daß bei einer in ihrem Sinne zutreffenden Grundgesetzauslegung das „nicht vermehrbare" Gut Boden vornehmlich dem Allgemeinwohl zu dienen habe, im Sinne des Grundgesetzes also ohnehin private Eigentumsansprüche zurückzustehen hätten. In diesem Sinne argumentierten jüngst Prof. *Leibholz*, Richter am Bundesverfassungsgericht in Karlsruhe, und Prof. *Wallraff*, Jesuit.

Es ist viel zu wenig bekannt, daß von den seinerzeitigen zehn Programmpunkten des kommunistischen Manifestes von 1848 fünf bei uns inzwischen erfüllt wurden, zwei heute gegenstandslos sind und nur noch drei die Anhänger eines freiheitlichen demokratischen Systems vom totalitären Sozialismus trennen. Diese drei Programmpunkte, deren Erfüllung westliche Demokraten bisher aus Vernunft und Überzeugung widerstanden, sind 1. auf Abschaffung des Privateigentums an Grund und Boden, 2. des Privateigentums an den Produktionsmitteln und 3. des Erbrechts gerichtet.

Privateigentum im unzerstörbaren und ursprünglichen Sinn kann man nur an Grund und Boden haben. Das Privateigentum an den Produktionsmitteln erhält seinen Wert aus der Ertragskraft des Unternehmens. Es gewährt in erster Linie Verfügungsmacht, und erst in zweiter Linie und auch nur sehr beschränkt stellt es ein Wertbewahrungsinstrument dar.

Beim Boden verhält es sich genau umgekehrt. Seine Ertragskraft ist über Jahrzehnte und Jahrhunderte gesehen in der Regel gering, aber er bietet eine vollständig sichere Anlage ersparter und vererbter Mittel. Zu diesem materiellen Interesse an der Wertbewahrung tritt die Heimatliebe, das Bewußtsein der Freiheit auf eigenem Boden, die Verwurzelung der Menschen mit Grund und Boden, und aus der unauslöslichen Einheit beider Strömungen (der materiellen und der ethischen) ergibt sich der Behauptungswille des Einzelnen wie des Volkes als ganzem: Bodeneigentümer sind in weit höherem Maße für Gesetzgebung, Politik und Erhaltung der Wertsubstanz eines Volkes engagiert als andere Bürger.

Daraus folgt, daß eine breite demokratische Basis in einem Land am ehesten gewährleistet ist durch eine weite Streuung des Bodeneigentums, vorausgesetzt, Privateigentum an Boden erlaubt nicht nur die Nutzung, sondern auch die Verfügung darüber und kann vererbt werden.

7,5 Mill. Grundeigentümer = 39 % der Haushalte

In 39 % der Haushalte der Bundesrepublik ist Haus- und Grundbesitz vorhanden. 94 % der 7,5 Millionen deutscher Haus- und Grundeigentümer besitzen nur ein Haus. Diese Zahlen beweisen, daß der im Bereich von Städten und Gemeinden gelegene Grund einer breiten Vermögensstreuung unterliegt. Jede Änderung des auf Privateigentum beruhenden Bodenrechts zielt somit auf die Zerstörung der demokratischen freiheitlichen Basis in diesem Land.

Lenin hatte einst formuliert: wer die bürgerliche Gesellschaft zerstören will, der muß ihr Geldwesen verwüsten.

Die hieraus abzuleitende Dialektik ist simpel: über Inflation verursacht man Flucht in den Bodenbesitz und andere Sachwerte, verursacht man also bei zudem unzureichender Ausweisung von Baulandarealen überproportionale Preissteigerungen und nimmt diese dann zum Anlaß, die geltende Bodenordnung anzuprangern. Natürlich ist Bauland vermehrbar. Warum kaufen außerdem die Städte nicht schon — wie in Stockholm — Jahrzehnte im voraus im Wettbewerb der Anbieter Agrarland am Stadtrand auf, das noch nicht als Bauland ausgewiesen ist? Leider beschränkt man sich im Lager der Nichtsozialisten auf juristische Argumentationen. Gesetze waren und sind jedoch nichts anderes als der Ausfluß ökonomischer Vernunft und soziologischer Gestaltung des Zusammenlebens eines Volkes.

Wie steht es aber mit der „ökonomischen Vernunft“ einerseits im Hinblick auf die geltende Bodenordnung und andererseits im Hinblick auf die sozialistischen Forderungen?

Nur freie Bodenpreise bewirken optimales Wirtschaftswachstum

Das Privateigentum an Grund und Boden sichert

erstens Verfügungsmacht und Veräußerungsrecht zu einem Preis, der dem Interesse an der Veräußerung entspricht (oder sie unterbleibt),

zweitens bewirkt breit gestreutes Privateigentum am Boden auch eine breite demokratische Mitbestimmungsbasis der mit diesem Boden unmittelbar verwurzelten Eigentümer und

drittens bietet die im Boden inbegriffene Wertsicherung einen Schutz für die Menschen und die Gesellschaft gegenüber kurzlebigen wirtschaftspolitischen Hasardeuren und Ignoranten, erhöht Stabilitätsinteresse und Stabilitätsbewußtsein der Bürger und macht die mit der Wertsicherung verknüpfte Bodenpreisentwicklung zu einem untrüglichen Barometer wirtschaftspolitischer Stümperei und Enteignung der Sparer per Inflation mit nachfolgender Rezession!

Aus dem Privateigentum an Grund und Boden ergibt sich zudem der Anspruch auf Vertragsfreiheit und freie Preisvereinbarung, also auf einen freien Bodenmarkt.

Aber auch ohne Privateigentum wäre ein *freier* Bodenmarkt mit Marktpreisbildung für eine gleichgewichtige Wirtschaftsentwicklung unverzichtbar, wenn auch kaum praktizierbar. Nämlich nur über die Funktion eines frei am Markt aus Nachfrage und Angebot gebildeten Preises kann

1. eine Prioritätsliste hinsichtlich der Verwendung eines bestimmten Grundstücks,

2. die Verhinderung ungleichgewichtiger Investitionen ohne Kapazitätseffekt (überhöhte Bauinvestitionen zu Lasten von Investitionen in die Industrie),

3. eine raumordnerische Wirkung erzielt werden.

Gerade angesichts der Knappheit des Bodens ist es notwendig, über den aus der jeweiligen Rentabilität unterschiedlicher

Bodenverwendung kalkulierten Bodenpreis die Zweckwidmung des zum Verkauf stehenden Grundstücks bestimmen zu lassen. Es ist nun einmal so, daß es für ein Kaufhaus an verschiedenen Stellen der Stadt auch unterschiedliche Rentabilitätskalkulationen gibt. Die Rentabilität einer städtischen Einrichtung ist aber nicht unbedingt geringer, wenn die Einrichtung auf einem billigeren, weil eher abseits gelegenen Grundstück installiert wird. Hätte man gleich nach dem Krieg unter solchen Rentabilitätsgesichtspunkten die Bodenverwendung ermittelt, dann wären viele städtischen Einrichtungen an den Stadtrand gekommen, und es würde heute weit weniger Verkehrsprobleme, wie sie mit großen Verwaltungen und dem hier gegebenen Parkbedürfnis verkoppelt sind, existieren.

Irgend jemand muß über die Verwendung eines Grundstücks entscheiden. Tut es nicht der Preis, so muß es ein Funktionär tun. Wo der Preis entscheidet, dort haben viele Beteiligte ihre Rentabilitätsrechnungen aufgemacht, und der zustande gekommene Marktpreis ist letzten Endes das aus dem Vergleich unterschiedlicher Rentabilitätsrechnungen ermittelte „Versteigerungsergebnis". Sozialisten wollen an die Stelle so vielfältigen Sachverstands zahlreicher Interessenten die Entscheidung des Leiters einer Behörde setzen und ihm Funktionärsvollmacht einräumen. Seine Irrtümer bestimmen dann das Stadtbild von morgen.

Kein Werteverzehr durch Bodenpreiszahlungen!

Es ist nicht nur demagogisch, es ist dumm zu behaupten, durch die Zahlung von Bodenpreisen werde das volkswirtschaftliche Bauinvestitionsvolumen in irgend einer Weise negativ tangiert. Es ist nicht richtig, daß „Milliarden den öffentlichen Investitionen entzogen worden" sind infolge Bodenpreiszahlungen.

Was geschieht denn mit diesen Bodenpreiszahlungen? Und was wäre mit diesen Geldern geschehen, wenn sie nicht zum Ankauf von Grund und Boden hätten verwendet werden müssen?

Das sind die beiden einzigen interessanten ökonomischen Fragestellungen!

Der Empfänger einer Bodenpreiszahlung verwendet diese zum Ankauf von Wertpapieren oder zur Eröffnung eines Sparkontos. Die Mittel bleiben also im volkswirtschaftlichen Kreislauf und werden ihrem Umfang und ihrer Natur nach zum Ausbau der Produktionskapazität oder zum Ankauf von Kommunalobligationen verwendet. Es wird also keine Mark den öffentlichen Investitionen entzogen — viel wahrscheinlicher ist es, daß nun mehr Mittel für öffentliche Investitionen zur Verfügung stehen; denn brauchte die Gemeinde oder Stadt bei geändertem Bodenrecht nichts oder nur einen unter dem Marktwert liegenden Preis zu zahlen, dann würden die scheinbar eingesparten Mittel wohl kaum dem Zugriff der auf Konsumsteigerungen bedachten Interessengruppen entzogen werden können. Dann würde der Ruf nach Erhöhung von in Gemeindekompetenz befindlichen Sozialleistungen und nach Erhöhung des Entgelts der öffentlich Bediensteten verstärkt werden.

Aber selbst unterstellen wir, daß dies entgegen aller Lebenserfahrung nicht so sein würde, so könnte die Gemeinde wohl für kurze Zeit eine größere Anzahl von Bauprojekten gleichzeitig beginnen. Volkswirtschaftlich handelt es sich hierbei aber um Konsumgüter, nicht um Produktionsgüter. Nun kann man Konsumgüter aber nur in dem Umfang herstellen und konsumieren, in dem *zuvor* (gemäß dem Stand der technischen Entwicklung) auch zusätzliche Produktionsgüter bereitgestellt worden sind. Würde jedoch die Gesamtheit der Städte und Gemeinden anstelle von Bodenpreiszahlungen mehr bauen wollen, dann würde dies auf Kosten der Kapitalbildung in der Industrie und somit zu Lasten der Produktionsgüterbereitstellung gehen, es würde also zwangsläufig in schon sehr kurzer Zeit eine Einschränkung jeglichen Konsums und einen völligen Baustillstand der Gemeinden bewirken — wie wir ihn übrigens in acht bis achtzehn Monaten in der Bundesrepublik eben als Folge übermäßigen Konsums und damit verbundener Inflation erleben werden.

Man sollte sich jedoch zumindest in jenen Gruppen, denen es nicht um die Durchsetzung ideologischer Interessen, sondern um die Sache geht, klarmachen, daß mit der Zahlung von Bodenpreisen kein Wertverzehr irgendwelcher zufällig begünstigter

Eigentümer, sondern allein der *Austausch* des Wertgegenstandes Boden gegen den Wertgegenstand Kapital stattfindet. Der Verkäufer von Grund und Boden tauscht Boden gegen Kapital. Er ist zukünftig anteiliger Eigentümer von öffentlichen Anleihen oder von privaten Produktionsstätten. Ohne Bodenpreiszahlungen könnte somit volkswirtschaftlich kein Haus, keine Straße zusätzlich gebaut werden! Wer also für eine Änderung der Bodenrechtsordnung plädiert, die nicht mehr die Zahlung des Marktpreises zuläßt, der kaschiert damit lediglich das Verlangen der Enteignung von Grundeigentümern.

Raumordnung — derzeit nur per Bodenpreis!

Es ist keineswegs so, daß die Bodenpreise in allen Gegenden der Bundesrepublik, Bayerns oder auch nur Münchens gleichmäßig steigen. Das Beispiel des Grundstücksskandals am Stachus erweist, daß mitten in der Stadt München Grundstückspreise im Laufe von Jahren offensichtlich sinken können. Der Bodenpreis hat somit eine eminent wichtige Raumregulierungsfunktion. Einen wirksamen Raumordnungsregulator außer dem Bodenpreis gibt es derzeit überhaupt nicht in der Bundesrepublik.

Sämtliche politischen Parteien in Bayern waren sich im Wahlkampf 1970 darin einig, daß der Ballungsprozeß in München nicht nur mit Nachteilen für die übrigen bayrischen Gemeinden und Städte verbunden ist, sondern daß er unmittelbar von diesen übrigen Gemeinden und Städten finanziert wird. Wie groß wäre erst die Auszehrung der bayrischen Städte und Gemeinden, wenn in München nicht der durch überproportionale Nachfrage auch überproportional steigende Bodenpreis und die damit verbundenen Mietsteigerungen den sonst noch stärkeren Zuzug nach München hindern würden? Dabei befindet sich diese Stadt jetzt schon auf dem Weg zur Funktionsunfähigkeit infolge der die Ballungsvorteile bereits weit übertreffenden Ballungsnachteile und Unkosten.

Der Preis ersetzt das staatliche Reglement. Auf Dauer könnte ohne freien Bodenpreis nur eine staatliche Ansiedlungsordnung, also die Beseitigung der Freizügigkeit, der freien Wahl des Wohnortes und der Berufsstätte die Ordnung des Raumes und des Zusammenlebens regeln.

Wie sieht es nun mit den verschiedenen Behauptungen des Herrn Oberbürgermeisters Dr. *Vogel* und anderer Sozialisten aus, wonach Stadtrandbauern „Monopolprofite“ erzielen, Bereicherungen ohne Leistung und ohne Kapitalrisiko erfolgen und die Städte nicht an optimalen Stellen bauen können, sondern nur da, wo gerade ein Grundstück zu „unangemessen hohem Preise“ zu haben ist?

Am Grundstücksmarkt allenfalls Nachfrage-Monopole!

Monopolprofite setzen Monopolstellungen am Markt voraus. Eine Monopolstellung in München hat allenfalls die Münchener Stadtverwaltung. Im übrigen gibt es für nahezu jedes denkbare Bauverlangen zahlreiche mögliche Plazierungen und somit Grundstücke. Diese ständen theoretisch (und bei entsprechender Marktorganisation auch praktisch) miteinander im Wettbewerb um die Monopolnachfrage der Stadt — und nicht umgekehrt! Der Begriff der „Monopolprofite“ trifft bei Anwendung auf die privaten Verkäufer von Grund und Boden in der Regel nicht zu. Er dient hier allein der ideologischen Demagogie. Hinzu kommt, daß in den meisten Fällen die Stadt *kaufen* und nicht etwa der private Eigentümer *verkaufen* will.

Der Vorwurf der „Bereicherung ohne Leistung und Risiko“ ist ebenfalls demagogisch. Jede Erbschaft ist eine Bereicherung ohne Leistung und Risiko, ebenso die Wertsteigerungen von Gemälden und von Antiquitäten wie auch die Entdeckung von Werten in irgendwelchen Substanzen und Bodenschätzen infolge technischen Fortschritts, von Werten, die eventuell zuvor als wertlos oder gar als schädlich (wie etwa vor über 100 Jahren das Erdöl und uranhaltige Pechblenden) erachtet wurden. Ja sogar Klugheit und Schönheit sind Privilegien und Vorteile, die sich nicht aus eigener Leistung ergeben und die allenfalls das „Risiko“ eines irgendwie gearteten Verlusts dieses Privilegs beinhalten.

Wer solche unmittelbar aus dem Eigentum sich ableitende Privilegien abschaffen will, der meint die Egalität des Sozialismus. Natürlich handelt es sich bei Bodenpreissteigerungen um „Bereicherungen ohne Leistung und ohne Risiko“ — jedenfalls auf den ersten Blick.

Wer haushaltet besser — Eigentümer oder Funktionäre?

Bei genauem Hinsehen müßte man allerdings die mit dem Erwerb und der Bewahrung dieses Bodens verbundene Leistung und die in seiner Verteidigung enthaltenen Risiken würdigen. Nur wer Boden kurzfristig zum Zweck des gewinnbringenden Wiederverkaufs erwirbt, hat nun in der Tat keine Leistung erbracht, allenfalls ein Spekulationsrisiko erlebt.

Welche Leistung berechtigt denn den städtischen oder staatlichen Funktionär zur Verfügung über ein bestimmtes Grundstück und welches Risiko trägt er? *Es stellt sich hier doch lediglich die Frage, ob entweder viele durch persönliche Leistung oder über die der Vorfahren in die Verfügungsmacht gelangte Privateigentümer oder ob wenige ernannte Funktionäre über die gegenwärtige und zukünftige Widmung von Grund und Boden zu bestimmen haben.*

Die Frage der notwendigen Anlage von Straßen, Stadtbahnen und städtischen Einrichtungen sowie von Sozialwohnungen stellt sich hier überhaupt nicht. Selbstverständlich braucht die Gemeinschaft der Bürger hierfür Grund und Boden und ebenso selbstverständlich muß es praktikable gesetzliche Möglichkeit zur Beschaffung dieses Grund und Bodens durch Ankauf oder Enteignung bei Zahlung des Marktpreises oder eines theoretischen Marktpreises geben.

In diesem Zusammenhang muß man aber auch fragen, was ist überhaupt „private Leistung“ und worin besteht das „Risiko“, das als Voraussetzung für das Einstreichen von Gewinnen von Sozialisten gefordert wird? Wer dem sozialistischen Argument zustimmen wollte, daß Bodenwertsteigerungen nicht dem Eigentümer zugute kommen dürfen, der müßte so konsequent sein, auch dem Unternehmer und sonstigen Eigentümern von Sachen, Ansprüchen und Rechten nur ein Einkommen zuzugestehen, das in einen unmittelbaren Zusammenhang mit ihrer körperlichen, geistigen oder organisatorischen Leistung gebracht werden kann. Dann müßte der gesamte nach Abzug des kalkulierbaren Unternehmergehalts verbleibende Gewinn der Allgemeinheit zugeführt werden, dann könnte der Unternehmer aus diesem Gewinn keine Vergrößerung des Kapitalstocks erleben — und das wäre vollständiger Sozialismus sowjetischer Prägung.

Selbstverständlich haben auch in der UdSSR die Manager Privilegien und unverhältnismäßig viel höhere Einkommen als die Arbeitnehmer, aber eben kein aus Privateigentum abgeleitetes Risiko. Wir müssen unsere Mitbürger von dem Vorurteil befreien, daß sich aus Bodenpreissteigerungen ergebende scheinbare Bereicherungen dem Eigentümer im Falle des Verkaufs (sonst ohnehin nicht!) zugute kommen. In Wirklichkeit kommen diese Bereicherungen solange der Gemeinschaft zugute, solange sie im Sparfonds bleiben. Erst bei *Auflösung* des Vermögens, bei Substanzverzehr zum Zwecke der Vermögensübertragung ins Ausland oder zum Zwecke der Entfaltung eines luxuriösen Lebens kommt solche Bereicherung unmittelbar dem bisherigen Bodeneigentümer zugute. Daran aber kann man ihn durch eine entsprechend hohe Besteuerung der dem produktiven Prozeß und dem Kapitalmarkt *entzogenen* Mittel hindern, ebenso wie man nach erfolgtem Verkauf Bodenwertzuwächse nach Verrechnung mit 10 % Zinseszins per anno der Einkommensteuer unterwerfen sollte.

Kein Recht mehr auf Eigentumspreissteigerungen?

Die Agitationsspitze *Vogels* richtet sich gegen die Stadtrandbauern. Sie seien die Gewinner in einem Lotteriespiel, das nur ganz wenige große Treffer, nämlich den Besitzern von Grundstücken an den Rändern der Städte gewähre. Sein Vorschlag: Ankauf des Agrarbodens zum landwirtschaftlichen Ertragswert (der infolge der manipulierten Agrarpolitik extrem niedrig ist) und Wiederverkaufsangebot zum neuen städtischen Wert; denn der Stadtrandbauer dürfe nicht aus der Tatsache des öffentlichen Interesses zur Eingemeindung einen finanziellen Nutzen ziehen.

Warum darf er nicht die Wertsteigerung seines Eigentums realisieren? Ebenso wenig dürfte dann der Besitzer einer Quelle, der Eigentümer von Uran- oder Kohlebergwerken einen Vorteil aus der Gunst der Lage seines Grundstücks ziehen. Zweifellos ist es das Ziel der Sozialisten, auch solche Vorteile zu beseitigen. Es ist auch nicht einzusehen, warum der Bauer nicht Wertsteigerungen realisieren soll, dieses Recht aber dem Bodeneigentümer von Innenstadtgrundstücken vorerst noch gewährt werden soll.

Allerdings argumentieren *Vogel* und die Sozialisten, Eigentümer in Sanierungsgebieten dürften nicht die Vorteile der Sanierung einkassieren.

Frankfurts Stadtplaner:
Sozialwohnungsbau verhinderte private Altstadtsanierung

Die sich aus der Subventionspolitik sozialen Wohnungsbaues ergebenden Nachteile des Verfalls alter Innenstädte mußten sie jedoch jahrzehntelang (oft auch noch bei gebundenen 50-DM-Mieten) ersatzlos hinnehmen. Wer anders als die Politiker des sozialen Wohnungsbaues sind denn schuld daran, daß die deutschen Altstadtsubstanzen bislang nicht vom privaten Kapital saniert werden konnten? Vor zwei Jahren formulierte der Frankfurter Stadtplaner *Drevermann* (zum Entsetzen seiner sozialistischen Oberen) in der Frankfurter Allgemeinen Zeitung: „Infolge der scheinbaren Verbilligung der Miete wird der private Wohnungsbau ständig unterboten, und zwar noch immer. Er hätte sich ... der Altbaugebiete angenommen, sie abgebrochen und neu gebaut. Infolge der Mietunterbietung am Stadtrand bleibt die Regeneration der Altbausubstanz unrentabel. So entsteht eine ringförmige neue Stadt sozialen Wohnungsbaus um die alte Stadt, deren Wohnungen verfallen."

Hätte man die Sanierung der Altstadtgebiete durch frühzeitige Schaffung freien Wohnungsmarktes den Privateigentümern ermöglicht, dann hätten die Städte nicht ins flache Land auszuufern brauchen und dann wäre auch weit weniger Agrarland eingemeindet worden. Die Städteplaner beklagen heute heftig das Konzept der endlosen Reihensiedlungen. Welches Ausmaß würde aber die Fehlplanung erst erreichen, wenn die Verantwortlichen unbeschränkt durch private Mitsprache und Eigentumsansprüche schalten und walten könnten?

Wasser-Verwirtschaftung —
Beispiel für wahlopportunistische „Gemeindewohl"-Deutung!

In der Demagogie gegen Privateigentum und Erbrecht und für Funktionärsherrschaft und Sozialismus verfährt Dr. *Vogel* nach dem Prinzip: steter Tropfen höhlt den Stein. In kaum noch zählbaren Vorträgen, die alle in weiten Passagen wortwörtlich übereinstimmen, attackiert er die geltende Bodenordnung als „gemeinschädlich". Nach solcher Auffassung dient dem gemeinen Wohl, was die Obrigkeit wünscht. Und wer immer die Obrigkeit in Stadt und Land als „Eigentums-Querulant" behindert, ist ein Schädling. *Vogel* liebt bildreiche Darstellungen. Er erachtet Privateigentum an Grund und Boden als *„Anachronismus, der beim Wasser schon lange überwunden ist. Seine Erschließung, Entnahme und Verbrauch unterliegen strengen öffentlichen Kontrollen, seine Sozialbindung ist augenfällig. Keiner darf Trinkwasser zum Gegenstand spekulativer Manipulationen machen. Aber beim Grund und Boden ist nahezu alles erlaubt"*. So führt er es in dem Beitrag des von Lauritz *Lauritzen* 1969 herausgegebenen Buches „Städtebau der Zukunft" auf Seite 70 aus. Nur stimmt das Beispiel mit dem Trinkwasser nicht. Gewiß wird Trinkwasser öffentlich verteilt und kontrolliert. Aber nach dem bayrischen Wirtschaftsgesetz Artikel 4 erstreckt sich das Eigentum an einem Grundstück auf das dort oberirdisch und unterirdisch vorhandene Wasser mit Ausnahme der Solquellen. Der Eigentümer muß die Benutzung durch einen Dritten im Rahmen einer erteilten Bewilligung oder Erlaubnis gewähren, aber er kann ein marktgerechtes Entgelt dafür verlangen. Diese wesentlichen Tatbestände verschweigt *Vogel*. Und doch ist das Beispiel der „öffentlichen" Wasserverwaltung lehrreich dafür, wie man es bei den sozialistischen Stadtoberhäuptern mit dem Allgemeinwohl hält. Jahrtausende und Jahrhunderte hindurch blieb die Wasserbilanz unverändert. Erst etwa seit Mitte dieses Jahrhunderts, also seit Beginn der sozialdemokratischen Herrschaft in den meisten deutschen Großstädten wird die Wassersubstanz in so bedenklichem Maße verringert, daß eventuell noch bis zum Ende dieses Jahrhunderts keine Eigenversorgung von Bevölkerung und Industrie aus dem Wasservorkommen Deutschlands mehr möglich ist. Damit soll nicht in erster Linie etwas gegen den Umfang des Wasserverbrauchs gesagt werden (hierzu könnte man allerdings auch allerhand Negatives feststellen). Wer jedoch für das Allgemeinwohl tätig sein will, der muß das Allgemeinwohl der jetzt erst Geborenen auch bedenken. In diesem Sinne müßten heute schon die Gebühren für das Wasser so hoch angesetzt werden, daß daraus die notwendigen Kapitalinvestitionen zur Herbeiführung von Wasser aus Nordschweden und — wie bereits projektiert — sogar aus Grönland und Island finanziert werden können. Wie sollen diese ungeheuren Investitionen später einmal von den nach uns Kommenden vollständig und kurzfristig durchgeführt werden? Als Allgemeinwohl wird aber offensichtlich bei den Verantwortlichen im sozialistischen Lager ein wahlopportunistisches Handeln für die Heutigen verstanden. Das entspricht der Interessenlage von Funktionären.

Privateigentümer bewahren Werte für kommende Generationen

Privateigentümer sind dagegen auf Sicherung der Eigentumssubstanz und auf ihre Vererbung bedacht, und in der Summe der Eigentümerschaft sichern sie somit die Werte und die Substanz dieses Landes gegen sozialistische Verwirtschaftung heute und für die kommenden Generationen aller Bürger in diesem Land, nicht nur der Eigentümer. In diesem Sinne bedeutet das Privateigentümersein Verantwortung tragen für einen Teil des dem Allgemeinwohl dienenden Wertbestandes in unserem Land. Ob dieser Wertbestand dem Allgemeinwohl dient oder nicht, das aber ist keine Frage von Privateigentum oder Verstaatlichung, das ist allein eine Frage entweder der sachlichen Widmung dieser Werte für produktive Zwecke und Infrastruktur oder aber für ausschweifenden Konsum und für eine Verwirtschaftung infolge unzureichender Kostenbelastung des gegenwärtigen Nutznießers öffentlicher Leistungen. *Befinden sich die Werte dieses Landes in privatem Eigentum, so können wir gewiß sein, daß sie nicht verwirtschaftet, sondern zusammengehalten werden, weil ein privates Interesse dahinter steht, das uns allen und somit dem Gemeinwohl auch zukünftiger Generationen dient.*

7. Gefahr der Kommunalisierung droht Bedenken der Hauseigentümer gegen das Städtebauförderungsgesetz, 1971*

Die vom Bundestagsausschuß für Städtebau und Wohnungswesen beschlossene Fassung des Städtebauförderungsgesetzes,

* Abdruck nach „ZV-Mitteilungen" 4/1971 vom Zentralverband der Deutschen Haus- und Grundeigentümer.

das in Kürze vom Bundestag verabschiedet werden soll, ist nach Auffassung des Zentralverbandes der Deutschen Haus- und Grundeigentümer geeignet, die Kommunalisierung des Grundeigentums einzuleiten. Diese Gefahr wird darin gesehen, daß der Reprivatisierungsanspruch grundsätzlich nur den früheren Eigentümern zusteht und auch nur in Höhe des Grundstückswertes zu Beginn der Sanierung. Aber selbst diese können nicht damit rechnen, wieder reales Haus- oder Wohnungseigentum zu erhalten, denn die Gemeinde kann ihre Veräußerungspflicht auch in der Weise erfüllen, daß sie das Eigentum an den erworbenen Grundstücken auf einen Immobilienfonds überträgt, an dem die früheren Eigentümer Anteile erhalten. Das kann jedoch kein vollwertiger Ersatz für das aufgegebene Grundeigentum sein, zumal der Wert derartiger Anteilscheine nicht immer eindeutig bestimmbar ist.

Es ist damit zu rechnen, daß manche der früheren Eigentümer infolge Alters oder aus anderen Gründen nicht gewillt oder nicht in der Lage sein werden, wieder Grundstücke zu erwerben, weil sie die Risiken einer im Bebauungsplan vorgesehenen Neubebauung und die damit verbundene Neuverschuldung nicht auf sich nehmen wollen. Die Folge davon ist, daß erhebliche Teile des Sanierungs- oder Entwicklungsgebietes in der Hand der Gemeinde oder des Sanierungsträgers bleiben werden, da nach dem Gesetzentwurf der Sanierungsträger auch für eigene Rechnung tätig werden kann. Damit werden die Befürchtungen von Ministerpräsident *Kohl* bestätigt, der vor dem Deutschen Bundesrat zum Ausdruck brachte, das Gesetz werde zu einer starken Vermehrung des Eigentums kapitalkräftiger Unternehmen und zu einer allzu großen Machtkonzentration von Eigentum an Grund und Boden in den Händen weniger führen.

Um eine breite Eigentumsstreuung und Vermögensbildung zu ermöglichen, ist daher nach Auffassung des Zentralverbandes die Reprivatisierungspflicht der Gemeinde in eine echte Privatisierungspflicht umzuwandeln. Es sollen auch andere private Bauherren, insbesondere auch Mieter und sonstige Nutzungsberechtigte, die im Sanierungs- oder Entwicklungsgebiet Wohn- oder Geschäftsräume verloren haben, Eigentum erwerben können, sofern nach Berücksichtigung der früheren Eigentümer noch Grundstücke verbleiben, die von der Gemeinde nicht für öffentliche Zwecke benötigt werden. Gerade die Mitberücksichtigung früherer Mieter, insbesondere von gewerblichen Räumen, ist berechtigt, weil Gewerbebetriebe in der Regel standortgebunden und deshalb daran interessiert sind, sich wieder im Sanierungsgebiet niederlassen zu können.

Größte Bedenken bestehen ferner gegen den neu eingeführten § 9 a, der vorsieht, daß auch außerhalb des Sanierungsgebietes liegende Flächen in die Regelungen des Gesetzes einbezogen werden können, wenn sie zur Unterbringung von Bewohnern oder Betrieben aus dem Sanierungsgebiet benötigt werden. Damit sind die Gemeinden in der Lage, das ganze Gemeindegebiet zum Sanierungsgebiet zu erklären und den Rechtsbeschränkungen zu unterwerfen, die das Gesetz vorsieht. Das bedeutet praktisch ein völliges Lahmlegen des Grundstücksverkehrs, wodurch auch die Belange des Realkredits einschneidend berührt werden.

Hinsichtlich der Wertfestsetzung in § 20 stimmt der Zentralverband grundsätzlich dem Ausschluß von Wertsteigerungen, die lediglich durch die Aussicht auf die Sanierung eingetreten sind, zu. Es sollte jedoch ein Stichtag festgesetzt werden, der alle vor diesem Zeitpunkt liegenden Wertsteigerungen als nichtsanierungsbedingt behandelt, da sonst die Gefahr besteht, daß in der Wertfestsetzung auf einen unbegrenzt langen Zeitraum zurückgegriffen wird. Die Fülle von Streitigkeiten darüber, ob eine Werterhöhung durch die Aussicht auf die Sanierung herbeigeführt ist oder auf anderen Faktoren beruht, wäre sonst nicht abzusehen.

Schließlich sind die Bedenken gegen das gemeindliche Grunderwerbsrecht auch durch das jetzt vorgesehene Abwendungsrecht des Eigentümers nicht ausgeräumt, weil dieses Abwendungsrecht voraussetzt, daß der Eigentümer glaubhaft macht, er werde die Sanierungsmaßnahmen innerhalb angemessener Frist abschließen können. Da aber bei Geltendmachung des gemeindlichen Grunderwerbsrechts in der Regel weder ein Bebauungsplan vorliegt, noch die Finanzierungsmöglichkeiten feststehen, kann der Eigentümer auch die verlangte Glaubhaftmachung nicht erbringen.

8. Bodengewinne in Höhe von 50 Milliarden? Bauboden ist vermehrbar Stellungnahme der Haus- und Grundeigentümer, 1971*

Bundesminister Dr. *Lauritzen* hat die Behauptung aufgestellt, daß in den letzten zehn Jahren beim Übergang von Ackerland in Siedlungsland rd. 50 Mrd. DM an Veräußerungsgewinnen entstanden seien. Er beruft sich dabei auf eine Untersuchung des Deutschen Städtetages, die sich auf einige wenige Großstädte und damit nur auf einige wenige Brennpunkte des Baugeschehens beschränkt. Der Untersuchungsausschuß des Deutschen Städtetages hat ermittelt, welche Wertänderungen Grundstücke bei der Umwidmung von Ackerland in Bauland im Durchschnitt erfahren. Die in der offiziellen Statistik ausgewiesenen Umwidmungen sind dann mit diesem Durchschnittswert multipliziert worden und ergeben den viel zitierten Wertzuwachs von etwa 50 Mrd. DM. Auf eine entsprechende Anfrage im Bundestag hat der Parlamentarische Staatssekretär *Ravens* hierzu mitgeteilt, daß in den errechneten Wertzuwächsen sowohl die realisierten als auch die nicht realisierten Gewinne enthalten seien. Nach Aussage des Staatssekretärs handelt es sich hierbei nicht um Gewinne aus jährlichen Veräußerungen, diesen Eindruck hatte der Wohnungsminister erweckt.

Eine derartige Betrachtungsweise läßt erkennen, wie bei der Diskussion um ein neues Bodenrecht argumentiert wird. Darüber hinaus erweiterte Minister *Lauritzen* die These des Deutschen Städtetages; bis 1980 würden weitere 50 bis 80 Mrd. DM solcher leistungsloser Gewinne bei einer kleinen Gruppe von Bodeneigentümern anfallen. Hierzu ist jedoch festzustellen, daß nach der Untersuchung des Deutschen Städtetages der Anteil der Städte und Wohnungsgesellschaften am Markt des werdenden Baulandes zusammen flächenmäßig 85 % und wertmäßig 78 % beträgt.

Nur 1/10 der Fläche des Bundesgebietes ist bebaut. Eine weitere Ausweisung von Bauland an geeigneten Stellen und darüber hinaus seine bessere Ausnutzung der vorhandenen Flächen

* Abdruck nach „ZV-Mitteilugen" 4/1971 vom Zentralverband der Deutschen Haus- und Grundeigentümer.

bieten genügend Möglichkeiten, den benötigten Bodenbedarf zu sichern.

Eine Verstaatlichung oder Kommunalisierung des Bodens löst keines der Probleme, die sich heute stellen. Die unerwünschten Preissteigerungen beim Boden sind nicht die Folge der rechtlichen Eigentumsordnung, sondern der wirtschaftlichen Entwicklung und einer schlechten Wirtschaftspolitik. Es ist vor allem die Nachfrage nach Sachwerten als Folge der schleichenden Inflation und anderer rein wirtschaftlicher Faktoren, die die Preiserhöhungen bewirken. Sie werden mit einer Überführung des Bodens in die öffentliche Hand nicht behoben.

Die Bodenknappheit und damit die Tendenz steigender Preise bleibt unverändert, wobei nach einer Verstaatlichung zwar nicht mehr die Preise, sondern die Kosten der Bodennutzung höher werden, nämlich der Zins für Baurechte oder die Miet- und Pachtzinsen. Die Zuteilung des Bodens durch die öffentliche Hand birgt darüber hinaus die Gefahr der Behördenwillkür, Diskriminierung und Parteiwirtschaft in sich. Die Überführung des Grund und Bodens in Gemeineigentum bietet auch keine Sicherheit dafür, daß die Städte schöner und wohnlicher werden. Keinem ist geholfen, wenn Monotonie in den neugeordneten Stadtvierteln und sterile Stadtlandschaften, in denen sich die Menschen unglücklich fühlen, an die Stelle der verbesserungsbedürftigen Stadtteile treten.

9. Bodeneigentum in der Landwirtschaft—Städtebauförderung, Raumplanung und Bodenmobilität

Manuskript eines Vortrages des Präsidenten
des Deutschen Bauernverbandes
Constantin Freiherr Heeremann von Zuydtwyck
zum Städtebauförderungsgesetz, 1971*

(Auszug)

Sie wissen, daß Grund und Boden für Landwirte die elementare Grundlage ihrer wirtschaftlichen Tätigkeit, nämlich der Erzeugung landwirtschaftlicher Produkte, ist.

* Abdruck nach vervielfältigtem Manuskript der Bundesgeschäftsstelle des Deutschen Bauernverbandes.

Für sie hat Grund und Boden also eine ganz andere Bedeutung, als ihm sonst zukommt.

Es hat nun immer wieder Zeiten gegeben, in denen man — aus den verschiedensten Gründen — die jeweils für Grund und Boden bestehende Ordnung ändern wollte.

So liegen denn auch heute Vorschläge und sogar Forderungen für eine neue Bodenordnung auf dem Tisch.

Parteien, Kirchen, Gewerkschaften, Architekten und Stadtplaner verlangen eine Reform des Bodenrechts.

Die Auffassungen darüber, wie das neue Bodenrecht aber aussehen soll, sind unterschiedlich.

Allen gemeinsam ist jedoch die These, daß die Sozialpflichtigkeit des Grund und Bodens stärker als bisher zur Geltung gebracht werden müsse.

Die Diskussion ist inzwischen durch das Hochspielen von extremen Einzelfällen der Bodenpreisspekulation so angeheizt, daß nüchterne, sachliche Überlegungen kaum noch Gehör finden.

Vor diesem Hintergrund zeichnet sich in jüngster Zeit bereits die nächste Welle ab. Es mehren sich die Stimmen, die die Eigentumsordnung, insbesondere das Privateigentum an Grund und Boden, überhaupt infrage stellen.

Jungsozialisten verlangen die Kommunalisierung des Grund und Bodens in den Ballungsgebieten und eine Beschränkung des Wohnungseigentums auf 30 Jahre, ja sogar die Aufhebung des verfassungsrechtlichen Junktims zwischen Enteignung und Entschädigung, mit anderen Worten — die entschädigungslose Enteignung.

Den Verfechtern dieser Auffassung scheint nicht klar zu sein, daß sie an dem Ast sägen, auf dem sie selbst sitzen.

Rang und Funktion des Eigentums, insbesondere des Eigentums an Grund und Boden als wirtschaftliches Fundament unserer rechtsstaatlich-freiheitlichen Ordnung, sind ihnen offenbar nicht deutlich, die Konsequenzen ihrer Forderungen für unsere freiheitlich-rechtsstaatliche Gesellschaftsordnung nicht bewußt.

Dabei hat sich unsere auf dem Privateigentum beruhende Gesellschaftsordnung in ihrer Leistungsfähigkeit allen anderen Systemen als überlegen erwiesen.

Unternehmerische Initiative, Selbstverantwortung, wirtschaftliches Wachstum und Wohlstand, aber auch Freizügigkeit und Unabhängigkeit des einzelnen, hängen entscheidend davon ab, ob unsere Eigentumsordnung erhalten bleibt.

So hat denn auch das Bundesverfassungsgericht festgestellt:

„Das Eigentum ist ein elementares Grundrecht, das in einem inneren Zusammenhang mit der Garantie der persönlichen Freiheit steht.

Ihm kommt im Gesamtgefüge der Grundrechte die Aufgabe zu, dem Träger des Grundrechts einen Freiheitsraum im vermögensrechtlichen Bereich sicherzustellen und ihm damit eine eigenverantwortliche Gestaltung des Lebens zu ermöglichen.

Die Garantie des Eigentums als Rechtseinrichtung dient der Sicherung dieses Grundrechts."

Wo liegen nun die Ursachen für die von mir dargestellte Entwicklung?

Die Bedürfnisse der industriellen Massengesellschaft führen dazu, daß in ungleich größerem Maße als je zuvor Grundstücke für Wohnungs- und Städtebau, Verkehrsanlagen sowie für Vorhaben der Infrastruktur benötigt werden.

In diesem Zusammenhang sollten auch die Anforderungen nicht vergessen werden, die die Eingliederung von mehr als 10 Millionen Vertriebenen gestellt haben.

Die verstärkte Nachfrage nach Grund und Boden ist in den Ballungsgebieten besonders groß.

Der wachsende Wohlstand läßt die Ansprüche weitersteigen.

Nach zwei Inflationen ist jeder bestrebt, seine Ersparnisse so wertbeständig wie möglich anzulegen.

Eine Wirtschaftspolitik, die stärker auf Wachstum als auf Stabilität setzt, muß solche Tendenzen noch erheblich verstärken.

Nur dann, wenn Geldwertstabilität vorrangiges Ziel und Maßstab für wirtschaftspolitische Entscheidungen wird, kann diesem Trend begegnet werden.

Alle diese Faktoren haben dazu geführt, die Preise für Grundstücke erheblich ansteigen zu lassen.

Dabei darf aber nicht verkannt werden, daß die verspätete Preisfreigabe 1960 notwendigerweise — die Stoppreise von 1936 hatten keinen Bezug mehr zur wirtschaftlichen Realität — zu einem starken Preisanstieg führen mußten.

Was unter der Decke schon lange schwarz gehandelt wurde, wurde nun sichtbar.

In einem solchen Klima tummeln sich — wie könnte es anders sein — auch die Spekulanten.

Die allseits bekannten Fälle von Preiswucher sind nicht zu beschönigen.

Der Deutsche Bauernverband, — das muß ich hier in aller Deutlichkeit sagen, — lehnt Bodenspekulationen *entschieden* ab.

Man sollte den Spekulanten mit steuerlichen Maßnahmen die Suppe gründlich versalzen.

Eine erhebliche Verlängerung der bisher zweijährigen Spekulationsfrist des Einkommensteuerrechts würde ihnen wohl das Handwerk legen.

Ebenso entschieden muß ich mich allerdings dagegen verwahren, Spekulanten mit der Masse der Grundeigentümer in einen Topf zu werfen.

Es ist doch wohl ein Unterschied, ob jemand, der eine Chance wittert, ein Grundstück kurzfristig erwirbt, um es später zu einem überhöhten Preis loszuschlagen, oder ob jemand, der seinen Grundbesitz als Grundlage seiner Existenz benötigt, diesen abgeben muß, *angemessen* teilhaben will an der Entwicklungschance, die nun einmal in jedem Grundstück steckt.

Das trifft nicht nur für die Bauern zu, die in besonderer Weise auf ihren Grund und Boden angewiesen sind, sondern gleichermaßen für unzählige kleine Leute, Handwerker, Kleingewerbetreibende, Rentner und Arbeitnehmer.

Daß Bauern sich besonders ungern von ihrem angestammten Grund und Boden trennen, sei dabei nur am Rande vermerkt.

Und noch etwas ist zu bedenken.

Der Preisanstieg ist am stärksten in den Ballungszentren. Draußen auf dem flachen Land kann davon kaum die Rede sein. Im Gegenteil, in den landwirtschaftlichen Problemgebieten sind die Grundstückspreise rückläufig.

In einigen Gebieten werden nicht mehr genutzte landwirtschaftliche Flächen für 15—30 Pfennig je qm vom Staat aufgekauft.

Daß die immer stärkere Konzentration von Menschen und Wirtschaftskraft ihre Schattenseiten hat, daß die sozialen Folgekosten ins Ungemessene steigen werden, wenn diesem Konzentrationsprozeß nicht entgegen getreten wird, dürfte inzwischen bekannt sein.

Läßt man die Entwicklung wie bisher weiterlaufen, so werden alle Bemühungen, durch Raumordnung und Regionalpolitik eine Entleerung der ländlichen Räume aufzuhalten und den Lebensstandard in diesen Gebieten zu heben sowie den Strukturwandel in der Landwirtschaft ohne schwere soziale Erschütterungen zu vollziehen, vergeblich sein.

Die gesamtwirtschaftlichen und politischen Folgen einer weiteren Verdichtung in den Ballungszentren unter gleichzeitiger Entleerung der ländlichen Räume wären unabsehbar, die Probleme des Umweltschutzes vermutlich unlösbar. Schon jetzt ist klar, daß die sozialen Folgekosten, insbesondere des Umweltschutzes, so hoch sein werden, daß sie gesamtwirtschaftlich vermutlich kaum tragbar sein werden. Eine der Bremsen, das sollte nicht verkannt werden, liegt in dem Grundstückspreisgefälle zwischen den Ballungszentren und den übrigen hinter der allgemeinen Entwicklung zurückgebliebenen agrarischen Gebieten.

Billige Angebote durch die öffentliche Hand in den Ballungsgebieten würden die schon jetzt erkennbare Fehlentwicklung — Entleerung der ländlichen Räume und weitere Verdichtung der Ballungsgebiete — nicht mehr aufhaltbar machen.

Dennoch, das ist mir klar, wird der Ruf nach einer neuen Bodenordnung, die die Sozialpflichtigkeit des Grund und Bodens stärker zur Geltung bringt, nicht verstummen.

Die große Frage ist nur, was wird darunter verstanden?

Wie soll die neue Ordnung aussehen?

Dazu möchte ich eines klarstellen!

Die soziale Bindung des Eigentums wird von uns durchaus bejaht! Soziale Bindungen sind auch keineswegs neu.

Sie sind für den Grund und Boden geradezu charakteristisch. So hat sich die bauliche Nutzung nach Bebauungsplänen und Bauordnungen zu richten.

Grundstücke, die unter Deichpflicht stehen, und Grundstücke in Hochwassergebieten, dürfen nicht bebaut werden.

Waldeigentümer unterliegen bestimmten Auflagen, um die Wohlfahrtwirkungen des Waldes zu sichern.

Natur- und Landschaftsschutz überziehen weite Gebiete des Bundesgebietes, die Verfügung über landwirtschaftliche Grundstücke unterliegt den Bindungen des Grundstückverkehrsgesetzes.

Die Aufzählung ließe sich noch beliebig fortsetzen.

Die soziale Bindung des Grund und Bodens ist schon lange eine Tatsache.

Ich kann mich deshalb des Eindrucks nicht erwehren, daß der Ruf nach stärkerer sozialer Bindung des Eigentums an Grund und Boden in Wirklichkeit dazu dient, den harten Kern der Auseinandersetzung zu vernebeln.

Deshalb erscheint es mir notwendig, hier in Kürze darzulegen, was unter sozialer Bindung des Eigentums zu verstehen ist. Die Richtschnur hierfür liefert Art. 14 Abs. 2 Grundgesetz. Dort wird bestimmt: „Eigentum verpflichtet. Sein Gebrauch soll zugleich dem Wohl der Allgemeinheit dienen."

Wichtig scheint mir zu sein, daß der Gebrauch des Eigentums *zugleich* dem Wohl der Allgemeinheit dienen soll.

Daß der Eigentümer den Besitz, die Verwaltung seines Eigentums, ausübt, es in seinem Interesse nutzt und darüber verfügen kann, wird damit nicht in Frage gestellt.

Nur dem *freien Belieben* bei der Ausübung seiner Interessen sind Grenzen gesetzt.

Dabei ist es Sache des Gesetzgebers, Inhalt und Schranken des Eigentums zu bestimmen (Art. 14 Abs. 1 Grundgesetz).

Der Gesetzgeber hat aber kein freies Ermessen, die Beschränkung darf nicht weitergehen, als es das Wohl der Allgemeinheit erfordert. In keinem Fall darf er den Wesensgehalt des Eigentums antasten (Art. 19 Abs. 2 Grundgesetz).

Das Bundesverfassungsgericht hat die Grenze der entschädigungslos zu duldenden Sozialbindung des Eigentums wie folgt deutlich gemacht:

„Der Gesetzgeber steht bei der Erfüllung des ihm in Art. 14 Abs. 1 Satz 2 des Grundgesetzes erteilten Auftrages, Inhalt und Schranken des Eigentums zu bestimmen, vor der Aufgabe, den *Freiheitsraum* des Einzelnen im Bereich der Eigentumsordnung und die *Belange der Allgemeinheit* in einen *gerechten* Ausgleich zu bringen.

Hierzu hat das Grundgesetz selbst mit Art. 14 Abs. 2 des Grundgesetzes dem Gesetzgeber ausdrücklich eine verbindliche Richtschnur gegeben.

Er muß bei der Regelung des Eigentumsinhalts das Wohl der Allgemeinheit beachten und die Befugnisse und Pflichten des Eigentümers am Sozialstaatsprinzip orientieren.

Das gilt vor allem bei Vorschriften, die den Grund und Boden betreffen.

Andererseits ist zu berücksichtigen, daß die Regelungsbefugnis des Gesetzgebers nicht schrankenlos gilt.

Der Gesetzgeber muß den grundlegenden Gehalt der Eigentumsgarantie wahren, sich aber auch mit allen übrigen Verfassungsnormen in Einklang halten.

Daher müssen gesetzliche Eigentumsbindungen vom geregelten Sachbereich her *geboten* und in *ihrer Ausgestaltung selbst* sachgerecht sein. Einschränkungen der Eigentümerbefugnisse dürfen nicht weitergehen, als der *Schutzzweck* reicht, dem die Regelung dient."

Damit ist im Prinzip klar, wo die Grenze der entschädigungslos hinzunehmenden Sozialbindung des Eigentümers verläuft und wo Eingriffe diese Grenze überschreiten würden und damit zu einer entschädigungspflichtigen Enteignung werden.

Ich kann und will als Nichtjurist mich nicht auf die Feinheiten der rechtlichen Abgrenzung einlassen.

Soviel scheint mir jedoch klar zu sein, daß unter dem Schlagwort „Verstärkung der Sozialpflichtigkeit des Eigentums" vielfach unter falscher Flagge an Regelungen gedacht wird, die das Grundeigentum zu einem Eigentum 2. Klasse machen würden.

Eine solche Aushöhlung des Eigentumsbegriffs durch eine Überspitzung der Sozialbindung lehne ich ab.

Es muß auch allen Tendenzen widerstanden werden, die auf eine *grundsätzlich* unterschiedliche Behandlung des Eigentums an Grund und Boden sowie an den Produktionsmitteln gegenüber anderen Eigentumsformen abzielt.

Die Eigentumsordnung ist unteilbar und gilt für alle Formen gleichermaßen.

Die in der öffentlichen Diskussion immer wieder erhobene Forderung, die Eigentumsverteilung durch eine drastische Erhöhung der Vermögens- und Erbschaftssteuern zu ändern, müßte ebenfalls schwerwiegende Folgen für die gesellschaftliche Entwicklung in der Bundesrepublik haben. Auch hiervon könnte die Eigentumsordnung als Ganzes nicht unberührt bleiben.

Es kann für mich keine Zweifel geben, daß dies zu schweren Erschütterungen im sozialen Gefüge unserer Gesellschaft führen würde, ohne einen nennenswerten Effekt für den einzelnen herbeizuführen.

Es gibt Stimmen, die der Meinung sind, eine Änderung der geltenden Eigentumsordnung diene der Bodenmobilität.

Ich halte dies für eine völlige Illusion.

Zur Erleichterung des Strukturwandels und der dabei notwendigen Bodenmobilität ist es viel wichtiger, ein neues, liberales Landpachtrecht zu schaffen.

Auf solche Weise wird „geräuschlos“ und ohne Veränderung der Eigentumsordnung der Strukturwandel vollzogen und gleichzeitig ein weithin breitgestreutes Grundeigentum erhalten.

Der Deutsche Bauernverband hat deshalb schon seit langem zur Erleichterung des Strukturwandels eine Gesamtreform des Landpachtrechts vorgeschlagen.

Diese Reform muß insbesondere die Kreditbasis für Pachtbetriebe erweitern und eine im Hinblick auf eine ordnungsgemäße Betriebsführung erforderliche Sicherung der Zupachtflächen gewährleisten. Daneben erscheint uns eine Anpassung an die veränderten wirtschaftlichen und rechtlichen Verhältnisse unerläßlich.

Daß der Strukturwandel daneben noch weitere Maßnahmen erfordert, ist selbstverständlich.

Auf sie möchte ich in diesem Zusammenhang jedoch nicht eingehen.

Dennoch, das ist ganz klar, eine gesunde Eigentumsordnung setzt ein möglichst breit gestreutes Privateigentum voraus.

Hier ist in der Vergangenheit einiges versäumt worden. Die Anstrengungen, die Vermögensbildung in *allen* Schichten der Bevölkerung, insbesondere in Arbeitnehmerhand, zu fördern, waren zu gering. Diese Feststellung allein ergäbe indessen ein schiefes Bild. Immerhin gibt es in der Bundesrepublik ohne die Landwirte ca. 7,5 Millionen private Haus- und Grundbesitzer. Davon sind 28 % Arbeiter, 12 % Angestellte und Beamte, 27 % Selbständige und 28 % Rentner.

Zählt man noch die ca. 1,3 Millionen Bauern hinzu, so zeigt sich, daß die Lage keineswegs so ungünstig sein kann, wie manche Stimmen in jüngster Zeit behauptet haben.

Desungeachtet bin ich der Meinung, daß die Bemühungen, Vermögen in Arbeitnehmerhand zu bilden, verstärkt werden müssen und in jeder Weise Förderung und Unterstützung verdienen.

Privates Vermögen schützt nicht nur vor den vielfältigen Wechselfällen des Lebens.

Es erleichtert dem einzelnen auch, sein Leben so einzurichten, wie es seinen Bedürfnissen, Wünschen und Erwartungen entspricht. Unabhängigkeit und Freizügigkeit, der Freiheitstraum des einzelnen, können dadurch wesentlich erweitert werden.

Gerade dies ist in einer industriellen Massengesellschaft trotz aller sozialen Sicherungen für die Arbeitnehmer von eminenter gesellschaftspolitischer Bedeutung.

Zahlreiche Pläne, wie dies geschehen könnte, sind bereits zur Diskussion gestellt.

Ich kann darauf hier nicht eingehen.

Soviel scheint mir jedoch sicher zu sein, daß es bei der Vermögensbildung entscheidend auf die *persönliche Beziehung* zu dem erworbenen Besitz ankommt.

Daher verdient der Erwerb von Haus- und Grundbesitz oder von Wohnungseigentum ganz besonders Förderung ...

... Ich habe eingangs die Frage aufgeworfen, wie soll die neue Bodenordnung aussehen?

Nun, ein Vorschlag, ein Modell für diese zukünftige Ordnung, liegt bereits auf dem Beratungstisch des Bundestages.

Ich meine das Städtebauförderungsgesetz.

Daß dieses Gesetz Schrittmacher und Modell der neuen Bodenordnung sein soll, hat der Bundeswohnungsbauminister selbst erklärt. Er hat inzwischen auch bereits eine Bodenrechtskommission eingesetzt, deren Aufgabe es sein dürfte, Vorschläge zur Verwirklichung dieses Modells auch im übrigen Bodenrecht zu machen.

Gegen dieses Modell einer neuen Bodenordnung im Städtebauförderungsgesetz hat der DBV — wie Ihnen bekannt — erhebliche Bedenken.

Ich möchte aber nicht mißverstanden werden: städtebauliche Sanierungs- und Entwicklungsmaßnahmen hält auch der DBV für notwendig.

Auch begrüßt der DBV, daß Sanierungsmaßnahmen nicht nur in Ballungsgebieten und in den Großstädten, sondern auch in kleineren Ortschaften und Dörfern durchgeführt werden sollen.

Die Hauptsache ist nur, daß dieses Bekenntnis zur Dorferneuerung auch in die Realität umgesetzt wird und genügend Finanzmittel für die Durchführung solcher Maßnahmen bereitgestellt werden.

Gerade hier habe ich angesichts des immensen Bedarfs in den Ballungszentren meine Zweifel.

Um richtig verstanden zu werden, der DBV lehnt ein Städtebauförderungsgesetz nicht in Bausch und Bogen ab.

Es geht nur um die Frage, nach welchem Konzept soll verfahren werden, auch nach welchem planerischen Konzept?

Denn, daß zahlreiche Schwierigkeiten, mit denen wir uns heute herumschlagen, in einer mangelhaften planerischen Vorausschau ihren Grund haben, das kann man nicht nur im Bonner Raum immer wieder feststellen.

Ich möchte diese Frage hier nicht weiter vertiefen.

Dazu müssen sich Sachkundigere äußern.

Die Bedenken des Deutschen Bauernverbandes richten sich primär gegen die bodenrechtlichen Vorschriften des Städtebauförderungsgesetzes.

Ich halte es für notwendig, hier unseren Standpunkt in der gebotenen Kürze noch einmal deutlich zu machen . . .

1. Eine allgemeine Genehmigungspflicht für den Grundstücksverkehr in Sanierungs- und Entwicklungsgebieten soll verhindern, daß Geschäfte getätigt werden, die die Durchführung städtebaulicher Sanierungs- und Entwicklungsmaßnahmen unmöglich machen oder wesentlich erschweren.

Gleichzeitig damit — und das ist das Bedenkliche — soll für den gesamten Grundstücksverkehr in diesen Gebieten eine Preiskontrolle eingeführt werden.

Die bei den Gemeinden eingerichteten Gutachterausschüsse sollen darüber befinden, ob der Veräußerungspreis für ein Grundstück statthaft oder als überhöht anzusehen ist.

Ich habe erhebliche Zweifel, daß diese Preiskontrolle objektiv ist. Im Ergebnis wird sie auf einen Preisstop mit allen aus der Vergangenheit bekannten negativen Erscheinungen hinauslaufen. Eine Lähmung des Grundstückverkehrs wäre unausbleiblich.

Das aber wird dazu führen, daß in erheblich größerem Umfang als sonst erforderlich, vom Instrument der Enteignung Gebrauch gemacht werden muß.

Auch ist zu erwarten, daß sich die Betroffenen genauso wenig wie in der Vergangenheit mit diesem Preisstop abfinden und nach Umgehungsmöglichkeiten suchen werden. Ein grauer Bodenmarkt mit allen unerfreulichen Begleiterscheinungen wäre die Folge.

Wer noch nicht vergessen hat, daß das Bundesbaugesetz vor 10 Jahren den Preisstop beseitigt hat, um einen funktionsfähigen Bodenmarkt wieder herzustellen, kann vor einem erneuten Versuch, auf solche Weise die Dinge in den Griff zu bekommen, nur warnen.

2. Gleichzeitig soll den Gemeinden ein Grunderwerbsrecht eingeräumt werden. Damit wird ihnen die Möglichkeit gegeben, nach Versagung der Genehmigung für ein Grundstücksgeschäft, das Grundstück durch einseitige Erklärung gegenüber dem Eigentümer zu dem vom Gutachterausschuß ermittelten Preis an sich zu ziehen.

Praktisch handelt es sich hierbei um ein stark vereinfachtes Enteignungsverfahren, bei dem der Begünstigte, die Gemeinde, selbst über seine Ausübung entscheidet.

Das Verfahren soll zwar mit gewissen Rechtsschutzgarantien zugunsten des Betroffenen ausgestattet werden.

Es bleibt jedoch bei dem außerordentlich bedenklichen Tatbestand, daß sich die Gemeinde selbst durch Versagung der Genehmigung zur Veräußerung des Grundstücks eine günstige Ausgangsposition zum Grundstückserwerb verschaffen kann.

Dabei können meiner Auffassung nach Interessenkollisionen nicht ausbleiben.

3. Land- und Forstwirtschaft werden für die großräumigen städtebaulichen Entwicklungsmaßnahmen Land in ganz erheblichem Umfang abgeben müssen.

Zahlreiche Betriebe werden entweder ihren Grundbesitz ganz aufgeben müssen oder erhebliche Teilflächen verlieren.

Deshalb stößt die beabsichtigte Änderung des Enteignungsentschädigungsrechts auf schwerste Bedenken.

Nach den derzeitigen Plänen sollen im Falle der Enteignung bei der Bemessung der Enteignungsentschädigung Werterhöhungen außer Betracht bleiben, die durch die Aussicht auf die städtebauliche Entwicklungsmaßnahme eingetreten sind.

Dies bedeutet nicht nur eine Abkehr vom geltenden Entschädigungsrecht, wonach sich die Enteignungsentschädigung nach dem Verkehrswert im Zeitpunkt des Erlasses des Enteignungsbeschlusses zu richten hat, sondern ist zugleich ein völliges Abschneiden der Entwicklungschance, die jedem Grundstück innewohnt.

Da auch beim Ankauf kein höheres Entgelt vorgesehen ist, führt dies dazu, daß die Landwirte im Regelfall zum Ackerlandpreis entschädigt werden.

Daß dies nicht geht, ist auch von der Bundesregierung erkannt worden.

Deshalb soll es möglich sein, durch Rechtsverordnung Vorschriften über die Mindesthöhe des Verkehrswertes land- und forstwirtschaftlich genutzter Grundstücke zu erlassen.

Ich halte eine solche Regelung für unzulänglich, ganz abgesehen davon, daß man Verkehrswerte — also Marktpreise — nicht durch Verordnung regeln kann.

In zutreffender Erkenntnis dieser Sachlage hat denn auch der Bundesrat vorgeschlagen, daß beim Erwerb land- und forstwirtschaftlicher Grundstücke in städtebaulichen Entwicklungsgebieten von dem Preis für vergleichbares Bauerwartungsland auszugehen ist.

Das ist ein vernünftiger und sachgerechter Vorschlag.

Muß nämlich ein Land- oder Forstwirt dem Städtebau weichen, so ist es nur gerecht, ihm für sein Land, das nun baulich genutzt werden soll, eine Entschädigung zuzubilligen, wie sie allgemein für vergleichbares Bauerwartungsland gezahlt wird.

Damit bleibt er ausgeschlossen von Wertsteigerungen, die später durch Investitionen der öffentlichen Hand bewirkt werden.

Es werden ihm auch Spekulationsgewinne versagt.

Es wäre aber untragbar, ihn zum landwirtschaftlichen Verkehrswert abzufinden, obwohl das Land im Zeitpunkt der Abgabe Bauerwartungscharakter hat.

Die Übernahme dieses Vorschlages des Bundesrates ist von der Bundesregierung abgelehnt worden. Die Ablehnungsgründe vermögen jedoch nicht zu überzeugen.

Der Vorschlag verstößt keineswegs gegen den Gleichheitssatz (Art. 3 Grundgesetz), da Entwicklungsmaßnahmen und Sanierungsmaßnahmen, wie die Ausgestaltung des Gesetzentwurfs zeigt, völlig unterschiedliche Tatbestände sind.

Während bei der Sanierung die Eigentümer gestaltend bei der Durchführung der Maßnahmen mitwirken, ja diese sogar selbst durchführen können, sieht der Regierungsentwurf bei Entwicklungsmaßnahmen die ausschließliche Durchführung der Maßnahmen durch die Gemeinde oder eine von der Landesregierung hierfür bestimmte Stelle vor.

In Sanierungsgebieten werden die bisherigen Eigentümer entweder ihr Eigentum behalten oder andere Sachwerte erhalten.

In Entwicklungsgebieten dagegen müssen die betroffenen Land- und Forstwirte prinzipiell ihr Eigentum endgültig abgeben.

Sie haben allenfalls die Chance, einen minimalen Bruchteil bei der Reprivatisierung zurückerwerben zu können.

Auch ist im Gegensatz zu der Regelung für Sanierungsmaßnahmen nicht vorgesehen, daß an die bisherigen Eigentümer ein etwaiger Überschuß nach Abschluß der Entwicklungsmaßnahme ausgeschüttet werden soll.

Auch hierin zeigt sich die unterschiedliche Behandlung der Eigentümer in Entwicklungsgebieten gegenüber denen in Sanierungsgebieten.

Ein völliger Ausschluß der betroffenen Land- und Forstwirte von jeder Teilhabe an der Entwicklungschance ihres Grundstücks dürfte auch schwerlich mit dem Gebot einer gerechten Abwägung der Interessen zwischen den einzelnen und der Allgemeinheit vereinbar sein (Art. 14 Abs. 3 S. 3 Grundgesetz).

Während in allen anderen Bereichen der Wirtschaft Vermögens- und Einkommenszuwachs eintritt, ohne daß daran gedacht wird, hier bremsend einzugreifen, haben die Landwirte im Gemeinsamen Markt bereits zwei Preissenkungen hinnehmen müssen und befinden sich angesichts des allgemeinen Preisauftriebs in einer höchst prekären wirtschaftlichen Situation.

Ihnen in dieser Lage den wertvollsten Teil ihres Vermögens, die Grundlage ihrer Existenz, den Grund und Boden, zu Minimalpreisen abzunehmen und ihnen damit die Möglichkeit abzuschneiden, die hohen Investitionskosten des Strukturwandels zu finanzieren oder einen geeigneten Ersatzbetrieb zu erwerben, wäre ebenso unerträglich wie ungerecht.

Ich bin deshalb der Meinung, daß man den Betroffenen die Mindestchance — vergleichbarer Bauerwartungslandpreis — lassen muß.

Gestatten Sie mir zum Städtebauförderungsgesetz noch eine abschließende Bemerkung.

Vielfach wird die Auffassung vertreten, dieses neue Bodenrecht werde den Preisanstieg im Bereich des Wohnungs- und Städtebaus entscheidend dämpfen und einen weiteren Anstieg der Mieten verhindern.

Ich halte das für eine völlige Illusion.

Einmal sind die Grundstückskosten im Durchschnitt nur ein relativ kleiner Teil der Gesamtkosten.

Die steigenden Baukosten, eine Folge des geringeren Produktivitätsfortschritts in der Bauwirtschaft im Vergleich zur Gesamtwirtschaft, schlagen da schon erheblich mehr zu Buche.

Außerdem, und das dürfte entscheidend sein, dürfen die Gemeinden sowie die Sanierungs- und Entwicklungsträgergesellschaften die von ihnen erworbenen Grundstücke bei der Reprivatisierung — ohne Preiskontrolle — zum neuen Verkehrswert veräußern.

Es wäre mehr als naiv anzunehmen, daß sie dabei die Marktchance nicht wahrnehmen, oder glaubt jemand heute noch, daß der König nicht sündigt.

Ich halte dies für einen logischen Bruch im System des neuen Bodenrechts.

Zumindest müßte bestimmt werden, daß bei der Veräußerung als Obergrenze nur ein Preis verlangt werden kann, der sich ohne Gewinn unter Berücksichtigung der eigenen Aufwendungen der Gemeinde ergibt.

Ich komme zum Schluß.

Was kann getan werden, um das private Grundeigentum als Fundament unserer freiheitlichen Wirtschaftsordnung zu erhalten und zu stärken?

1. Entscheidende Voraussetzung für die Lösung der Probleme ist eine Wirtschaftspolitik, die der Stabilität des Geldwertes die notwendige Beachtung schenkt.

Nur wenn dies geschieht, ist eine Dämpfung der Übernachfrage nach Grund und Boden als einzige Sicherung gegen den schleichenden Geldwertverfall zu erwarten.

2. Die Regionalpolitik muß weit stärker aktiviert werden, um der Tendenz zur weiteren Verdichtung der Ballungsgebiete entgegenzuwirken. Geschieht dies nicht, werden irreparable wirtschaftliche und gesellschaftspolitische Schäden die Folge sein.

Die Entleerung der agrarischen Problemgebiete und die sozialen Folgekosten in den Ballungsgebieten würden die Wirtschaftskraft der Bundesrepublik entscheidend schwächen.

3. Der Bodenpreisspekulation in den Ballungsgebieten sollte mit steuerlichen Maßnahmen entgegen getreten werden.

Der Beschluß des Bundesverfassungsgerichts, der die unterschiedslose Privilegierung der Landwirte bei der steuerlichen Erfassung der Gewinne aus der Veräußerung von Grund und Boden für verfassungswidrig erklärt hat, ist Anlaß, darüber nachzudenken, in welcher Weise den Spekulanten durch eine steuerliche Erfassung der Veräußerungsgewinne das Handwerk gelegt werden kann.

4. Alle Anstrengungen zur Vermögensbildung, insbesondere zum Erwerb von Haus- und Grundbesitz oder Wohnungseigentum, sollten stärker als bisher gefördert und unterstützt werden.

10. Leitsätze des Deutschen Gewerkschaftsbundes zu Regional-, Städtebau- und Wohnungspolitik im Rahmen von Raumordnungs- und Strukturpolitik Entschließung des 8. o. Bundeskongresses des DGB in München, 1969*

(Auszug)

I. Präambel

Das ist ein Kennzeichen unserer Zeit: Wirtschaft, Gesellschaft und das Leben jedes einzelnen wandeln sich immer schneller. Dieser Wandel bedarf der Menschen wegen der ständigen und stetigen Steuerung mit dem Ziel, die Chancengleichheit aller Bürger in ausgewogenen gesellschaftlichen und wirtschaftlichen

* Abdruck nach vervielfältigtem Manuskript der Bundesgeschäftsstelle des DGB.

Strukturen herbeizuführen. Dies gilt insbesondere für Räume und Regionen, deren Besiedlungsdichte und Strukturen sich verändern.

Die deutschen Gewerkschaften bejahen den Wandel, weil er die Chancen für wachsenden kulturellen und materiellen Wohlstand aller und für größere soziale Gerechtigkeit bietet. Aus ihrer Verantwortung für die ständige Verbesserung der Lebens- und Arbeitsbedingungen der Arbeiter, Angestellten und Beamten sowie ihrer Familien sind die Gewerkschaften legitimiert und verpflichtet, bei der zielstrebigen Steuerung der künftigen Entwicklung entscheidend mitzuwirken.

Fürsorge durch Vorsorge wird zunehmend wichtiger.

II. Rückblick

Seit ihren Anfängen hat die deutsche Gewerkschaftsbewegung den Gedanken der Wohnungsreform wesentlich mit getragen und durch Gründung von Arbeiterbaugenossenschaften und -bauvereinen die Wohnungsreform schon früh praktiziert.

Ohne das beharrliche Drängen der Gewerkschaften und ohne ihre beständigen Initiativen wäre der gegenwärtige Stand des Wohnungs- und Siedlungswesens nicht erreicht worden.

Dem Beschluß des Allgemeinen Deutschen Gewerkschaftsbundes vom Jahre 1922, eigene Wohnungsgesellschaften ins Leben zu rufen, folgte im Jahre 1924 deren Gründung. Sie haben Beispiele besseren Wohnungsbaues und besserer Wohnungsverwaltung, besserer Wohnungs- und Gebäudegestaltung, besserer Gebäudezuordnung und besserer Siedlungsstruktur geschaffen, und sie leisteten einen wesentlichen Beitrag zur Beseitigung des Wohnungselends.

III. Aufgaben

Unter den damaligen Bedingungen sahen die Gewerkschaften es als Ziel ihrer Wohnungs- und Siedlungspolitik an, den allgemeinen Lebensstandard durch Hebung des Wohnungsstandards zu verbessern. Heute geht es darum, den allgemeinen Lebensstandard durch die Erneuerung und Entwicklung der städtischen und ländlichen Siedlungsräume anzuheben, also deren wirtschaftliche und gesellschaftliche Struktur durch alle geeigneten Maßnahmen der Regional-, Städtebau- und Wohnungspolitik zu verbessern. Dies ist die zwingende Folgerung aus der Einsicht, daß Leben und Entwicklung der Bevölkerung von den Gemeinschaftsbauten und Gemeinschaftseinrichtungen, wie den Schulen und Krankenhäusern, dem öffentlichen Verkehrssystem und den anderen Infrastruktureinrichtungen, ganz entscheidend bestimmt werden.

Anordnung, Zuordnung und Dimensionierung der Stätten der Arbeit, des Wohnens, der öffentlichen und privaten Versorgung, der Erholung, der Kultur, der Bildung und Ausbildung und ihre Verkehrsanbindung bestimmen in besonderem Maße das Leben und die Entwicklungsmöglichkeiten der Bevölkerung.

a) Sicherung gesunder Lebens- und Umweltbedingungen in den Regionen

Die Veränderungen der Wirtschaftsstruktur beeinflussen entscheidend die Lebensbedingungen. Sie verursachen neue räumliche Zuordnungen und neue berufliche Anforderungen. Sie rufen auch Veränderungen auf dem Arbeitsmarkt hervor. Diese Entwicklungen müssen so beeinflußt werden, daß keine sozialen Schäden entstehen.

Teil dieser notwendigen Vorsorge ist die Sicherung gesunder Lebens- und Umweltbedingungen in den Regionen als Vorbedingung gesunder Entwicklung des einzelnen Menschen, der Familie und der Gesellschaft.

Der Wandel der Strukturen muß ständig beobachtet und analysiert werden. Die Ergebnisse dieser Untersuchungen müssen in regionale Entwicklungsprogramme für Gewerbe, Industrie, Landwirtschaft und Besiedlung umgesetzt werden. Sie müssen mit den wirtschaftlichen und den gesellschaftspolitischen Zielvorstellungen, wie sie im DGB-Grundsatz- und Aktionsprogramm fixiert sind, in Einklang stehen.

b) Sicherung gesunder Lebens- und Umweltbedingungen in den Städten und Gemeinden

Die Lebensverhältnisse in den Städten und Gemeinden werden entscheidend von der räumlichen Zuordnung der Stätten des Wohnens, des Arbeitens, der Bildung und Ausbildung, der Erholung und der Kultur bestimmt. Der Zugang zu ihnen muß durch ein leistungsfähiges Verkehrssystem für jedermann gesichert sein. Es ist das Ziel, durch optimale Versorgung mit öffentlichen und privaten Leistungen den Menschen bestmögliche Lebens- und Entwicklungschancen bereitzustellen.

Überalterte und schlechte Gebäude sind zu beseitigen.

Die Verwirklichung aller dieser Aufgaben setzt ein soziales Bodenrecht voraus, das der Sozialpflichtigkeit des Eigentums voll Rechnung trägt. Die Bodenpolitik muß die gegebenen rechtlichen Möglichkeiten voll ausschöpfen. Spekulations- und Planungsgewinne müssen ausgeschlossen sein. Es ist soziale Verpflichtung der Eigentümer von Grund und Boden, die notwendigen Sanierungen und Entwicklungen zu fördern.

Bei Planung und Vollzug der Erneuerung und Entwicklung städtischer und ländlicher Siedlungsräume fordern die Gewerkschaften volles Mitberatungs- und Mitentscheidungsrecht . . .

11. DGB für Bodenertragssteuer, 1971*

Der Deutsche Gewerkschaftsbund begrüßt den Vorschlag des Parlamentarischen Staatssekretärs Karl *Ravens*, durch eine Bodenertragssteuer die Anbietungspflicht der Bodenbesitzer für Grundstücke zu stärken.

Eine Bodenertragssteuer kann einen Beitrag zur Unterbindung der Bodenspekulation leisten. Für die Bodenbesitzer besteht entsprechend dem Grundgesetz eine soziale Verpflichtung, die notwendigen Sanierungen und Entwicklungen zur Verbesserung der Lebensverhältnisse in den städtischen und ländlichen Räumen zu fördern. Der Vorschlag von *Ravens* kann nach gewerkschaftlicher Auffassung auch einer weiteren ungerechten Verteilung der Vermögen entgegenwirken.

Eine Bodenertragssteuer sollte sich einfügen in die verschiedenen Bemühungen, u. a. durch ein fortschrittliches Städtebauförderungsgesetz und durch eine Novelle zum Bundesbaugesetz Bodenspekulationen zu unterbinden.

* Abdruck nach „DGB Nachrichtendienst“, 18. März 1971.

12. Zum Städtebauförderungsgesetz Appell der Kommunalen Spitzenverbände an den VI. Deutschen Bundestag (mit Anhang: Stadterneuerung und Städtebauförderung im Recht des westlichen Auslands), 1969*

(Auszug)

5. Das bodenrechtliche Instrumentarium

Sanierungs- und Entwicklungsmaßnahmen lassen sich in größerem Umfang nur durchführen, wenn den Gemeinden ein besseres bodenrechtliches Instrumentarium zur Verfügung steht, als es das Bundesbaugesetz bietet. Dazu gehören

a) die Begrenzung von Ausgleichs- und Entschädigungsleistungen auf die Grundstückswerte, die ohne Aussicht auf die städtebaulichen Maßnahmen und ohne diese selbst bestanden,

b) die Verpflichtung der Eigentümer, mit der Wertsteigerung ihrer Grundstücke zu den Kosten der Ordnungsmaßnahmen (unrentierliche Kosten) beizutragen,

c) ein Recht der Gemeinde, alle Grundstücke, derer sich der Eigentümer entäußern will, zu dem limitierten Wert zu erwerben,

d) Erleichterungen, insbesondere Verfahrenserleichterungen, bei der Enteignung zu Sanierungs- und Entwicklungszwecken,

e) erweiterte Anwendungsmöglichkeiten und Verfahrenserleichterungen für die Umlegung,

f) ein wirksames Baugebot sowie rechtliche Handhaben, um die Re-Investition von Ausgleichs- und Entschädigungsleistungen im Sanierungsgebiet durchzusetzen,

g) die Ermächtigung an die Gemeinde, Gebote zur Modernisierung erhaltenswerter Gebäude und zum Abbruch von Gebäuden auszusprechen,

h) eine Überwachung aller rechtlichen und tatsächlichen Vorränge im Sanierungsgebiet, die die Sanierung unmöglich machen

* Abdruck nach „Zum Städtebauförderungsgesetz", Oktober 1969, Bundesvereinigung der kommunalen Spitzenverbände (Hrsg.).

oder erschweren können, und ein entsprechender Genehmigungsvorbehalt der Gemeinde zur Verhinderung solcher Vorgänge,

i) die Möglichkeit, die Eigentümer zur Durchführung der Sanierung auch gegen den Willen einer Minderheit zu einem öffentlich-rechtlichen Sanierungsverband zusammenzuschließen.

6. Einsatz der Wertsteigerung zur Mitfinanzierung

Sanierung und Entwicklung eines Gebietes führen durch die von der Gemeinde eingeleiteten Planungen und Maßnahmen, verbunden mit dem Einsatz hoher öffentlicher Mittel, zu einer besseren wirtschaftlichen Nutzung der Grundstücke und damit zu Wertsteigerungen. Es ist angesichts des wachsenden Vorteils der Eigentümer von der Sanierung oder Entwicklung des Gebietes gerechtfertigt, daß diese Wertsteigerungen zur Deckung der hohen Kosten der Maßnahmen und damit zur Senkung der öffentlichen, d. h. der von der Allgemeinheit zu tragenden Zuschüsse beitragen. Das bedeutet zweierlei:

a) Es muß verhindert werden, daß die Gemeinde einen Grunderwerb doppelt bezahlt, indem sie einmal die für die Wertsteigerung der Grundstücke notwendigen Investitionen trägt und daß sie zum anderen die Wertsteigerungen, die bekanntlich im Grundstücksverkehr vom Bekanntwerden der beabsichtigten Maßnahmen an ganz oder teilweise vorweggenommen werden, bei Entschädigungs- und Ausgleichsleistungen noch einmal bezahlt. Deshalb muß das Gesetz eindeutig bestimmen, daß

„bei der Bemessung von Ausgleichs- und Entschädigungsleistungen aufgrund von Maßnahmen, die der Vorbereitung und Durchführung der Sanierung dienen, nur die Werte berücksichtigt werden, die sich ergeben würden, wenn eine Sanierung weder beabsichtigt noch durchgeführt worden wäre".

Eine entsprechende Vorschrift muß es für Entwicklungsmaßnahmen geben.

b) Für die Eigentümer, die ihr Grundstück behalten oder ein neues erhalten haben, muß es eine korrespondierende Vorschrift geben, die sie verpflichtet, mit dem Wert, um den sich ihr Grundstück durch die Sanierung oder Entwicklung erhöht hat, zu den Kosten der Ordnungsmaßnahmen anteilig beizutragen.

Ein besonderer Fall ist gegeben, wenn städtebauliche Mißstände von einem Unternehmen oder von Einrichtungen (z. B. Belästigungen durch Fabrikationsanlagen, Verkehrsanlagen, Verteidigungsanlagen) erzeugt werden und die Sanierung auf die Beseitigung dieser spezifischen Mißstände gerichtet ist. Die Gemeinde kann dies erreichen, indem sie entweder gegen den Störer vorgeht, d. h. die störende Anlage beseitigt, oder indem sie die Gebäude, auf die bzw. auf deren Bewohner die Störung einwirkt, beseitigt oder verändert. Entscheidet sich die Gemeinde für die zweite Möglichkeit, so erlangt der Störer einen oft beträchtlichen Vorteil dadurch, daß ihm eigene Maßnahmen erspart bleiben (z. B. Emissionsschutzeinrichtungen, Betriebsverlagerung) oder ihm eine Betriebserweiterung ermöglicht wird. Eine erhebliche Wertsteigerung der vorhandenen Einrichtung ist oft damit verbunden. Es ist deshalb gerechtfertigt, den Eigentümer, den Träger oder Betreiber der Anlage oder Einrichtung bis zur Höhe dieses Vorteils zu den Kosten der Sanierung heranzuziehen. Eine entsprechende Vorschrift in einem Städtebauförderungsgesetz könnte in etwa wie folgt lauten:

„Heranziehung des Veranlassers

(1) Sind die städtebaulichen Mißstände nicht nur unwesentlich von Unternehmen, Einrichtungen oder Maßnahmen einer natürlichen oder juristischen Person herbeigeführt worden, und gewinnt diese aus der Durchführung der Sanierung einen Vorteil, so kann die Gemeinde sie bis zur Höhe des Vorteils zu den Kosten der Ordnungsmaßnahmen heranziehen. Als Vorteil gilt insbesondere die Erhöhung des Wertes des Unternehmens oder der Einrichtung oder die Ersparnis eigener Aufwendungen zur Beseitigung oder Verminderung der Einwirkungen auf das Sanierungsgebiet.

(2) Der Bescheid über die Heranziehung hat vor Aufhebung der förmlichen Festlegung des Sanierungsgebietes zu ergehen. Solange die Höhe des Vorteils nicht abschließend feststellbar ist, können angemessene Vorauszahlungen verlangt werden. Eine Vereinbarung zwischen der Gemeinde und dem Verpflichteten über die Höhe seines Beitrags ist zulässig."

7. Verfahrenserleichterungen für die Enteignung

Die Enteignung als härtester Eingriff sollte das letzte Mittel sein, das die Gemeinde zur Durchführung von Sanierungs- und

Entwicklungsmaßnahmen einsetzt. Es ist deshalb von entscheidender Bedeutung, daß die anderen Mittel, die zum gleichen Erfolg führen können, wie vor allem das Grunderwerbsrecht, die Umlegung und das Baugebot, möglichst praktikabel ausgestaltet werden und daß darüber hinaus Anreize für die Eigentümer, etwa durch Investitionsprämien, attraktive Beteiligung an einem Immobilienfonds oder an einem Sanierungsverband, geschaffen werden, Sanierungs- und Entwicklungsmaßnahmen auf eigene Initiative durchzuführen oder zu unterstützen.

Dennoch wird die Enteignung in vielen Fällen notwendig sein. Sie ist jedoch gerade in solchen Fällen, in denen es auf eine schleunige Durchführung der Maßnahmen ankommt, im Verfahren zu schwerfällig, zeitraubend und dadurch fast unbrauchbar. Sehr häufig entsteht über die Höhe der Entschädigung ein Rechtsstreit, der bis zur endgültigen Entscheidung auch die Frage der Zulässigkeit der Enteignung offen läßt. Bei Sanierungs- und Entwicklungsmaßnahmen sind die nachteiligen Folgen solcher jahrelangen Prozesse besonders schwerwiegend und belasten alle Beteiligten, weil die Durchführung der Maßnahmen im Ganzen beeinträchtigt und verzögert werden kann. Außerdem fordert die jeweils gesonderte Festsetzung von Entschädigungen von Fall zu Fall die Neigung der Eigentümer, die Hergabe von Grundstücken möglichst lange hinauszuzögern, weil häufig der letzte Eigentümer die höchste Entschädigung erzielt.

Die Enteignung zu Sanierungs- und Entwicklungszwecken muß deshalb dadurch praktikabler gemacht werden, daß einerseits

— die Frage der Zulässigkeit der Enteignung und die Frage der Höhe der Enteignungsentschädigung getrennt entschieden werden können und dadurch im weiteren Verfahren voneinander unabhängig werden,

und daß andererseits

— in einem möglichst frühen Stadium, d. h. möglichst bald nach förmlicher Festlegung des Sanierungsgebietes bzw. Entwicklungsbereiches die Grundstückswerte im Sanierungsgebiet bzw. Entwicklungsbereich festgelegt werden, die bei der Festsetzung von Enteignungsentschädigungen wie auch in sonstigen

Fällen bei der Durchführung der Sanierungs- und Entwicklungsmaßnahmen zugrunde zu legen sind.

Zur Verwirklichung beider Forderungen sollte folgendes Verfahren geprüft werden:

Die Gemeinde stellt alsbald nach förmlicher Festlegung des Sanierungsgebietes bzw. Entwicklungsbereiches die Grundstückswerte, und zwar wie sie sich ohne die beabsichtigten städtebaulichen Maßnahmen ergeben, fest. Sie legt ihre Feststellungen in einem ähnlichen Verfahren, wie es § 2 Abs. 6 des Bundesbaugesetzes für Entwürfe von Bauleitplänen vorsieht, zur Einsicht der betroffenen Eigentümer aus. Die Eigentümer haben innerhalb der zeitlich zu begrenzenden Auslegungsfrist die Möglichkeit, Einwendungen gegen die Bewertung ihres Grundstücks zu erheben. Die Gemeinde setzt sodann nach Prüfung der erhobenen Einwendungen die Grundstückswerte im Sanierungsgebiet bzw. Entwicklungsbereich durch Beschluß — eventuell mit Genehmigung der höheren Verwaltungsbehörde (Enteignungsbehörde) — fest. Diese Werte sind für alle weiteren Maßnahmen verbindlich, also z. B. bei der Gewährung von Ausgleichs- und Entschädigungsleistungen, bei der Ausübung des Grunderwerbsrechts, bei der Heranziehung der Eigentümer zu den Kosten der Sanierungs- oder Entwicklungsmaßnahmen. Der Eigentümer muß jedoch die Möglichkeit haben, gegen die Wertfestsetzung für sein Grundstück innerhalb einer angemessenen Frist (z. B. 1 Monat) Klage vor dem ordentlichen Gericht zu erheben mit dem Ziel, eine höhere Wertfestsetzung zu erreichen. Die gerichtlich bestätigte bzw. korrigierte Wertfestsetzung erwächst zwischen dem jeweiligen Eigentümer und der Gemeinde in Rechtskraft.

Die eventuelle Preisentwicklung auf dem allgemeinen Grundstücksmarkt, welche durch die in Abschn. 6 beschriebene Limitierung der Grundstückswerte nicht beschnitten werden soll, könnte die Gemeinde von einem bestimmten Zeitpunkt ausgehend in regelmäßigen Abständen fortschreiben und bei der Festsetzung von Entschädigungen und dergleichen durch entsprechende pauschale Zu- und Abschläge berücksichtigen.

Dieses System hat den Vorteil, daß es von vornherein für den Eigentümer und die Gemeinde Klarheit über die Grundstückswerte im Sanierungsgebiet bzw. Entwicklungsbereich schafft. Die Wertermittlung für das ganze Gebiet in einem Verfahren nach einheitlichen Maßstäben unter Beteiligung der Eigentümer bietet eine Gewähr für eine möglichst gerechte Grundstücksbewertung. Die Austragung von Meinungsverschiedenheiten über die Grundstücksbewertung ist weitgehend in das Vorfeld vor der Durchführung konkreter Maßnahmen, bei der solche Meinungsverschiedenheiten störend und verlangsamend wirken können, vorverlegt. Ein weiterer Vorteil ist es, daß ein Preisstop für Grundstücksgeschäfte im Sanierungsgebiet bzw. Entwicklungsbereich sowie eine Genehmigungspflicht im Hinblick auf den Preis überflüssig ist. Bei frühzeitiger Festlegung der Grundstückswerte wird es für den Eigentümer und den potentiellen Erwerber kalkulierbar, welchen Wert er bei etwaiger zu Sanierungszwecken notwendig werdender Hergabe des Grundstücks erhält und welchen Beitrag er für das ihm verbleibende bzw. für das von ihm erworbene Grundstück später zu den Kosten der Ordnungsmaßnahmen zu zahlen hat. Dem Erwerber kann es damit freigestellt sein, welchen Preis er unter Berücksichtigung des durch die Wertfestsetzung nun kalkulierbar gewordenen Risikos für das Grundstück im Sanierungsgebiet oder Entwicklungsbereich zahlt.

Gegen diese Konstruktion kann nicht eingewandt werden, daß die Gefahr bestehe, daß sich ein Verkehrswert entwickele, der den von der Gemeinde festgestellten Ausgangswert überrollt und daß damit Entschädigungs- und Ausgleichsleistungen nach dem festgestellten Ausgangswert verfassungswidrig (Art. 14 Grundgesetz) würden. Daß andere Werte als Verkehrswerte für Entschädigungen usw. zugrunde gelegt werden können, wenn überwiegende Gründe des Allgemeinwohls dies erfordern, ist vom Bundesverfassungsgericht ausdrücklich anerkannt worden.

Es spricht ferner für das hier entwickelte System, daß die Wahrscheinlichkeit, daß sich die Markteinschätzung sehr weit von den festgestellten Ausgangswerten entfernt, gering ist, weil Kalkulationsgrundlagen gegeben sind, die die spätere Heranziehung zu den Kosten der Ordnungsmaßnahmen offenkundiger machen und damit zu einer realistischeren Markteinschätzung führen . . .

11. Förderung moderner Formen des Eigentums

Die Erneuerung eines sanierungsbedürftigen Baugebietes bringt es mit sich, daß die vorhandene, häufig kleinparzellierte Eigentumsstruktur nicht aufrecht erhalten werden kann. Kleine Grundstücke sind gerade in Sanierungsgebieten häufig. Die wirtschaftliche, technische und gesellschaftliche Entwicklung zwingt indessen zu größeren baulichen Einheiten und zu integrierten Baukörpern, die verschiedene Nutzungsarten in sich vereinigen. Die Sanierung muß also zwangsläufig zu einer Aufgabe des Einzeleigentums einer Vielzahl von Eigentümern an Grund und Boden führen. Andererseits ist eine breite Streuung der Vermögenswerte und der rechtlichen und wirtschaftlichen Verfügungsmacht in der Gemeinde nicht nur gesellschaftspolitisch, sondern auch zur Aufrechterhaltung und Ermunterung bürgerlicher Eigeninitiative und im Interesse der Gemeindeentwicklung erwünscht.

Gleiches gilt für Entwicklungsmaßnahmen. Die auch hier notwendige Konzentration der Bebauung führt notwendigerweise zur Konzentration des Eigentums an der Fläche, wenn nicht andere, gleichwertige Formen des Eigentums für eine größere Zahl von Beteiligten zur Verfügung stehen.

Eine Eigentumsideologie, die weiterhin nur das Volleigentum an Einzelgrundstücken als vollwertig anerkennen will, muß unter den gegebenen städtebaulichen und technologischen Bedingungen der Konzentration und Integration zwangsläufig dazu führen, daß die Grundstücke in der Gemeinde nur noch wenigen Großeigentümern gehören. Das ist gesellschaftspolitisch unerwünscht und vermeidbar. Es ist notwendig, Formen der Eigentumsbeteiligung, die dem Parzelleneigentum in der Nutzbarkeit, der Verfügungsmacht und der materiellen Sicherung gleichwertig sind, zu fördern und ihnen im Städtebauförderungsgesetz den gleichen Rang wie dem Einzeleigentum zu geben. Solche Eigentumsformen sind das Teileigentum, das Wohnungseigentum, das Geschäftsraumeigentum, dingliche Dauerwohn- und -nutzungsrechte, Erbbaurechte usw. (im folgenden: grundstücksgleiche Rechte). Darüber hinaus muß für Fälle, in denen die bisherigen Eigentümer eines Sanierungsgebietes in erster Linie an einer wertbeständigen Anlage ihres Vermögens und an einer Teilhabe am wirtschaftlichen Erfolg der Investitionen im Sanierungsgebiet interessiert sind, eine gesetzliche Regelung gefunden werden, die den bisherigen Eigentümern mittelbares Miteigentum auf Grund gesellschaftsrechtlicher Konstruktionen (z. B. Immobilienfonds) verschafft.

Die Gleichwertigkeit von Einzeleigentum am Grundstück und anderen Formen der Eigentumsbeteiligung muß als Grundsatz das ganze Gesetz durchziehen. Das bedeutet grundsätzlich, daß

a) einerseits niemand, der Einzeleigentum an einem Grundstück im Sanierungsgebiet oder Entwicklungsbereich hat, beanspruchen kann, Einzeleigentum an diesem Grundstück zu behalten oder an einem anderen Grundstück wiederzubekommen, sondern allenfalls gleichrangig Eigentum in der Form von Einzeleigentum, von grundstücksgleichen Rechten oder von Anteilsrechten an einer juristischen Person, auf die die Grundstücke übertragen werden, und daß

b) andererseits Inhaber von grundstücksgleichen Rechten und von Anteilsrechten bei Sanierungs- und Entwicklungsmaßnahmen gleiche Rechte haben wie Eigentümer von Grundstücken.

In den einzelnen Vorschriften über die Durchführung der Sanierungs- und Entwicklungsmaßnahmen muß die Gleichrangigkeit der einzelnen Eigentumsformen sowie die gegenseitige Austauschbarkeit dieser Formen ausdrücklich klargestellt werden.

Die Vorschriften über die Umlegung nach dem Bundesbaugesetz müßten deshalb insoweit im Städtebauförderungsgesetz durch eine Vorschrift etwa folgenden Inhalts ergänzt werden:

„Wird im förmlich festgelegten Sanierungsgebiet eine Umlegung durchgeführt, so ist § 59 des Bundesbaugesetzes mit der Maßgabe anzuwenden, daß anstelle von Grundstücken grundstücksgleiche Rechte zugeteilt werden können, soweit sie gleichartig genutzt werden können. Wer Eigentum in diesen Rechtsformen ablehnt, ist mit Geld abzufinden."

Für die Enteignung wäre folgende besondere Vorschrift in ein Städtebauförderungsgesetz aufzunehmen:

„§ 100 des Bundesbaugesetzes ist mit der Maßgabe anzuwenden, daß die Entschädigung statt in Ersatzland in grundstücksgleichen Rechten festgesetzt werden kann, soweit diese Rechte der Art nach ebenso zur Sicherung der Berufs- oder Erwerbstätigkeit des Berechtigten oder zur Erfüllung der ihm wesensgemäß obliegenden Aufgaben geeignet sind. Wer die Entschädigung in solchen Rechten ablehnt, ist mit Geld abzufinden. § 100 Abs. 2 des Bundesbaugesetzes ist nicht anzuwenden."

Beim Sanierungsträger ist eine Vorschrift einzuführen, daß der mit der Durchführung von Sanierungsmaßnahmen beauftragte Sanierungsträger verpflichtet ist,

„vor der Veräußerung von Grundstücken die rechtlichen und tatsächlichen Voraussetzungen zu schaffen, um für eine möglichst große Zahl von Beteiligten Eigentum an Grundstücken zu erhalten oder in anderer Rechtsform neu zu begründen" ...

Anhang: Stadterneuerung und Städtebauförderung im Recht des westlichen Auslands

Die schnelle und reibungslose Anpassung der baulichen Umwelt an die sich wandelnden Ansprüche des Menschen auf wirtschaftlichem, kulturellem und sozialem Gebiet ist eine weltweite Herausforderung an die Regierenden aller Länder. Die Bundesrepublik Deutschland steht hier nicht als einzige Nation vor der Aufgabe, gesetzliche Grundlagen für die Stadterneuerung und Stadtentwicklung zu schaffen und dabei die überkommene Eigentumsordnung neu zu überdenken.

Im folgenden wird, ohne den Anspruch auf Vollständigkeit zu erheben, anhand einiger Beispiele aus dem westlichen Ausland dargestellt, in welcher Richtung die Bestrebungen auf den für ein Städtebauförderungsgesetz besonders wichtigen Gebieten

— Sozialpflichtigkeit des Eigentums
— Heranziehung der Eigentümer zu den Kosten der Sanierung
— Sanierungsverband und Sanierungsträger
— Enteignung
— Baulandbeschaffung
— Finanzielle Förderung durch den Staat

gehen und welche Lösungen sich dort abzeichnen.

Die Beratende Versammlung des Europarates hat am 12. Mai 1969 eine Empfehlung über Probleme der Bodenordnung und der Städteplanung angenommen[1*]. In voller Erkenntnis der unterschiedlichen wirtschaftlichen und sozialen Systeme der einzelnen Mitgliedsländer und der sich daraus ergebenden Schwierigkeiten, ein einheitliches, in allen Ländern gültiges System zu empfehlen, hat die Versammlung dennoch die Auffassung vertreten, daß eine Reihe von Prinzipien als Grundlagen für eine moderne wirksame Bodenpolitik für alle Mitgliedsländer annehmbar sein könnte.

1. Sozialpflichtigkeit des Eigentums

Die Beratende Versammlung des Europarates empfiehlt den Gesetzgebern ihrer Mitgliedsländer, folgende Prinzipien zu befolgen:

„a) Die zweifache Rolle des Bodens — seine Beziehung zum Menschen als Eigentümer oder Nutzer und auch seine soziale Funktion als ein wichtiger Faktor der Gesellschaftsentwicklung — sollte klar herausgestellt werden;

b) Die Garantie des Rechts von Einzelpersonen, Personengruppen, privater oder öffentlicher Gesellschaften oder Körperschaften, Grundeigentum zu besitzen, bei gleichzeitiger Anerkennung des Rechts der Allgemeinheit, Gelände für öffentliche Zwecke zu erwerben;

c) Die soziale Funktion des Grundstückseigentums schließt die Verpflichtung für Privateigentümer ein, zurückzustehen, sobald das Wohl der Allgemeinheit Vorrang hat;

d) Die Öffentliche Hand kann unter bestimmten Umständen und unter den oben genannten Voraussetzungen das Recht haben, die Nutzung privaten Bodeneigentums zu untersagen, zu beschränken oder vorzuschreiben."

Die Grundlagen der Eigentumsordnung in *Frankreich*[2] sind der Artikel 544 des Code Civil und der Artikel 17 der Verfassung aus dem Jahre 1958. Diese beiden Gesetzesbestimmungen entsprechen dem § 903 unseres Bürgerlichen Gesetzbuches und dem Artikel 14 unseres Grundgesetzes. Sie erlauben sowohl in Frankreich als auch in der Bundesrepublik Deutschland eine weite Auslegung.

Artikel 34 der französischen Verfassung aus dem Jahre 1958 schreibt vor, daß alle Einschränkungen von Grundrechten durch Gesetz geregelt werden müssen. Alle das Eigentum betreffenden Gesetze müssen deshalb vom Parlament verabschiedet werden. Allerdings legen die Gesetze nur Grundsätze fest. Einzelheiten können nach Artikel 37 der Verfassung durch Verordnungen und Erlasse geregelt werden.

Andererseits ist das Privateigentum durch Rechtsnormen und durch Kontrollen verschiedener Art geschützt. Der schwerwiegendste Eingriff in das Privateigentum, die Enteignung, ist erst nach einer sogenannten „Feststellung des Gemeinwohls" (vgl. Art. 17 d. Verf.) möglich, die auf Grund einer Untersuchung entweder durch Verordnung nach Anhörung des Staatsrats, durch Ministererlaß oder durch Erlaß eines Präfekten ausgesprochen werden kann. Dabei werden Fristen von fünf oder zehn Jahren festgelegt, in denen die Enteignung stattfinden kann. Besondere Bedeutung im Enteignungsverfahren kommt dem sogenannten „Enteignungsrichter" zu: Können sich Käufer und Verkäufer nicht gütlich über den Preis einigen, so wird die Höhe der Entschädigung durch einen einzigen Richter festgelegt, den das zuständige Zivilgericht auf fünf Jahre für das gesamte Departement bestimmt. Der auf ein Fachgebiet spezialisierte Richter kann auf diese Weise einen Überblick über den Grundstücksmarkt eines größeren Gebietes gewinnen und im Laufe seiner verhältnismäßig langen Amtszeit Erfahrungen sammeln. Wenn man in Frankreich auch über die Rechtsmittel zum Erwerb von Grundstücken im Sanierungsgebiet verfügt, so bereiten doch auch dort die lange Dauer des Enteignungsverfahrens und vor allem die Bodenspekulation noch erhebliche Schwierigkeiten.

In *Belgien*[3] ist die Sozialbindung des Eigentums stärker ausgeprägt. Während ursprünglich jede bedeutsame Beschränkung des Grundeigentums durch Entschädigung ausgeglichen werden mußte, hat das „Gesetz über den Städtebau und die Landesordnung" vom 29. 3. 1962 die volle Entschädigung für jede Beschränkung des Eigentums beschnitten. Eine Entschädigung wird nur dann bewilligt, wenn ein schwerer Schaden dadurch entstanden ist, daß eine im Bebauungsplan festgesetzte Nutzung aufgehoben wird. Die Wertminderung des Grundstücks muß mindestens 20 % betragen. Entschädigt wird stets nur der darüber hinausgehende Schaden.

In der Staatsverfassung der *Niederlande*[4] ist das Eigentum unter den Grundrechten nicht erwähnt. In § 625 des Bürgerlichen Gesetzbuches dagegen wird ausdrücklich anerkannt, daß die zuständigen Gesetzgeber die Rechte des Eigentümers einschränken können, „vorausgesetzt, daß man davon keinen Gebrauch macht oder sich in Widerspruch zu Gesetzen oder Verordnungen setzt, die von einer auf Grund der Staatsverfassung dazu befugten Stelle erlassen sind."

Ein Enteignungsgesetz aus dem Jahre 1962 regelt das Enteignungsverfahren in allen Einzelheiten. Von der Enteignung wird sehr häufig Gebrauch gemacht. Für den Eigentümer wird aber durch die vorgeschriebene Öffentlichkeit des Verfahrens, durch mehrfache Möglichkeiten des Einspruchs und durch bestimmte Fristen ein Höchstmaß an Rechtssicherheit angestrebt. Die von den Gemeinderäten festgestellten Enteignungsbeschlüsse sind vor Erlangung der königlichen Genehmigung dem Ministerium zu unterbreiten. Nach Anhörung des Staatsrates kann die Genehmigung erteilt werden.

Diese fortschrittliche Gesetzgebung geht zurück auf die Sondergesetze und -verordnungen zum Wiederaufbau stark zerstörter Städte, z. B. Rotterdam. Dort wurden nach dem Kriege alle Ruinengrundstücke durch Gesetze oder Verordnungen entschädigungslos enteignet. Die Grundstücke und Gebäude wurden mit dem Wert, den sie bei Kriegsbeginn hatten, in ein Register eingetragen, und die Grundstückseigentümer waren berechtigt — und verpflichtet —, mit finanzieller Unterstützung des Staates an anderer Stelle neu zu bauen. Soweit möglich, wurden die Grundstücke den alten Eigentümern wieder zugeteilt. Dieses Verfahren, das den beispielhaften Wiederaufbau Rotterdams ermöglichte, wurde auch angewandt, um die Schäden durch die Überschwemmungen im Jahre 1953 zu beseitigen. Das neue Gesetz von 1962 hat dieses System übernommen.

In *Österreich*[5] ist die Sozialbindung im Allgemeinen Bürgerlichen Gesetzbuch vom Jahre 1811 (§ 354) in ähnlicher Weise wie in der Bundesrepublik Deutschland bestimmt. Seit dem

Jahre 1920 ist der Schutz des Eigentums im Rahmen der Gesetze Bestandteil des österreichischen Verfassungsrechts. Die Eigentumsgarantie dagegen gehört nicht zu den Grundsätzen dieser Verfassung. Nach der Rechtsprechung des Verfassungsgerichtshofes liegt ein verfassungswidriger Eingriff in das Eigentumsrecht nur dann vor, wenn sich der Eingriff auf kein Gesetz, nur zum Schein auf ein Gesetz oder auf ein verfassungswidriges Gesetz stützt. Die gesetzlichen Bestimmungen, durch die Eigentum beschränkt oder entzogen werden kann, können sowohl vom Bund als auch von den Ländern erlassen werden. Nach Artikel 10 der Bundesverfassung sind die Enteignung zu Zwecken der „Assanierung" und sonstige Enteignungen Bundessache, soweit sie nicht Angelegenheiten betreffen, die in den Zuständigkeitsbereich der Länder fallen.

Enteignungen von Grundflächen sind möglich zum Zwecke der Herstellung, Verbreiterung oder Umlegung öffentlicher Verkehrsflächen, zur Herstellung von Eisenbahnanlagen und Flugplätzen sowie zur Errichtung von Schutz- und Regulierungswasserbauten. Das Assanierungsgesetz vom 14. 6. 1929 läßt die Enteignung von Ergänzungsgrundstücken, Baulücken, abbruchreifen Bauten und sanierungsbedürftigen Gebieten zu. Enteignungsmöglichkeiten bieten auch einzelne Bauordnungen, vor allem die Bauordnung für Wien.

In *Großbritannien*[6] ist die Unverletzlichkeit des Eigentums noch immer einer der wesentlichen im Common Law verankerten Grundsätze, wird aber durch das kodifizierte Recht weitgehend durchbrochen. Wie schon seit Mitte des vorigen Jahrhunderts in England gesetzliche Eingriffe in das Privateigentum in erster Linie aus sozialen Motiven heraus erfolgten, so ist auch heute die Verfügungsmacht über Privateigentum sehr stark sozial gebunden. Das Eigentum an Grund und Boden wird eindeutig im Zusammenhang mit Stadtplanung und Stadterneuerung gesehen. Das kodifizierte Recht legt unmißverständlich fest, daß aus der Verpflichtung des Staates zur Erneuerung der Städte die Pflicht der Grundstückseigentümer folgt, die Erneuerung hinzunehmen und dabei gegebenenfalls auch das Grundeigentum aufzugeben. In den neuen Städten und auch in den Sanierungsgebieten wird überwiegend anstelle des vollen

Grundeigentums ein befristetes dingliches Nutzungsrecht unterschiedlicher Dauer eingeräumt.

Die Gesetzgebung räumt den Kommunalverwaltungen weitgehende Vollmachten für Eigentumseingriffe ein. Die Gemeinden sind ermächtigt, Grundstücke durch freiwilligen Ankauf oder durch Enteignung („Zwangskauf = compulsory purchase") zu erwerben.

Die Grundlagen des Grundeigentumsrechts beruhen in den *Vereinigten Staaten* ebenso wie in Großbritannien auf den Rechtsvorstellungen des Common Law. Eine Zuständigkeit des Bundesgesetzgebers ist auf dem Gebiet des Bodenrechts nicht gegeben, so daß die Einzelheiten der Regelung, insbesondere des Enteignungsverfahrens, in den verschiedenen Staaten unterschiedlich sind. Durchweg ist nach dem Grundgedanken des öffentlichen Obereigentums (eminent domaine) eine Enteignung in einem außerordentlich einfachen und schnellen Verfahren möglich, wobei die Wirksamkeit der Enteignung in aller Regel nicht mit förmlichen Rechtsmitteln angegriffen werden kann, insbesondere von einem Verfahren über die Höhe der Entschädigung unabhängig ist. In einzelnen Bundesstaaten ist es den Gemeinden nach Verfassungsrecht verboten, im Wege der Enteignung Grundstücke für andere Zwecke als gemeindliche zu erwerben. Aus diesem Grunde werden dort als Träger der Stadterneuerung rechtlich selbständige öffentlich-rechtliche Sonderortsbehörden geschaffen, die das Sanierungsvermögen getrennt vom übrigen gemeindlichen Vermögen verwalten und im allgemeinen im Wege öffentlicher Ausschreibung unter Auflagen hinsichtlich der zukünftigen Bebauung veräußern.

Da das Grundeigentum nach den in den USA herrschenden Anschauungen nicht inhärent wertvoller ist als ein seinem Werte entsprechender Geldbetrag in Dollar, ergeben sich bei Enteignungsverfahren wenig Auseinandersetzungen. Für die Höhe der Entschädigung ist der Verkehrswert maßgeblich.

2. *Heranziehung der Eigentümer zu den Kosten der Sanierung*

Die Beratende Versammlung des Europarates legt den Mitgliedsländern nahe, „angemessene Schritte zur Verhütung der Bodenspekulation durch vorbeugende und abschöpfende Maßnahmen" einzuleiten[1].

In *Frankreich*[2] ist durch Gesetz festgelegt, daß die Entschädigung grundsätzlich die volle Höhe des „direkten, materiellen und sicheren“ Schadens decken soll, der durch die Enteignung zum Zwecke städtebaulicher Maßnahmen entsteht, d. h. die Entschädigung soll nicht dem Wiederbeschaffungswert, sondern dem Verkaufswert, wie er sich im Zeitpunkt des Eigentumsüberganges auf dem Markt gebildet hätte, entsprechen. Die Schätzung der Grundstückswerte richtet sich gemäß Gesetz vom 20. 7. 1962 nach dem Wert, den die Grundstücke unter Berücksichtigung ihrer nachgewiesenen unmittelbaren Nutzungsmöglichkeiten ein Jahr vor Eröffnung der Untersuchung besaßen. Spätere Wertveränderungen, auch wenn sie in Kaufverträgen niedergelegt sind, bleiben dann außer Betracht, wenn sie entweder durch die Ankündigung von Maßnahmen, für die die „Feststellung des Gemeinwohls“ beantragt wird, oder durch die Aussicht auf Änderung der Nutzungsbestimmungen hervorgerufen worden sind, z. B. nach Einleitung eines Sanierungsverfahrens. Baukostenschwankungen, die das Nationalinstitut für Statistik feststellt, werden bei der Wertermittlung berücksichtigt. Der Wert darf im übrigen nicht höher festgesetzt werden, als er beim letzten Eigentumsübergang des Grundstückes geschätzt wurde. Dies gilt allerdings nur für einen Eigentumsübergang, der sich weniger als fünf Jahre vorher vollzogen hat. Außerdem muß die Schätzung den Wert berücksichtigen, der vor Einleitung des Enteignungsverfahrens in den Steuererklärungen angegeben wurde oder den die Finanzämter nach den Steuergesetzen festlegten. Die Finanzämter haben dem Enteignungsgericht, der staatlichen Liegenschaftsverwaltung und den Enteignungsbehörden alle erforderlichen Auskünfte zu erteilen. Über den Betrag des Wertzuwachses, der die Enteignungsentschädigung ganz oder teilweise aufwiegen kann, entscheidet der Enteignungsrichter gesondert, insbesondere dann, wenn die Durchführung der Maßnahmen zu einer unmittelbaren Wertsteigerung des restlichen Eigentums führen würde.

Neuerdings können die Verfahren des Eigentumsübergangs und der Festsetzung der Entschädigung getrennt abgewickelt werden, so daß kein Zeitverlust entsteht.

Das neue französische Bodengesetz vom 30. 12. 1967 ordnet ergänzend an, daß bei Überschreiten der durch einen Bodennutzungskoeffizienten festgelegten Norm für das Baugrundstück ein finanzieller Ausgleich an die örtlichen Gemeinschaften zu zahlen ist, welche sich an der Finanzierung der Erschließung beteiligt haben. Dieser Ausgleich wird in Höhe von 90 % der zusätzlich benötigten Fläche festgesetzt und hat den Charakter einer außerordentlichen Steuer.

Artikel 62 dieses Gesetzes legt fest, daß für den Neubau, den Wiederaufbau und die Vergrößerung von Gebäuden eine örtliche Erschließungssteuer erhoben wird. Grundlage der Steuer sind der Wert des gesamten Grundstücks sowie die Gebäude, für die eine Baugenehmigung beantragt wird. Die Steuer wird nach Gebäudekategorien und pro qm Fußbodenfläche festgesetzt. Schuldner ist der Empfänger der Baugenehmigung.

Belgien[7] war das erste Land Europas, welches mit dem „Gesetz über die Zonenenteignung" von 1858/67 ein speziell für Sanierungsfälle geschaffenes Enteignungsgesetz besaß. Dieses Gesetz wurde vor allem in den Jahren nach dem Zweiten Weltkrieg beim Wiederaufbau zerstörter Gemeinden angewendet. Das neue Gesetz enthält dieselben Bestimmungen. Danach wird ein Mehrwert, der durch die Sanierungsmaßnahmen entsteht, nicht entschädigt. Wird eine Enteignung in verschiedenen Phasen durchgeführt, so ist der bei der ersten Phase bewilligte Entschädigungsbetrag für die übrigen Phasen maßgebend. Für alle Anträge auf Entschädigung sind die Zivilgerichte zuständig, die nach freiem Ermessen entscheiden können. Gehören dem Antragsteller andere durch denselben Plan erfaßte Grundstücke, deren Wert infolge der von der Allgemeinheit durchgeführten Maßnahmen steigt, so wird die Entschädigung herabgesetzt oder sogar abgelehnt.

In das neue Raumplanungsgesetz der *Niederlande*[8] ist eine Bestimmung aufgenommen worden, nach der Entschädigungen in der Höhe eines „korrigierten Marktwertes", den die Gerichte durch Sachverständige ermitteln lassen, gewährt werden. Bei dieser Methode wird ein Durchschnittspreis für das Gebiet ermittelt, in dem das Grundstück des zu Entschädigenden liegt. Anschließend werden alle Kosten der Bebauung (u. a. die

Kosten für öffentliche Straßen, Parkanlagen usw.) vom zukünftigen Ertrag abgezogen und auf alle Grundstücke umgelegt.

In *Spanien*[9] wird die Bodenpolitik der öffentlichen Hand durch ein ausführliches Gesetzgebungswerk gestützt. Zur Bekämpfung der Bodenspekulation ist im Zusammenhang mit der Enteignung ein besonderes System zur Bestimmung des Bodenwertes von land- und forstwirtschaftlich genutztem Gelände sowie von städtischem Gelände und städtischem Reserveland gesetzlich festgelegt worden. Danach sind besondere Zuschläge für den „Erwartungswert" von Grund und Boden zugelassen, der für städtische Nutzung in Betracht kommt. Auf diese Weise wird der Wertzuwachs aus der Erschließung und Entwicklung von städtischem Reserveland nach einem einheitlichen Schlüssel auf das gesamte Gebiet verteilt. Für erschlossenes Land in besonders günstiger Lage kann ein Zuschlag gewährt werden, der nach Enteignungsgrundsätzen ermittelt wird.

Norwegen[9] hat 1958 den Preisstop für Bauland in städtischen Bereichen wieder eingeführt. Danach ist grundsätzlich ein höherer als der „sozial gerechtfertigte" Preis, der von einem öffentlichen Sachverständigenausschuß festgesetzt wird, nicht erlaubt.

In *Schweden*[9] haben die Gemeinden die Möglichkeit der Enteignung (Zwangskauf) für besondere Zwecke, insbesondere, um Boden für größere Stadterneuerungs- und -entwicklungsmaßnahmen zu erwerben. Um diese Maßnahmen durchzuführen, können sie mit Zustimmung der Regierung Grundbesitz enteignen. Die Baugrundstücke werden für einen Zeitraum von mindestens 60 Jahren verpachtet, wobei der Pachtzins jeweils nach 20 Jahren der allgemeinen Wertsteigerung angepaßt wird. Nach Ablauf der Pachtzeit ist die Gemeinde verpflichtet, das Gebäude nebst Zubehör zu kaufen. Durch dieses Verfahren wird vermieden, daß der Wertzuwachs aus der Entschließung und Entwicklung zu ungerechtfertigten Preiserhöhungen führt.

Auch in *Dänemark*[9] veräußern die Gemeinden das von ihnen erworbene und erschlossene Land unter der Bedingung eines entschädigungslosen Heimfalls nach 80 oder 100 Jahren. Enteignungen sind gesetzlich zugelassen, aber auf den Grunderwerb für Zwecke des Gemeinwohls oder zur Durchführung eines Plans beschränkt.

Im April 1967 trat in *Großbritannien*[10] die von der Labour Party eingebrachte Land Commission Act in Kraft. Mit der Land Commission wurde eine Behörde geschaffen, die allen zur Neubebauung geeigneten Grund und Boden, u. a. in sanierungsbedürftigen Gebieten, aufkaufen, notfalls enteignen und verwalten soll. Entschädigungen werden nach diesem Gesetz in Höhe des Verkehrswertes abzüglich einer Entwicklungssteuer gewährt. Die Steuer dient der Abschöpfung von Bodensteigerungen, die durch die Aussicht auf die Neuordnung eines Gebietes entstehen.

Dieses Gesetz ist der Rest eines noch fortschrittlicheren Versuchs zur Lösung des Bodenproblems, den die Labour Party bereits mit der Town and Country Planning Act von 1947 unternommen hatte. Dieses Gesetz wurde allerdings unter einer anderen Regierung aufgehoben. Grundlage der Town and Country Planning Act waren die Vorschläge eines Ausschusses der britischen Koalitionsregierung, des Uthwatt Committee, der während des Krieges eingesetzt worden war, um die Voraussetzungen für einen zügigen Wiederaufbau in der Nachkriegszeit festzustellen. Das Gesetz[11] bestimmte, daß vom Tage des Inkrafttretens an sämtliche Entwicklungsrechte auf den Staat übergingen, d. h. die Grundstückseigentümer verloren ihr Recht, den Boden zu bebauen oder ihn einer anderen Nutzung zuzuführen und erhielten dafür eine Entschädigung. Wer trotzdem sein Grundstück bebauen oder dessen Nutzung ändern wollte, mußte eine Entwicklungsgebühr an den Staat entrichten, die der mit der Maßnahme erzielten Werterhöhung entsprach. Ein Anspruch auf Entschädigung bestand nicht, vielmehr wurden Entschädigungen nur zur Vermeidung von Härtefällen gewährt. Die Zahlungen wurden aus einem Entschädigungsfonds in Höhe von 300 Millionen Pfund geleistet. Werterhöhungen wurden in dem Umfang abgeschöpft, den sie bis zum Zeitpunkt der Entwicklung erreicht hatten. Danach entstandene Werterhöhungen wurden nicht erfaßt. Bei Enteignungen wurde nur der Nutzwert berücksichtigt. Auf diese Weise sollte auch die Preisentwicklung im privaten Grundstücksverkehr beeinflußt werden.

In den *Vereinigten Staaten* werden große Sanierungsvorhaben durchweg nach vollständiger Überführung des betroffenen Grundbesitzes auf die Sanierungsbehörde durchgeführt, die die Grundstücke zu dem Wert veräußert, der sich nach der Marktlage, also unter Berücksichtigung des sanierungsbedingten Wertzuwachses, ergibt. Damit tritt ohne besondere Regelung eine Abschöpfung des planungsbedingten Wertzuwachses ein.

3. Sanierungsverband und Sanierungsträger

Die Beratende Versammlung des Europarates empfiehlt ihren Mitgliedsländern, „klarzustellen und zu unterstreichen, daß es zunächst Sache der Grundstückseigentümer ist, im Rahmen ihrer sozialen Funktion die Stadtplanung zu verwirklichen. Die Kommunen sollten verpflichtet werden, Pläne aufzustellen für eine sinnvolle Entwicklung ihrer Gemarkungen mit ausreichender Sicherung der Rechte der Eigentümer oder Nutzer von Gebäuden und Grundstücken, damit einzelne Bürger, Gruppen von Bürgern sowie private oder öffentliche Gesellschaften eine Rolle in der rationalen Entwicklung der Städte spielen können“[1].

In *Frankreich*[2] kann die Stadterneuerung entweder durch die Gemeinden oder durch Hausbesitzerverbände oder aber durch besonders geeignete Organisationen durchgeführt werden. Der Präfekt grenzt das Sanierungsgebiet ab und bestätigt auch die Verträge, die zwischen den Gemeinden und den Ausführungsunternehmen beschlossen werden. Das französische Bodengesetz von 1967 ordnet ergänzend zu den bisherigen Vorschriften an, daß bei Nichtzustandekommen einer gütlichen Einigung zwischen dem interessierten Eigentümer und einer freien Bodengesellschaft der Präfekt eine kommunale Gesellschaft für Grund und Boden bilden kann. Diese Gesellschaft darf die Bodenordnung durchführen, jedoch nicht die Baumaßnahmen.

Der Präfekt stellt außerdem eine Liste der abzureißenden oder zu erneuernden Gebäude auf, die über die Gemeinde den betroffenen Grundstückseigentümern bekanntgegeben wird. Diese können die Maßnahmen entweder selbst durchführen oder sich finanziell dem ausführenden Unternehmen anschließen. Sie können sich auch zu Verbänden zusammenschließen.

Grundstückseigentümer, die von diesen Möglichkeiten keinen Gebrauch machen, werden enteignet. Der Zwangscharakter des Zusammenschlusses zu einem Sanierungsverband wird dadurch gemildert, daß sich jeder der Eigentümer durch Verkauf seines Grundstückes von den Verpflichtungen lösen kann, die sich aus dem Zusammenschluß ergeben. Planung und Leitung der Maßnahmen liegen stets in Händen einer einzigen Stelle, sei es die Gemeinde, ein Verband, eine Vereinigung von Grundstückseigentümern, eine Raumordnungsgesellschaft oder ein gemischtwirtschaftliches Unternehmen. Alle diese Stellen müssen nach einer Satzung arbeiten, die einer vom Staatsrat gebilligten Verordnung entspricht, und werden beaufsichtigt.

In *Dänemark*[10] stellen die Gemeinden Sanierungspläne auf, deren Durchführung ihnen selbst oder einer sogenannten Sanierungsinnung obliegt, in der die Grundstückseigentümer zusammengeschlossen sind. Die Gemeinde kann Bau- und Nutzungsverbote aussprechen und Enteignungen, auch zugunsten der Sanierungsinnung, verfügen.

In der Gesetzgebung *Großbritanniens*[6] tritt als eigentlicher Träger der Stadterneuerung fast ausschließlich die öffentliche Hand auf. Eine Zusammenarbeit zwischen Gemeinden und privaten Unternehmen besteht entweder darin, daß ein neu zu entwickelndes Gebiet von Behörden erschlossen und seine weitere Gestaltung durch Verpachtung einem privaten Unternehmen überlassen wird oder daß die Gemeinde das Gebiet selbst bebaut und anschließend verpachtet.

In den *Vereinigten Staaten* wird die Stadterneuerung in der Regel von der Gemeinde oder den erwähnten gemeindlichen Sonderbehörden mit eigener Rechtspersönlichkeit durchgeführt, wobei die Neubebauung — vom öffentlichen Wohnungsbau für Einkommensschwache abgesehen — stets vom Neuerwerber durchgeführt wird. Es gibt auch einige aus privater Initiative entstandene Sanierungsvorhaben in privater Trägerschaft, die öffentliche Unterstützung erfahren haben.

4. Enteignung

Die früheren Gesetze in *Frankreich*[2] hatten den Begriff des Gemeinwohls und der Enteignung nur jeweils mit Einzelprojekten verbunden. Heute dagegen ist die Zonenenteignung üblich. Es ist zu beobachten, daß die als Erneuerungsgebiete in diesem Verfahren enteigneten Flächen immer größer werden.

Wie bereits in Abschnitt 2 erwähnt, besaß *Belgien*[3] bereits 1858/67 ein „Gesetz über Zonenenteignung", das beim Wiederaufbau nach dem Kriege sehr oft angewendet wurde. In den letzten Jahren ist man dazu übergegangen, kleinere sanierungsbedürftige Stadtinseln zu enteignen.

Seit 1962 gibt es auch in den *Niederlanden*[4] die Möglichkeit, größere Flächen in Stadtkernen zu enteignen, wie es bereits beim Wiederaufbau Rotterdams und anderer Städte der Fall war.

In *Großbritannien*[6] wird die Flächenenteignung besonders bei der Sanierung von Slumgebieten angewendet. Die Gemeinde kann ganze Wohnviertel zu sogenannten „clearance areas" erklären und mit Zustimmung des Wohnungsbauministers Räumungsverfügungen erlassen.

In den *Vereinigten Staaten* ergibt sich infolge der Einfachheit des Vollzugs einer Enteignung kein grundsätzlicher Unterschied zwischen einer Einzelenteignung und der zusammenhängenden Enteignung großer Flächen. Wie dargelegt, wird in Gebieten, in denen die Beseitigung der bestehenden Nutzung vorgesehen ist, in aller Regel das gesamte Gebiet in zeitlichem und sachlichem Zusammenhang enteignet. Damit tritt die Wirkung einer Flächenenteignung ein.

5. Baulandbeschaffung

Die Beratende Versammlung des Europarates hat empfohlen, die nationale Gesetzgebung an die Erfordernisse einer modernen Bodenpolitik anzugleichen[1]. Eine moderne Bodenpolitik könne sich nicht darauf beschränken, das Recht des Eigentümers zur beliebigen Nutzung seines Grundstücks im Rahmen der Sozialbindung einzuschränken und vorbeugende und abschöpfende Maßnahmen zur Verhütung der Bodenspekulation zu treffen. Darüber hinaus müßten rechtzeitig alle notwendigen Schritte eingeleitet werden, um einer Baulandknappheit entgegenzuwirken und die Kommunen in die Lage zu versetzen, „sehr viel Land zu vernünftigen Preisen zu erwerben und in großen zusammenhängenden Abschnitten preisgünstig zu erschließen"[1].

In *Frankreich*[12] werden der Staat, die Gemeinden und die örtlichen Syndikate durch das neue Bodengesetz ermächtigt, Liegenschaften zu erwerben, um Geländereserven zu schaffen in Vorschau auf die mögliche Ausdehnung von Naturschutzgebieten, die die Ballungsgebiete umgeben, und die Schaffung neuer Städte und Erholungsgebiete. Der Erwerb kann, wenn nötig, durch Enteignung getätigt werden.

In mehreren Fällen kann ein Vorkaufsrecht ausgeübt werden. Es kann innerhalb eines genehmigten Bauleitplans für den Erwerb von Flächen öffentlicher Nutzung angewendet werden und besteht 10 Jahre lang. Diese Frist kann verlängert werden. Außerdem können die Gemeinde oder eine andere der durch Gesetz dazu berechtigten Institutionen ein Vorkaufsrecht in sogenannten „Zonen mit Planungsaufschub" acht Jahre lang ausüben. Die Eigentümer eines durch den Bebauungsplan für eine Straße oder eine andere öffentliche Einrichtung reservierten Geländes kann von der öffentlichen Hand innerhalb von drei Jahren den Erwerb seines Grundstücks verlangen. Bei Nichteinigung über die Entschädigung entscheidet auf Anruf des Eigentümers der Enteignungsrichter. Maßgebend für den Preis eines Grundstücks ist sein Wert ein Jahr vor Erklärung zu einer der genannten Zonen. Lehnt die Gemeinde das Angebot des Eigentümers ab, so kann dieser sein Grundstück frei veräußern. Fordert die Gemeinde einen niedrigeren Preis, so kann sich der Eigentümer innerhalb eines Monats entscheiden, ob er den von der Gemeinde vorgeschlagenen Preis annehmen oder sich dem Schiedsspruch des Enteignungsrichters unterwerfen will.

Nach Verordnung des Staatsrates und auf Rat der örtlich interessierten Gemeinschaften können Grundstücke in bestimmten Stadtgebieten, welche dem Staat, den örtlichen Gemeinschaften usw. gehören, nicht voll veräußert werden. Für sie dürfen nur Nutzungsrechte bis zu längstens 70 Jahren bestellt werden.

Alle früheren Bewohner haben vorrangig Anspruch darauf, sich in dem erneuerten Gebiet wieder anzusiedeln. Sie können aber auch andere Rechte erhalten oder mit Geld entschädigt werden.

In *Belgien*[3] hat im Jahre 1959 der zentrale Wirtschaftsrat, ein aus Vertretern der Arbeitgeber und der Arbeitnehmer gebildetes beratendes Organ, die Gemeinden in einem Gutachten zur aktiven Bodenpolitik aufgefordert und die Gründung von regionalen Grundstücksverwaltungsbehörden empfohlen. Diese Empfehlung wurde bisher noch nicht befolgt. Finanzschwache Gemeinden vereinigen sich statt dessen zu „Interkommunalen Verbänden für Wirtschaftliche Entwicklung und Landesplanung“.

Die Gemeinden der *Niederlande*[4] betreiben seit langem eine aktive Politik der Baulandbeschaffung. Zu diesem Zweck bestehen in vielen Städten Bodengesellschaften, die die Ankauf- und Enteignungsmaßnahmen — oft schon vor Aufstellung eines Bebauungsplanes — vorbereiten, den erworbenen Grundbesitz verwalten und ihn nach den Plänen der Gemeinde für die Bebauung zur Verfügung stellen. Neue Bauvorhaben, auch in den Innenstädten, können dank dieser Politik fast ausschließlich auf Grund und Boden durchgeführt werden, den die Gemeinde durch Verkauf oder durch Erbbaurecht oder Erbpacht zur Verfügung stellt. In Amsterdam wurde das Erbpachtsystem bereits im Jahre 1896 eingeführt. Im Laufe der Jahre sind die Vertragsbedingungen mehrmals an neue Verhältnisse angepaßt worden. Beispielsweise sehen heute die Verträge der Stadt Utrecht eine ewige Erbpacht vor, die durch eine Kündigungsklausel eingeschränkt wird. Danach kann das Pachtverhältnis mit einer Frist von 6 Monaten gekündigt werden. Ein anderer Erbpachtvertrag für ein großes Sanierungsprojekt ist auf 100 Jahre abgeschlossen, wobei alle 15 Jahre der Zinssatz neu festgesetzt wird.

In *Großbritannien*[5] ist im April 1967 die Land Commission Act 1967 in Kraft getreten. Wesentlicher Inhalt dieses Gesetzes ist neben der Einführung einer Wertzuwachssteuer die Bildung einer öffentlichen Anstalt für den Erwerb von Grund und Boden, der „Land Commission“. Die Anstalt ist berechtigt, alles Land, das sich nach ihrer Auffassung für eine Bebauung eignet, freihändig oder durch Enteignung zu erwerben, zu verwalten und umzusetzen. Die Anstalt kontrolliert außerdem einen „Grunderwerbs- und Verwaltungsfonds“, in den alle Geldmittel fließen, die die Anstalt im Laufe ihrer Tätigkeit einnimmt. Solange dieser Fonds noch zu klein ist, um die Zwecke des Gesetzes zu erfüllen, stehen der Anstalt bei Bedarf Vorschüsse außerhalb des Fonds zur Verfügung, die das Schatzamt bis zu einer Höhe von maximal 75 Millionen Pfund zahlt.

Die Land Commission ist andererseits verpflichtet, den Grundstückseigentümern, falls sie es wünschen, mitzuteilen, ob sie das ausgewiesene Bauland erwerben will oder nicht. Lehnt sie innerhalb der vorgeschriebenen Frist von drei Monaten einen Erwerb ab, so darf sie fünf Jahre lang von ihren Enteignungsbefugnissen in diesem Falle keinen Gebrauch machen. Das Gesetz sieht hier demnach nicht ein Vorkaufsrecht der Anstalt, sondern ein Angebotsrecht des Verfügungsberechtigten vor[13].

Ziel der Land Commission Act ist nicht eine grundlegende Reform des Bodenrechts, sondern eine Verbesserung der Bodenvorratswirtschaft und der Möglichkeiten, ungerechtfertigte Planungsgewinne wegzusteuern, um der öffentlichen Hand die erleichterte und verbilligte Verfügungsgewalt über den Boden überall dort zu sichern, wo dies aus Gründen des öffentlichen Wohls geboten ist.

Die Wirksamkeit der planungsrechtlichen Bestimmungen steht gerade in Großbritannien in engem Zusammenhang mit Rechtsvorschriften außerhalb des Planungsrechts, z. B. des Kommunalverfassungsrechts, des Kommunalsteuerrechts und des Kommunalfinanzsystems.

In den *Vereinigten Staaten* ist die Baulandbeschaffung außerhalb von Stadterneuerungsvorhaben dem Markt überlassen. Es besteht ein wohlorganisierter Wirtschaftszweig der „developers“ (Entwicklungsunternehmen), die oft unter spekulativen Überlegungen für eine zukünftige Bebauung geeignete Flächen erwerben, unter Beachtung der öffentlichen Festsetzungen und Anforderungen erschließen und meistens auch selbst bebauen. Die öffentlichen Anlagen, vor allem die Straßen, werden nach Ablauf einer bestimmten Frist der Gemeinde zu Eigentum und Unterhaltung übertragen.

Literaturangaben

[1] Empfehlung Nr. 556/69 in der 21. ordentlichen Sitzung der Beratenden Versammlung des Europarats vom 12. 5. 1969, siehe auch: „Zeitschrift für das gemeinnützige Wohnungswesen in Bayern", Heft 7/1969, S. 240/f.

[2] Vgl. M. F. *Rouge*, „Städtebau und Eigentumsordnung in Frankreich" in Band 21 der Schriftenreihe der Hochschule Speyer, Verlag Duncker & Humblot, Berlin 1964, S. 195 ff.

[3] Vgl. F. *Wastiels*, „Städteerneuerung und Eigentumsordnung in Belgien", in Band 21 der Schriftenreihe der Hochschule Speyer, Verlag Duncker & Humblot, Berlin 1964, S. 151 ff.

[4] Vgl. F. J. *Beunke*, „Städteerneuerung und Eigentumsordnung in den Niederlanden" in Band 21 der Schriftenreihe der Hochschule Speyer, Verlag Duncker & Humblot, Berlin 1964, S. 223 ff.

[5] Vgl. F. *Krzizek*, „Städteerneuerung und Eigentumsordnung in Österreich", in Band 21 der Schriftenreihe der Hochschule Speyer, Verlag Duncker & Humblot, Berlin 1964, S. 63 ff.

[6] Vgl. W. *Schindler*, „Städteerneuerung und Eigentumsordnung in Großbritannien", in Band 21 der Schriftenreihe der Hochschule Speyer, Verlag Duncker & Humblot, Berlin 1964, S. 169 ff.

[7] Vgl. Angabe [3] und
J. *Schornstein*, „Die Wahrheit über das Städtebauförderungsgesetz" in „Der Volkswirt", Heft 25/1969, S. 26—28.

[8] Vgl. Angabe [4] und
J. *Schornstein*, a. a. O.

[9] Vgl. A. *Riebandt-Korfmacher*, „Baulandmangel und Bodenspekulation — Internationale Lösungsversuche" in „Mitteilungen des Deutschen Verbandes für Wohnungswesen, Städtebau und Raumplanung", Heft 6/1965, S. 6 ff.

[10] Vgl. *Schornstein*, a. a. O.

[11] Vgl. Ulrich Haman, „Bodenwert und Stadtplanung", Band 24 der Schriftenreihe des Vereins für Kommunalwissenschaften e. V. Berlin, Kohlhammer Verlag, Stuttgart 1969, S. 56 ff.

[12] Vgl. Angabe [2] und
Bohnsack/Hillebrecht, „Gesellschaft, Raumordnung, Städtebau, Grund und Boden", Schriftenreihe der Sammlung Wichmann, Neue Folge, Schriftenreihe Heft 6, Wichmann-Verlag, Karlsruhe 1967.

[13] Vgl. Angabe [11] und
Weyl, „Bodenordnung? Vorschläge zur Verbesserung der Sozialfunktion des Bodeneigentums", hrsg. von Folker H. *Schreiber*, Stuttgart: K. Krämer 1969.

[14] Vgl. Angabe [4] und
H. Umrath, „Die Bodenpolitik der Stadt Amsterdam" in Mitteilungen des Deutschen Verbandes für Wohnungswesen, Städtebau und Raumplanung, Band 6, S. 13 ff.

13. Überlegungen zum geltenden Boden- und Mietrecht

Helge Klawitter für die Humanistische Union,
November 1971*

(Auszug)

Beim Boden- und Wohnungsproblem stehen zwei Grundsätze im Vordergrund:

1. „Eigentum verpflichtet. Sein Gebrauch soll zugleich dem Wohle der Allgemeinheit dienen" — d. i. Artikel 14 GG, und

2. Das Recht auf angemessenen Wohnraum ist ein elementares Lebensbedürfnis des Menschen.

Die gegenwärtige Situation auf dem Boden- und Wohnungsmarkt sieht folgendermaßen aus:

1. Boden ist knapp und nur in geringem Maße, schon gar *nicht* beliebig vermehrbar. Besonders deutlich wird dies bei Bauboden in Verdichtungsräumen. Ein Drittel der Bevölkerung der BRD bewohnt z. B. 3 Prozent der Fläche der BRD. Dies kennzeichnet die Zusammenballung von Menschen, d. h. Wohnungssuchenden, in relativ wenig Großstädten.

Da die Nachfrage nach „Bauboden" erfahrungsgemäß das Angebot erheblich übersteigt, muß es zu erheblichen Störungen des Marktes für die „Ware" Boden kommen, wenn hier die Gesetze der freien Marktwirtschaft gelten, bei denen Angebot und Nachfrage über den Preis bestimmen.

Die Störungen zeigen sich in immensen Bodenpreissteigerungen durch Knappheitsgewinne. Die Bodenpreise stiegen im Durchschnitt zwischen 1950 und 1969 auf das Vierfache, zwischen 1960 und 1969 auf das Dreifache!

* Abdruck nach vervielfältigtem Manuskript der Humanistischen Union, Landesverband Nordrhein-Westfalen.

Verstärkt wird diese Entwicklung, die sich aus dem „freien Spiel der Kräfte“ auf dem Bodenmarkt ergibt, durch eine Reihe von Steuergesetzen. Steuerliche Wertansätze beruhen auf Einheitswerten von 1935! Ab 1974 sollen (wieder längst überholte!) Einheitswerte von 1964 angesetzt werden.

Die niedrige Besteuerung bietet die Möglichkeit, Grundstücke über längere Zeit ohne Risiko und hohe Kosten zu horten und *noch* günstigere Marktentwicklungen abzuwarten. Dadurch wird das Angebot noch weiter verknappt mit erneut steigenden Preisen als Folge. Gewinne aus Bodenverkäufen sind bei Privatpersonen und Landwirten einkommensteuer*frei,* wenn die Grundstücke wenigstens 2 Jahre in ihrem Besitz waren.

Gewerbebetriebe müssen realisierte Gewinne, d. h. bei Verkauf, aus Grund-Besitz zwar versteuern, können die Differenz zwischen ursprünglichem (fiktiven!) Buchwert und Verkaufspreis jedoch auf ein anderes Grundstück oder eine sonstige Investition übertragen, wenn ein solches innerhalb von 2 Jahren gekauft wird (§ 6 b EkStG).

Die Folgen dieser Entwicklung kann jeder einzelne täglich feststellen:

— Durch die hohen Bodenpreise wird der Wohnungsbau, besonders der soziale Wohnungsbau empfindlich verteuert oder gar unmöglich gemacht.

— Eine vernünftige Stadtplanung wird verhindert. Vor allem in den Innenstädten sind die hohen Bodenpreise nur noch von Konzernen aufzubringen. Der Wohnungsbau wird verdrängt, alte Wohngebiete werden systematisch zerstört. Neben dem negativen städtebaulichen Effekt sind besonders ältere und einkommensschwache Bevölkerungsteile davon betroffen.

— Dringend erforderliche städtebauliche Maßnahmen wie Sanierung und Stadterneuerung, Grünflächen usw. werden erschwert oder verzögert.

— Die der Allgemeinheit dienenden Einrichtungen können nicht rechtzeitig und in erforderlichem Umfang gebaut werden.

2. Wohnungen in Ballungsgebieten sind knapp. Obwohl seit Kriegsende in der BRD jährlich durchschnittlich 500 000 Wohnungen gebaut wurden, fehlen nach mehreren Schätzungen

1970 noch 2,6 bis 5,0 Millionen Wohnungen. Noch immer leben 800 000 Bundesbürger in Baracken und Notunterkünften, 350 000 in Untermiete. Jährlich kommt ein Neubedarf allein durch Heirat und Zuzug in Ballungsgebieten von 300 000 Wohnungen hinzu.

Ursache der immer deutlicher sichtbar werdenden Fehleinschätzung auf dem Wohnungssektor waren unter anderem die Maßstäbe, die bei der Wohnungsbestandsermittlung an den Begriff „selbständige Wohneinheit" gelegt wurden und wonach auch eine menschenunwürdige Unterbringung ohne Bad und Toilette noch als Wohnung gewertet wurde.

Der einzelne spürt diesen Mangel spätestens, wenn er sich samstags mit den Wochenendzeitungen unter dem Arm auf die Suche nach einer neuen, z. B. größeren Wohnung begibt. Die Nachfrage übersteigt das Angebot um ein Vielfaches. Damit man überhaupt eine Wohnung bekommt, werden letztlich die überhöhten Mietforderungen und Maklergebühren bezahlt, wird z. B. der Mustermietvertrag des Haus- und Grundbesitzervereins unterschrieben, der so gut wie alle Rechte beim Hauseigentümer beläßt.

Die Mieten stiegen seit ihrer Freigabe jährlich bis zu 13 Prozent (d. h. im Durchschnitt seit 1960 um 70 Prozent). Die Vorteile der Lohn- und Gehaltserhöhungen der letzten Jahre werden den abhängig Beschäftigten also durch unangemessen hohe Aufwendungen für das bloße Wohnen weitgehend genommen.

Die geltenden strafrechtlichen Bestimmungen gegen Mietwucher sind so gut wie wirkungslos, weil die Miethöhe, die von den Gerichten für wucherisch erachtet wird, so hoch angesetzt wird, daß nur noch Extremfälle erfaßt werden. Zwischen 1965 und 1970 gab es in Bochum, Essen, Köln und Wuppertal ganze acht rechtskräftige Mietwucherurteile!

Was wird von Regierungsseite gegen diese Entwicklung getan? Im Bundestag ist inzwischen das sog. *Städtebauförderungsgesetz* verabschiedet worden. Ähnliche Gesetzentwürfe sind seit 1960 immer wieder im Bundestag am Widerstand der Interessenverbände — allen voran der Haus- und Grundeigentümerverein — gescheitert. Das Gesetz regelt nur das Vorgehen der

Gemeinden bei Stadtteilsanierungen und ganzen Entwicklungsgebieten am Stadtrand. Mit seiner Hilfe wird die Bauplanung für diese Gebiete entscheidend erleichtert und die Spekulation mit Grundstücken in diesem Gebiet weitgehend ausgeschaltet werden können. Die „normalen" Preissteigerungen des Bodens, die aus seiner Knappheit herrühren, werden aufgrund des Gesetzes jedoch nicht beschnitten. So werden viele Gemeinden wegen des ungeheuren Kapitalbedarfes diese Projekte gar nicht erst in Angriff nehmen können . . .

14. Entschließung des Deutschen Evangelischen Kirchentages in Stuttgart zum Eigentum an Grund und Boden, 1969*

Die Arbeitsgruppe Tribunal zur Ermittlung des Glücks des 14. Deutschen Evangelischen Kirchentages hat (am Donnerstag, 17. Juli 1969) folgenden Antrag beschlossen — Der Antrag ist gerichtet an die Abgeordneten des Deutschen Bundestages —:

1. Eigentum darf keine Herrschaft über Menschen begründen. Wo durch privates Eigentum Herrschaft über Menschen ausgeübt wird, ist es zu vergesellschaften und unter demokratische Kontrolle zu stellen.

2. Bei der Stadt- und Landesplanung und im Wohnungsbau bedeutet unter anderem der private Haus- und Grundbesitz Herrschaft über Menschen, auch über die Besitzenden, und verhindert gesellschaftlich vernünftige und humane Lösungen.

3. Deshalb ist die direkte und indirekte öffentliche Subventionierung des privaten Wohnungsbaus einzustellen. Weiterzuentwickeln ist der gesellschaftliche (zunächst insbesondere der gemeinnützige) Wohnungsbau. Voraussetzung dafür und für eine gesellschaftlich sinnvolle Stadt- und Landesplanung ist die Aufhebung des privaten Eigentums an Grund und Boden durch eine neue Bodenordnung.

* Abdruck nach Deutscher Evangelischer Kirchentag Stuttgart 1969, Dokumente, Stuttgart, Berlin 1970.

15. Eigentumsentwicklung in der Bundesrepublik Deutschland Rat der Evangelischen Kirche in Deutschland, 1962*

(Auszug)

Das Anwachsen der Bevölkerung auf dem engen Raum der Bundesrepublik Deutschland führte zu einem wachsenden Bedarf an Wohnraum. Für die Familien wurde die Schaffung von Eigenheimen immer dringlicher. Sie ist um der Gesundheit unseres Volkes willen unerläßlich. Da außerdem viele von dem Wunsch nach einer sicheren Geldanlage erfüllt sind, wurde in den letzten Jahren der zur Bebauung geeignete Boden knapp und immer teurer. Die Bodenpreise versperren in vielen Fällen die Möglichkeit, Eigentum an Wohnraum für angemessene Gegenleistung zu bilden. — Der Gesetzgeber ist verpflichtet, immer erneut zu prüfen, wie ungerechtfertigtem Bodengewinn entschieden mehr als bisher gewehrt werden kann.

Das Zusammendrängen der Bevölkerung auf den wesentlich engeren Raum der Bundesrepublik hat den Besitz an Grund und Boden noch mehr als bisher zu einer Art von Monopolbesitz werden lassen. Das gilt zwar im allgemeinen nicht von landwirtschaftlichem Grundbesitz in abgelegenen Gebieten. Die Besitzer von Bauland haben jedoch in den letzten fünfzehn Jahren einen Vermögenszuwachs erzielt, der den Vermögenszuwachs selbst der Kapitalbesitzer in der Industrie teilweise in den Schatten stellt. Dieser Vermögenszuwachs ist weit fragwürdiger als der Vermögenszuwachs der Kapitalbesitzer: Er wurde nicht durch Schaffung von Produktionsstätten und durch volkswirtschaftlich nutzbringende Anlagen von Kapital, sondern durch die Knappheit des dringend benötigten Baulandes gewonnen. Der gegenwärtige Zustand hat bedenkliche Folgen für die Vermögensbildung weiter Volkskreise. Die kleinen Sparer, die teilweise unter großer Mühe die Sparraten für einen Bausparvertrag durch Jahre hindurch aufgebracht haben, werden um den Erfolg ihrer Mühe betrogen. Die Baulandpreise und die Baupreise laufen ihnen einfach davon.

* Abdruck nach „Eigentumsbildung in sozialer Verantwortung". Der Text der Denkschrift des Rates der Evangelischen Kirche in Deutschland erläutert von Dr. Eberhard *Müller*, Hamburg 1962.

Die Denkschrift ist darum auch in diesem Paragraphen von besonderer Schärfe. Sie erklärt, daß der Gesetzgeber *verpflichtet* ist, dem ungerechtfertigten Bodengewinn entschieden mehr als bisher zu wehren. Jede politische Partei, die tatenlos zusehen würde, wenn diese Entwicklung noch weitergeht, müßte wahrscheinlich mit immer schärferen Vorwürfen von kirchlicher Seite rechnen. Alle politischen Gruppen werden in Zukunft in wachsendem Maße vor die Alternative gestellt werden, ob sie eine politische Anerkenntnis bei den christlich gesinnten Kreisen unseres Volkes oder bei jenen Interessengruppen finden wollen, die eine Fortsetzung der Monopolgewinne der Baulandspekulanten begünstigen.

16. Raumordnung und Eigentum
Kommissariat der Deutschen Bischöfe, 1971*

Das Kommissariat der Deutschen Bischöfe in Bonn, Katholisches Büro, hat einen Arbeitskreis gebildet, der sich unter sozialethischen Gesichtspunkten mit Raumordnungsproblemen, soweit sie das kirchliche Interesse berühren, befaßt.

Als drittes Beratungsergebnis stellt der Arbeitskreis nach grundsätzlichen Stellungnahmen zur Raumordnung insgesamt und zum Umweltschutz seine Meinung über das Verhältnis von Raumordnung und Eigentum, wie es insbesondere durch die Entwürfe zum Städtebauförderungsgesetz angesprochen wird, zur Diskussion. Weitere Verlautbarungen zur Bodenordnung, zur innerkirchlichen Raumordnung u. a. mehr folgen.

1. Der entscheidende gesellschaftspolitische Angelpunkt der gegenwärtigen Überlegungen zum Städtebauförderungsgesetz ist in der Tatsache zu suchen, daß unsere städtischen und dörflichen Gemeinden in den industriellen Verdichtungsräumen ebenso wie in den ländlichen Gebieten erheblich an Funktionsfähigkeit hinsichtlich der Gestaltung ihrer Siedlungsstruktur eingebüßt haben.

Fragen der wirtschaftlichen Konzentration, der Flächenausdehnung und Bebauungsdichte des städtischen Raumes, der

* Abdruck nach „Die Neue Ordnung", Nr. 1/1971.

regionalen Verkehrsballung sowie des beträchtlichen Leistungs- und Lebenshaltungsgefälles zwischen einzelnen Regionen sind weithin ungelöste Ordnungsprobleme unserer mobilen Gesellschaft. Sie gehen über den örtlich begrenzten Interessen- und Aufgabenbereich einzelner Eigentümer und gemeindlicher Selbstverwaltung hinaus.

Aufgrund der heutigen Lebensverhältnisse können für die Mehrheit der Bevölkerung die Grundbedürfnisse — Wohnung, Arbeit, Versorgung, Bildung, Erholung — vielfach nicht mehr im lokalen, sondern nur im regionalen Bereich angemessen befriedigt werden. Dafür sind mit Hilfe bestmöglicher Flächenausnutzung des begrenzt zur Verfügung stehenden Bodens im Rahmen räumlich-funktionaler Arbeitsteilung innerhalb der jeweiligen regionalen Verflechtungsbereiche die Voraussetzungen zu schaffen. Das ist nur möglich, wenn Wohnungs- und Städtebau in eine regionale Planung und diese wiederum in die Landesplanung und in eine umfassende Raumordnung eingegliedert werden. In diesem Sinne muß das Städtebauförderungsgesetz ein Gesetz zur Verbesserung der Siedlungsstruktur werden.

2. Alle städtebaulichen Sanierungs- und Entwicklungsmaßnahmen müssen auf die davon betroffenen Menschen mit ihren Grundrechten, Lebenserwartungen und Existenzsorgen ausgerichtet werden.

Die Frage, welche Verpflichtungen die Raumordnungspolitik gegenüber den durch Sanierungs- und Entwicklungsmaßnahmen Betroffenen eingeht, ist nicht allein durch den Hinweis auf die vorgesehenen Sachwertentschädigungen beantwortet. Die Verantwortung unserer Gesellschaft für den überforderten einzelnen reicht weiter und tiefer. Die Sanierungs- und Entwicklungspläne sind daher mit Sozialplänen zu verbinden, in denen die Bedürfnisse der bisherigen und künftigen Bewohner sanierter oder erschlossener Gebiete berücksichtigt werden.

Die Sanierungs-, Entwicklungs- und Sozialpläne bedürfen einer sachgerechten Mitbestimmung und Mitbeteiligung nicht nur der Grundeigentümer, sondern auch aller Betroffenen bei möglichst frühzeitiger Information in jedem Stadium der Planung. Die intensive Zusammenarbeit zwischen Planungsbehörden und Öffentlichkeit bildet die unerläßliche psychologische und demokratische Voraussetzung dafür, daß die Städtebauförderungspolitik auf möglichst breiter Grundlage von der Zustimmung der Allgemeinheit getragen wird.

3. Das herausragende gesellschaftspolitische Anliegen für die Städtebauförderung der Zukunft bildet die bedarfsgerechte Lösung der Wohnungsfrage.

Der hohe Prozentsatz an erneuerungsbedürftiger Altbausubstanz, der Mangel an familiengerechten Wohnungen sowie der zunehmende Wohnungsneubedarf bestätigen die Dringlichkeit dieses Problems. Wie die moderne Wohnforschung bestätigt, ist gerade die Wohnform als Entfaltungsraum privater und gemeinschaftsbezogener Persönlichkeitskultur in unserer Zeit mit ihren mannigfachen Nivellierungstendenzen von grundlegender Wichtigkeit. Die Schaffung entsprechender Wohnverhältnisse zu finanziell tragbaren Mietbedingungen für möglichst viele sollte daher in der Dringlichkeitsordnung der Städtebauförderung mit an oberster Stelle stehen.

4. Die gesellschaftliche Verflochtenheit und die soziale Verpflichtung gerade des Bodeneigentums wird durch die Städtebauförderungspolitik in den Vordergrund des öffentlichen Interesses gerückt. Nur wenn es gelingt, die Bodenfrage unter Einbeziehung der Preisentwicklung und der Besteuerung in einer für die gesamte Gesellschaft befriedigenden Weise zu lösen, wird das private Bodeneigentum auch für die Zukunft Bestand haben.

Die viel beredete Sozialpflichtigkeit des Eigentums besagt im Grunde, daß dem Eigentümer nicht nur ausschließende Rechte gewährt werden, sondern, daß ihm mit Rücksicht auf die legitimen Interessen Dritter gleichzeitig auch Unterlassungs- und Duldungspflichten auferlegt sind. Diese Eigentumsbeschränkungen, die das wohlverstandene Eigeninteresse mit dem Allgemeininteresse in Einklang bringen sollen, reichen von der nachbarlichen Rücksichtnahme bis hin zur sozialen Dienstfunktion für die Gemeinschaft, von der das Grundgesetz spricht. Sie sind insoweit nicht als Enteignung anzusehen und daher auch nicht entschädigungspflichtig. Diese eigentumsrechtliche Sozialpflichtigkeit entspricht der christlichen Eigentumsethik und ist von der Sozialnatur des Menschen her begründet. Das Eigentumsrecht hat demnach freie Verfügungsgewalt für Sachgüter zum Inhalt, aber entsprechend eingegrenzt durch die Menschenrechte aller. Diese Sozialpflichtigkeit gehört zum Wesen des Eigentums und ist ihm nicht erst nachträglich von außen her aufgebürdet.

5. Die Sanierungs- und Entwicklungspolitik der Öffentlichen Hand hat im Rahmen der gesetzlich vorgesehenen Reprivatisierungspflicht die Sachnotwendigkeiten des Gemeinbedarfs an Boden ebenso zu berücksichtigen wie die verfassungsrechtlich gesicherte Institution des privaten Eigentums.

Die Tatsache, daß infolge der städtebaulichen Sanierungs- und Entwicklungsmaßnahmen die Konzentration erschlossenen bzw. sanierten Geländes in der Hand weniger finanzkräftiger Bauträger oder Institutionen zunimmt, ist ein ernst zu nehmendes Problem. Es wird in der gegenwärtigen Diskussion fast ganz vernachlässigt. Deshalb ist sicherzustellen, daß die Träger der Sanierungs- und Entwicklungsmaßnahmen zu weitestgehender Privatisierung des Immobilienvermögens verpflichtet werden. Die Sicherung und breitere Streuung des Eigentums als erklärtes gesellschaftspolitisches Ziel darf nicht nur ein Schlagwort bleiben. Wenn zudem die erforderliche Beweglichkeit der sich fortsetzenden Sanierungspolitik gewährleistet werden soll, dann sind zeitgemäße Formen des Boden- und Wohnungseigentums zu verwirklichen, die über herkömmliche Formen der Eigentumsparzellierung hinausgehen. Dadurch könnte verhindert werden, daß in Zukunft nur einige wenige von der öffentlichen Wohnungsbauförderung profitieren. Vielmehr sollten die Mieter in angemessener Weise an dem durch öffentliche Steuergelder gebildeten Immobilienvermögen der Wohnungsbauunternehmer beteiligt und damit zu Miteigentümern werden.

Auf dieses Ziel ist die gesamte öffentliche Wohnungsbauförderung auszurichten. Bei der damit notwendigen Reform der öffentlichen Subventionspraxis für den Wohnungsbau sind die Bedürfnisse jener Bevölkerungskreise, deren Wohnungsversorgung heute am meisten zu wünschen übrigläßt, vorrangig zu befriedigen: der kinderreichen Familien, der jungen Ehen, der berufstätigen Frauen und der Altrentner.

MIX
Papier | Fördert gute Waldnutzung
FSC® C083411

Kolibri 360 GmbH
Ferdinand-Jühlke-Straße 7
99095 Erfurt, Deutschland
produktsicherheit@kolibri360.de